DICTIONNAIRE
GÉOGRAPHIQUE
DE L'ESPAGNE
ET
DU PORTUGAL.

ITINÉRAIRE
DE CES DEUX ROYAUMES.

Cet Ouvrage se trouve aussi à Paris chez les Libraires suivans :

PEYTIEUX, passage du Caire, n° 121 ;
PONTHIEU, Palais-Royal, galeries de Bois, 252 ;
Et chez tous les Libraires des départemens et de l'étranger.

(Du fonds de GUILLAUME, 1823.)

De l'Imprimerie d'A. BÉRAUD,
rue du Foin Saint-Jacques, n° 9.

DICTIONNAIRE
GÉOGRAPHIQUE
DE L'ESPAGNE
ET
DU PORTUGAL,

SUIVI

D'UN ITINÉRAIRE DE CES DEUX ROYAUMES,

TRADUIT DE L'ESPAGNOL;

Revu et augmenté d'un APPERÇU HISTORIQUE ET GÉOGRAPHIQUE DE L'ESPAGNE ET DU PORTUGAL,

PAR M. DEPPING.

PRÉCÉDÉ

D'UNE BELLE CARTE ROUTIÈRE DE L'ESPAGNE ET DU PORTUGAL.

PARIS,
MASSON ET YONET, LIBRAIRES,
RUE HAUTEFEUILLE, N° 14.

1829.

APERÇU
GÉOGRAPHIQUE ET HISTORIQUE
DE L'ESPAGNE
ET
DU PORTUGAL.

L'Espagne et le Portugal forment ensemble une presqu'île dont la surface est évaluée à environ 20,000 lieues carrées, que baignent à l'est la mer Méditerranée, et à l'ouest l'Océan atlantique ; que la chaîne des monts Pyrénées rattache, du côté du nord, au reste du continent européen ; enfin, qu'un détroit, connu sous le nom de détroit de Gibraltar, sépare de l'Afrique. Elle commence au 36e. degré de latitude, et se prolonge, au nord, jusqu'au 44e. : sa longitude est du 1er. au 13e. degré. C'est donc un des pays les plus méridionaux de l'Europe, dont le climat doit approcher en chaleur, surtout vers le midi, de celui de l'Afrique : cette chaleur est toutefois tempérée, dans l'intérieur et au nord, par les chaînes des montagnes qui traversent la Péninsule en divers sens, et par les plateaux élevés que forme le sol en plusieurs endroits. Toute la partie septentrionale de la Péninsule hispanique est hérissée de montagnes dont les chaînes ne paraissent être que des ramifications des Pyrénées, ou qui du moins se rattachent à cette grande barrière, élevée par la Nature entre l'Espagne et la France. Elles traversent la Navarre, couvrent la Biscaye, les Asturies, et s'abaissent en Galice, à mesure qu'elles approchent de la côte de l'Océan ; d'autres montagnes, qui tiennent à ces longues ramifications, enveloppent le pays de Léon, ou se dirigent, avec moins d'élévation, par l'Aragon, vers la Méditerranée. Dans l'intérieur, la Castille forme un plateau élevé, d'où partent les montagnes de Tolède, qui, d'une part, se prolongent sous divers noms en Portugal, et finissent au midi, dans le pays d'Algarve, sous la dénomination de Sierra de Monchique ; d'autre part, elles vont par Cuença et la Manche se joindre à cette grande muraille naturelle, la Sierra-Morena, qui s'étend à travers le nord de l'Andalousie, presque parallèlement à une chaîne plus méridionale, les Alpuxares qui passent par le pays de Grenade, et finissent avec la Péninsule, auprès de Gibraltar.

Telles sont les branches principales des montagnes de la presqu'île. On pourrait indiquer d'autres ramifications moins étendues, qui ont toutes leurs noms particuliers. A l'exception de la Sierra-Nevada qui atteint une hauteur d'environ 12,000 pieds, elles n'égalent point les pics des Alpes et des Pyrénées: la neige séjourne sur les plus hautes pendant une partie de l'année; mais aucun glacier ne couvre d'un hiver éternel les sommets les plus élevés. La végétation conserve encore quelque empire sur ces hauteurs; et le climat de la Sibérie n'y est pas transporté, comme dans les Alpes, à côté des plaines couvertes d'oliviers. Cependant l'air est vif et quelquefois même froid dans la région montagneuse du nord; il est sec dans une grande partie de la Péninsule: sur le plateau de la Castille il règne moins de chaleur que la latitude n'en fait attendre; sur les côtes, les brises de la mer, en modérant la chaleur naturelle du climat, produisent une température délicieuse, qui fait des pays de Valence, de Galice, etc., un séjour charmant. Dans le midi le vent étouffant de Solano fait souvenir quelquefois que l'on n'est séparé des déserts brûlans de l'Afrique, que par un détroit de la Méditerranée.

Sur les points élevés du sol de l'Espagne, de grands fleuves prennent naissance: le Tage et l'Ebre sont ceux qui ont le cours le plus long. Le premier, issu de la montagne d'Albarracin aux confins de Castille et d'Aragon, prend une direction occidentale, traverse la nouvelle Castille et l'Estramàdure portugaise, passe à Lisbonne, et se jette dans l'Océan par une embouchure d'une lieue de large, qui reçoit les plus grands vaisseaux. Dans un cours de 120 l., il passe devant plusieurs villes remarquables, telles que Tolède, Talavera, Alcantara, Abrantès, Santarem et enfin Lisbonne. Un grand nombre de rivières grossissent son lit; mais il y en a peu de considérables.

L'Ebre, coulant dans une direction contraire, sort des montagnes des Asturies, court le long de la Navarre, traverse l'Aragon par le milieu, et se jette au-dessous de Tortose en Catalogne, dans la Méditerranée; il baigne les murs de Logrono, Lahorra, Saragosse, Tortose; et il arrose des contrées généralement bien peuplées, et bien cultivées.

Les autres fleuves, le Minho, le Douro, le Guadiana, le Guadalquivir, se jettent dans la mer, sans arroser une si grande étendue de pays. Le Minho, échappé aux montagnes de Galice, coule entre cette province et le bord du Portugal, et se réunit à l'Océan au-dessous de Guardia, après avoir arrosé 52 lieues de pays. Le Douro, qui a son embouchure non loin du Minho, un peu au-dessous de Porto, doit sa naissance aux eaux de la Sierra ou montagnes d'Urbion dans la Vieille-Castille, province qu'il traverse entre des rives escarpées, avant de se rendre à la mer par le Léon et le Portugal, dans un cours de 67 lieues.

Ce qui distingue le cours du Guadiana, fleuve de la montagne d'Alcaraz, dans la Manche, et qui a son embouchure dans le golfe de Cadix, c'est qu'après un cours de 4 lieues, il se perd sous terre, et ne reparaît que 2 lieues plus loin. Il n'est navigable que sur un espace de 4 lieues. Le Guadalquivir reçoit toutes les eaux des rives méridionales de la Sierra-Moréna, et arrose une bonne partie de l'Andalousie, en passant à Cordoue et à Séville, avant de se perdre dans l'Océan auprès de San Lucar. Parmi les rivières qui se jettent en grand nombre dans l'Océan, je ne citerai que le rio Tinto de la Sierra-Moréna, qui se réunit à l'Océan auprès de San Lucar; il a reçu son nom de la teinte jaune de ses eaux qui d'ailleurs ont la propriété singulière, du moins auprès de leur source et avant leur mélange avec d'autres eaux, de faner la végétation qu'elles mouillent, et de la teindre aussi en jaune. On a essayé de lier les rivières aux fleuves, pour étendre davantage la navigation. Un canal commençant à l'Ebre, auprès de Tudèle en Navarre, est destiné à communiquer avec la Méditerranée, par l'embouchure de la rivière Martin. Un autre canal doit joindre le Manzanarez au Tage, pour l'avantage de la capitale ; un autre canal est destiné à unir le Tage à l'Ebre. Il faudrait la conservation de la liberté et de la paix, pour l'exécution entière de ces projets. On ne fait pas de canaux sous le régime de l'inquisition. Le Portugal n'a, jusqu'à présent, aucun canal considérable, et en éprouve moins le besoin, vu le peu de largeur de ce royaume, et l'étendue de ses côtes qui offrent la meilleure navigation.

Il n'y a que de petits lacs dans les deux royaumes : l'un et l'autre possèdent des eaux minérales qui ne sont pas renommées au dehors comme Plombières, Bath ou Pyrmont, mais dont les indigènes n'éprouvent pas moins les effets salutaires. De ce nombre sont les eaux thermales d'Archena en Murcie ; celles de Sacedon dans la Nouvelle-Castille ; celles de Chaves ; les Caldas de Gères dans le nord du Portugal, enfin les eaux sulfureuses et thermales, dites *Caldas-de-Rainha*, dans l'Estramadure portugaise, sans parler de beaucoup d'autres. Les sources salées sont peut-être moins nombreuses, du moins en Portugal ; mais elles suffisent d'autant plus, que la Péninsule possède des rochers de sel gemme.

Sous le rapport des mines, l'Espagne et le Portugal n'ont rien à envier aux autres contrées de l'Europe ; et si le sort veut qu'ils ne jouissent plus des mines du Pérou et du Brésil, qui n'ont été que trop funestes aux ouvriers esclaves, ils trouveront dans leur propre sol un dédommagement de cette perte qui, peut-être, ne mérite pas beaucoup de regrets. L'or et l'argent ne manquent point en Espagne et en Portugal : il est probable toutefois que ces métaux, qu'on est convenu de nommer précieux, ne s'y trouvent pas en très-grande quantité ; il peut y en avoir assez pour les besoins du commerce, et pas suffisamment pour enorgueillir les habitans de leurs richesses, et leur faire mépriser l'agriculture et l'industrie manufacturière. La Péninsule possède en abondance du fer, du plomb, du mercure, du cinabre, du soufre, de la calamine, du vitriol ; le charbon de terre, précieux en raison de la rareté du bois, paraît ne pas manquer non plus. Le marbre, l'albâtre, le jaspe, le cristal de roche, le gypse remplissent un grand nombre de carrières : des agates, topazes, émeraudes, saphirs et autres pierres fines, sont tirés des roches, indépendamment des minéraux utiles. Quelle belle végétation que celle de l'Espagne et du Portugal ! Des bois de vieux chênes à kermès, à liége, alcornoques, etc., de mélèzes, d'yeuses, ombragent les hauteurs ; les champs cultivés produisent blé, maïs, riz, safran, lin, chanvre, de la garance ; les côtes produisent du sparte. Partout des vignes qui donnent un raisin délicieux, couvrent les coteaux et les plaines ; les vins de Malaga, d'Alicante, Rota, Xérez, Péralte et Porto, sont renommés ; partout les plus beaux fruits se récoltent dans les jardins, les végas, les vergers : ce sont des oranges, des citrons, limons, figues, amandes, carouges, etc. Les oliviers prospèrent dans presque toutes les parties de la Péninsule, et donnent une huile copieuse. Le midi produit même des dattes et des cannes à sucre, que les Maures y cultivaient autrefois beaucoup. Les palmiers croissent sur le sol de la presqu'île parmi les arbres fruitiers des climats plus septentrionaux, et parmi les plantations de mûriers qu'on entretient partout pour l'éducation des vers à soie. L'exportation des vins et des fruits est considérable dans les principaux ports du royaume.

L'Espagne a une race excellente de chevaux, les Andalous, nommés d'après la province méridionale où on les élève. Dans ce royaume, aussi bien qu'en Portugal, les mulets sont d'un usage général pour le transport : on en importe beaucoup de la France, surtout en Espagne. Les deux royaumes ont de bonnes races de bestiaux et de bêtes à laine : les laines fines d'Espagne, généralement renommées, font la richesse de ce royaume ; cependant elles sont moins recherchées depuis que la race des brebis mérinos a été transplantée dans les autres pays de l'Europe. D'ailleurs la vente des laines prive l'Espagne de la matière première pour la fabrication des draps et autres étoffes; et souvent l'étranger lui revend façonnée la laine qu'il a tirée, dans l'état brut, de ce pays. La quantité de laines et de soie, que produisent les deux royaumes, pourrait alimenter un grand nombre de fabriques indigènes ; on pourrait y joindre la culture et l'apprêt du coton ; mais le régime arbitraire sous lequel les deux royaumes ont gémi long-temps, la distribution inégale des fortunes, les préjugés religieux qui faisaient regarder comme des vertus la fainéantise des moines et des pratiques de dévotion minutieuses, décourageaient trop l'agriculture et l'industrie. Le peuple et le gouvernement restaient également dans l'inaction ; et, pendant que d'autres nations attiraient à elles le commerce du monde, et pourvoyaient toutes les parties du globe des produits de leurs manufactures, l'Espagne et le Portugal restaient stationnaires dans leurs anciennes routines, et n'avaient que de la superstition et des préjugés, au lieu d'industrie et de commerce; des moines, au lieu de fabricans; de l'inertie et de l'apathie, au lieu de lumières et d'émulation. De vastes districts sont en friche : le soleil brûle de grands espaces où aucune plantation n'ombrage le voyageur, où aucune culture combinée avec intelligence ne récrée ses regards. S'il entre dans une cabane, il y aperçoit partout l'empreinte de la misère et de l'ignorance. Le paysan ne meurt pas de faim, car la nature a été trop libérale envers lui pour qu'il ne trouve pas aisément à satisfaire ses besoins les plus impérieux; mais il ne fait rien pour y ajouter par un travail actif; mais il reste pauvre malgré la richesse du sol ; il ne sait se procurer les agrémens de la vie : le paysan de France, d'Angleterre, de Hollande, vit bien mieux que lui. Grâces à sa sobriété, le paysan espagnol ou portugais éprouve, il est vrai, moins de besoins ; ses appétits sont plus aisément satisfaits.

La même absence de tout ce qui rend la vie agréable et commode se fait remarquer dans les auberges et dans toutes les maisons des classes inférieures. Dans les hautes classes, même, on se prive de choses devenues nécessaires dans d'autres pays d'Europe. L'esprit du peuple de la Péninsule, ayant été tenu long-temps dans la servitude par le gouvernement et le clergé, ne s'est point signalé par les inventions ingénieuses qui tendent à accroître les jouissances de la vie, à épargner le temps et le travail. Il y a des districts où l'on connaît à peine des objets qui sont en usage depuis des siècles dans les pays civilisés. On tenait le peuple asservi sous le joug de la foi et du pouvoir absolu: croire et obéir étaient à peu près tout ce qu'on lui enseignait; et, loin de le faire profiter des lumières de la civilisation, on le laissait dans un triste isolement.

Sous l'ancien régime, toutes les institutions des Espagnols et des Portugais tendaient à prolonger l'état déplorable dans lequel la nation était tombée depuis qu'elle avait perdu ses anciennes franchises par suite des usurpations du pouvoir. La noblesse et le clergé partageaient avec un roi absolu toute l'autorité, tous les honneurs, toutes les richesses; la masse du peuple ne semblait être créée que pour leur prodiguer le respect, et croire à leur puissance divine. En Espagne les laïcs n'étaient rien lorsqu'ils n'étaient pas nobles; or la noblesse comprenait presque la moitié de la nation. Quiconque avait su obtenir de la Cour, n'importe par quelle voie, un brevet portant exemption de quelque charge de l'état, ou la jouissance de quelque privilége, appartenait à la noblesse et s'intitulait *Hidalgo :* si le brevet royal le proclamait *Hidalgo de casa y solar conocido*, c'est-à-dire de maison et de biens-fonds connus, il était très-noble, et par conséquent très-fier; mais pour être complètement noble, il fallait l'être de quatre côtés, c'est-à-dire, il fallait avoir des preuves, non seulement de la noblesse personnelle, mais encore du père, du grand-père et de l'aïeul. On assure pourtant que les notaires, chargés de fournir les preuves, ennoblissaient de leur chef un grand-père ou un aïeul en cas de besoin pour remplir les quatre côtés. Il n'y avait que les Hidalgo qui pussent entrer en qualité de cadets dans l'armée. Le titre de *Cavallero* était le dernier degré de distinction qui séparait les classes supérieures de la masse du peuple; mais la pire des rotures était de ne pas être de race pure ou de vieux chrétiens. La plus honnête famille, dont le trisaïeul aurait été jadis persécuté par l'Inquisition pour avoir pratiqué quelque usage des hébreux, était regardée avec une sorte d'aversion par un préjugé que les prêtres se gardaient bien de détruire, et que les plus grandes vertus affaiblissaient à peine. Il est notoire que la race des nobles d'Espagne a été fréquemment mêlée de sang hébreu et maure; toutefois comme c'était une caste privilégiée, le préjugé ne les poursuivait pas comme les familles de nouveaux chrétiens dans les classes inférieures. Le suprême degré de noblesse enfin était la *grandesse* à laquelle était attaché, comme on sait, le privilége de se couvrir en présence du roi. Les familles des grands d'Espagne, qui étaient en petit nombre, formaient une caste à part, se mariaient entre elles, accumulaient des richesses immenses, se partageaient les principaux honneurs et emplois, et possédaient une partie considérable du sol de l'Espagne. Il y avait quelquefois de la grandeur réelle chez ces nobles couverts du chapeau; mais souvent aussi ils n'avaient que beaucoup d'orgueil, d'ignorance et de superstition. On n'aurait peut-être pas trouvé dans cette classe beaucoup d'hommes capables de faire les fonctions de pairs; mais il se pourrait que l'habitude des discussions publiques, introduites depuis le régime constitutionnel, en formât, s'il faut absolument des pairs en Espagne, ce dont il est permis de douter.

Le pouvoir du clergé, quoique d'une autre espèce puisqu'il était fondé sur la superstition, était encore mieux affermi que celui de la noblesse. Non seulement le clergé d'Espagne et de Portugal était immensément riche, mais il avait aussi une autorité presque sans bornes, et il a gouverné tous les rois assez faibles pour se soumettre à son joug. Il avait en mains toute l'éducation de la jeunesse espagnole, il commandait à toutes les consciences, il censurait toutes les pensées; l'Inquisition, qui était son ouvrage, arrêtait, à force de terreur, l'essor du génie des auteurs, et imposait à toute la nation une croyance servile; il peuplait les cloîtres de moines et de religieuses; il faisait des petites pratiques monacales et des croyances superstitieuses des articles de foi et des devoirs impérieux; en un mot, si l'Espagne et le Portugal pendant les derniers siècles sont tombés dans une si triste décadence, c'est en grande partie leur clergé que ces deux nations peuvent en accuser. En Espagne, les universités ont été jusqu'au 18e. siècle organisées aussi misérablement qu'elles l'étaient au 14e. Il y avait des colléges majeurs et mineurs: quelques-uns des premiers avaient été érigés en universités par les papes, ce qui ne les rendait pas meilleurs, d'autant moins que la noblesse s'était encore emparée des places les plus honorifiques et les plus lucratives dans les colléges bien dotés. C'était la ressource des nobles qui se sentaient plus de goût pour l'étude que pour le métier de courtisan ou le poste d'officier. Ces colléges formaient des corporations dont les préjugés et l'esprit de corps opposaient une barrière insurmontable à toute amélioration. Les jésuites avaient d'abord eu en main tout l'enseignement; après leur suppression, le clergé ne s'en était pas dessaisi; l'esprit d'enseignement était toujours resté le même, c'est-à-dire également borné et superstitieux. Cependant vers la fin du 18e. siècle les doctrines des philosophes français et anglais avaient pénétré par contrebande dans les deux royaumes : de jeunes têtes avaient commencé à penser et à briser les liens de leur servitude intellectuelle.

Le peuple était enchaîné à la volonté du clergé par une foule de pratiques; c'était pour lui qu'on faisait des processions, des neuvaines, des rogations, des légendes, des miracles: on lui enseignait à adorer deux majestés, Dieu et le Roi; car le Saint-Sacrement était appelé *Majesté* précisément comme le souverain; et quand on le portait par les rues, la présence de *Sa Majesté* faisait agenouiller tout le monde dans les maisons et même dans les spectacles. Les moines étaient trop nombreux, trop ignorans et trop grossiers pour inspirer beaucoup de respect, même aux classes inférieures. Les curés de village étaient pauvres et souvent fort respectables, quoique très-peu instruits; mais le haut clergé nageait dans l'opulence, était quelquefois persécuteur, et ne savait guères plus que le bas clergé, si ce n'est les intrigues de cour. La nation espagnole et portugaise connaissait à peine la servitude féodale; mais elle gémissait sous un joug qui n'était pas plus léger, et qui pesait encore plus sur l'esprit que sur le corps. Dans ces deux royaumes, les pensées étaient prescrites comme les habitudes de la vie le sont dans la Chine; personne ne pouvait y ajouter ou en retrancher; le clergé était là qui menaçait des cachots, des tortures et du bucher quiconque osait donner une libre carrière à son génie; malheur à l'Espagnol ou au Portugais dont l'esprit supérieur concevait des projets grands et hardis pour le bien de ses concitoyens! s'il effrayait les ennemis des lumières, il était persécuté jusqu'à la mort, ou obligé de chercher un refuge chez des nations moins asservies sous le joug sacerdotal.

La péninsule a été visitée et colonisée de bonne heure par des peuples célèbres de l'antiquité. Les Phéniciens et les Carthaginois y eurent des entrepôts de commerce et des places militaires; les Carthaginois surtout y trouvèrent de grandes ressources pour combattre les Romains leurs rivaux. A leur tour les Romains voulurent subjuguer l'Espagne, et l'envahirent malgré la résistance opiniâtre des Carthaginois et des peuples indigènes, parmi lesquels les Celtibériens et les Cantabres se distinguaient par leur caractère belliqueux et leur amour de l'indépendance. Numance ne se rendit qu'après avoir été renversée de fond en comble, comme les habitans de Sagonte n'avaient laissé à Annibal que des cendres et des ruines. Devenues enfin provinces romaines, l'Espagne et la Lusitanie ou le Portugal, connurent les arts et les sciences, adoptèrent la langue et les mœurs de leurs vainqueurs, et donnèrent de grands hommes à l'empire romain. Lors de la chûte de cet empire, les Vandales, les Suèves et les Visigoths, plus nombreux et plus heureux que les autres barbares, s'établirent dans la Péninsule; et une dynastie visigothe fonda un trône en Espagne au Ve siècle : le christianisme y avait pénétré avant les barbares, et bientôt la foi catholique fut placée auprès du trône, et s'y est toujours maintenue jusqu'à présent à l'exclusion d'autres cultes. Cependant les rois Goths dégénérèrent, et perdirent leur autorité : pour s'affranchir de leur sceptre débile, un parti appela les Maures d'Afrique, qui débarquèrent, en effet, au commencement du VIIIe siècle. Rodrigue, le dernier roi goth, perdit contre ces Mulsulmans la bataille de Xérès; et, par cette grande victoire, les Maures se trouvèrent maîtres de presque toute la Péninsule. Un faible parti de Goths seulement se retira dans les montagnes des Asturies, et y forma un petit état qui, sous une nouvelle dynastie de rois chrétiens, acquit peu à peu de la force et du terrain. Cependant, les Maures, possesseurs du sol le plus riche, y firent fleurir l'agriculture, les arts, le commerce et l'industrie; tout le midi de l'Espagne et du Portugal fut couvert de plantations, de villes, de maisons de plaisance; vingt rois commandaient dans les principales places, embellies de monumens dans le goût mauresque, et pourvues de tout ce que le luxe avait créé pour les agrémens de la vie. Mais ces rois, rivaux de pouvoir, s'affaiblirent par leurs jalousies et leurs guerres; tandis que les chrétiens se fortifièrent dans Léon et puis dans la Castille, et qu'un autre trône s'affermit en Aragon. C'est de cette époque que datent les Cortès qui, bien que représentant imparfaitement la nation, savaient néanmoins défendre la liberté, et resserrer le pouvoir royal dans de justes bornes. Barcelone fut un modèle de liberté municipale, et devint une ville de commerce du premier ordre : de son port sortirent des expéditions catalanes, dignes de rivaliser avec les entreprises des républiques d'Italie. Le Portugal avait depuis longtemps ses rois particuliers; cette monarchie ne se signala que, lorsqu'à la fin du XVe siècle, elle tourna également son esprit vers les entreprises maritimes, et trouva la route des Indes par le cap de Bonne-Espérance. Vers ce temps, les couronnes de Castille et d'Aragon, réunies en une seule par le mariage de Ferdinand et d'Isabelle, firent naître ce pouvoir formidable qui, sous le nom de monarchie espagnole, devint l'empire le plus étendu que l'on eut jamais vu. Les Maures furent chassés du midi de l'Espagne qui leur restait encore : on aima mieux régner sur des déserts, que d'avoir des sujets industrieux, mais non catholiques. L'odieuse inquisition fut créée pour l'esclavage de la raison; cependant la fortune, secondant l'ambition des rois d'Espagne et de Portugal les rendit maîtres en Amérique de possessions dont ils ne connaissaient pas les bornes, et qu'ils ne voyaient jamais. Les mines du Pérou, du Mexique et du Brésil, furent épuisées pour venir au secours de la pauvreté qu'avaient produite, dans la Péninsule, l'intolérance et le pouvoir absolu. L'agriculture, les arts, le commerce, les sciences, tout était négligé. Ce qu'on encourageait le plus, c'était le dévouement des courtisans, l'oisiveté monacale, et des actes de dévotion fort inutiles à la société. Il n'y avait que les provinces jadis libres qui eussent encore quelque énergie; parce que, sous la protection tutélaire de leurs anciennes franchises, elles pratiquaient plus librement leur industrie, et ne voyaient pas l'exercice des facultés naturelles entravé comme chez les Castillans. Sous Charles-Quint, la monarchie espagnole eut encore de la grandeur, sinon au dedans au moins au dehors; mais, sous les successeurs de ce prince qui, au lieu d'être grands, voulurent être plus despotiques que lui, l'Espagne fut réduite à un état déplorable de faiblesse politique et morale. Louis XIV mit sur le trône son petit-fils; mais la nouvelle dynastie n'arrêta guères la décadence de la puissance espagnole. La révolution française éclata enfin. Incapable de résister aux armées de la France, l'Espagne fit promptement sa paix avec le nouveau gouvernement, croyant conjurer ainsi l'orage; cependant le mouvement imprimé à la France ne s'arrêta point. En 1808, la France, conduite par Napoléon, s'élança de nouveau sur l'Espagne; la dynastie des Bourbons fut forcée d'abdiquer; un Bonaparte monta sur le trône. Ce fut alors que les Espagnols indignés du joug étranger sous lequel ils venaient de passer, et profondément blessés dans leur fierté nationale, se levèrent spontanément, formèrent des juntes, créèrent des armées soutenues par l'Angleterre, et firent une résistance héroïque aux invasions des armées de Napoléon. Les cortès furent renouvelées, et s'assemblèrent au bruit des armes, afin de donner une constitution à leurs concitoyens qui combattaient encore pour reconquérir une patrie. La constitution fut terminée à Cadix en 1812, proclamée et reçue par les Espagnols redevenus libres. Le roi, Ferdinand VII, sorti enfin de la captivité de Bonaparte, pendant que celui qui lui avait succédé s'enfuyait en France, promit de régner selon les lois adoptées par la nation qui lui rendait un trône; mais à peine rentré dans ses états, il renversa l'œuvre des cortès, et mit dans les fers les membres les plus distingués de cette assemblée nationale. L'inquisition, détruite par les Français, renaquit de ses débris; les courtisans et les moines reprirent leur ancienne autorité.

La famille royale de Portugal, qui s'était vue également en butte à une invasion des armées de Bonaparte, avait mieux aimé s'embarquer pour le Brésil, où elle continua de séjourner, même après la conclusion de la paix. La nation espagnole ne demeura pas long-tems sous le régime des anciens abus qui venaient d'être rétablis. Le corps d'armée, rassemblé auprès de Cadix pour s'embarquer et ramener à l'obéissance les colonies d'Amérique insurgées, proclama, en mars 1820, la constitution des cortès, devenue chère aux Espagnols. En un instant toutes les provinces d'Espagne adhérèrent à cet acte fondamental de leur nouvelle liberté, et le roi même prêta enfin serment à la constitution, en adopta les principes et la mit en pleine vigueur : le monarchisme fut réduit à des bornes étroites, l'influence des courtisans paralysée. A l'exemple des Espagnols, les Portugais, pénétrés de l'idée qu'il fallait sortir de l'état d'abandon où les laissait le gouvernement retiré au Brésil, se donnèrent une constitution fondée sur les mêmes principes : et à son retour, le roi de Portugal l'adopta pareillement.

Cependant une faible partie de la nation espagnole, privée de son ancienne autorité par la nouvelle Constitution ennemie des priviléges, se mit en état d'hostilité contre le reste de la nation, chercha un appui en France ; et, en 1823, des armées françaises franchirent les Pyrénées pour soutenir ce parti, saper la Constitution, et rendre au roi le pouvoir que les souverains d'Espagne s'étaient attribué depuis qu'ils avaient supprimé les cortès et l'ancienne liberté de la nation. L'issue de cette guerre étant encore incertaine, nous suspendons ici notre récit historique, et nous dirons seulement quelques mots de l'ancien et du nouveau mode de gouvernement de l'Espagne.

Nous venons de voir que le roi s'était arrogé le pouvoir exclusif de donner des lois. Il avait établi des conseils ou tribunaux supérieurs de justice et d'administration, tant pour l'Espagne que pour les immenses colonies, comprises sous le nom des Indes. De vieux codes de lois, qui dataient du moyen âge, et auxquels des rois postérieurs avaient ajouté leurs lois, servaient de base aux décisions de ces conseils. L'administration des provinces était répartie de la manière la plus inégale ; il y avait des chancelleries à Valladolid et à Grenade. La première avait un ressort de plus de 3,400 lieues carrées ; la Navarre avait un conseil ; Séville, Cacères, Valence, Barcelonne, Saragosse, Majorque, Oviédo et la Corogne, possédaient des chambres royales. Malgré la différence dans l'étendue et la population des provinces, la Catalogne, Valence, l'Aragon, la Navarre, Avila, Salamanque, Toro, Zamora et Valladolid avaient chacun un seul intendant. Les revenus consistaient dans les droits très-considérables de régies et de douanes, les impôts sur les consommations, les Alcabalas ou droits sur les ventes qui ne se payaient pas dans toutes les provinces, dans les subsides du clergé, dans le produit de la fameuse bulle des Croisades, etc. Autrefois on pouvait y joindre les richesses des colonies, actuellement indépendantes. Des priviléges de toute espèce, en exemptant les uns des charges de l'Etat, les faisaient peser sur les non privilégiés, et grevaient le peuple : il n'y avait que les *gremios* ou corporations qui eussent conservé quelque chose de démocratique; encore le clergé avait-il réussi à les changer en confréries ; et, dès que les corporations avaient acquis quelqu'importance, le gouvernement s'était hâté de lui donner des chefs, et de s'en arroger la direction. Les plus utiles de ces corporations étaient et sont encore les *gremios de acequeros* ou associations des paysans catalans et valançais pour la conduite et la distribution des eaux nécessaires à l'arrosage des champs et des jardins ; les canaux et les statuts de ces gremios sont dûs en grande partie aux Maures ; un tribunal d'*acequeros* ou de paysans usagers siége chaque semaine sous le portail latéral de la cathédrale de Valence. Cette justice rustique a été conservée.

Toutes les autres juridictions spéciales ont été abolies, ainsi qu'une foule d'autres abus de l'ancien régime.

D'après la Constitution des cortès de 1812, tous les citoyens sont égaux devant la loi; le pouvoir législatif réside dans les cortès unis au roi. L'assemblée des députés est élue par les citoyens pour deux ans, et tout Espagnol est éligible. Le roi peut refuser deux fois sa sanction à une loi proposée par les cortès; mais la troisième fois il doit la ratifier et la faire promulguer. Une députation permanente veille à la sûreté publique dans les intervalles des sessions des cortès; la personne du roi est inviolable, et les ministres sont responsables de tous les actes du pouvoir exécutif. La liberté individuelle, celle de la presse, le régime municipal, la nullité de tous les priviléges sont des lois fondamentales de la nouvelle Constitution; les communes sont administrées par des *Ayuntamientos*, composés chacun d'un ou de deux *Alcades*, de *Régidores*, et d'un procureur syndic, tous élus par le peuple. Il y a en outre des députations provinciales, composées du chef-supérieur de la province, de l'intendant et de sept citoyens élus par le peuple, et renouvelés par moitié tous les deux ans. En 1822 les cortès ont divisé l'Espagne en cinquante-une provinces, nommées d'après leurs chefs-lieux, savoir : Alicante, Almeria, Badajos, Barcelonne, Bilbao, Burgos, Cacères, Cadix, Castellon de la Plana, Catalogne, Chinchilla, Ciudad-Réal, Cordoue, la Corogne, Cuença, Girone, Grenade, Guadalaxara, Huelva, Huesca, Jaen, Léon, Lérida, Logrono, Lugo, Madrid, Malaga, Murcie, Orense, Oviédo, Palma, Palencia, Pampelune, Salamanque, Saragosse, Saint-Sébastien, Saint-Ander, Ségovie, Séville, Soria, Tarragone, Téruel, Tolède, Valence, Valladolid, Vigo, Villa-Franca, Vittoria, Xativa, Zamora. D'après le dernier recensement, la population de ces cinquante et une provinces se monte à près de onze millions. Le Portugal renferme d'après les relevés de 1822 dans ses six provinces, qui sont celles de Entre-Douro et Minho, Tras-os-Montes, Beyra, Estramadure, Alentéjo et Algarve, une population de trois millions quatorze mille âmes; peut-être toute la Péninsule est-elle peuplée de quinze millions d'individus; population suffisante pour revendiquer son indépendance, former un État respectable, et maintenir un rang distingué parmi les puissances de l'Europe.

Cependant cette population est loin d'être en rapport avec l'étendue et la fertilité du sol, la beauté du climat, et la variété des ressources que les habitans trouveraient dans l'agriculture, la pêche, l'industrie et le commerce. C'est que l'Espagne avait jusqu'à 40,000 moines; la ville de Valladolid seule, qui n'est pas une des plus grandes du royaume, comptait 43 couvens; Alcala et Salamanque en avaient chacune une vingtaine. Le Portugal comptait en tout près de 500 couvens, et environ 30,000 ecclésiastiques : dans ce royaume comme dans l'Espagne la classe du peuple, surtout celle des agriculteurs, ne jouissait d'aucune considération, et ne recevait que de faibles encouragemens. Le droit de primogéniture concentrait les propriétés des nobles entre les mains des fils aînés, tandis que les autres enfans n'avaient que la ressource des bénéfices ecclésiastiques ou des charges de la cour pour subsister. Les entraves que le gouvernement mettait à la circulation des livres étrangers, et les ombrages que donnait au clergé toute amélioration quelconque venue de pays plus éclairés, empêchaient qu'on ne profitât en Portugal des perfectionnemens de l'agriculture, et des arts mécaniques inventés ailleurs. Des priviléges, accordés à des corporations, contribuaient d'ailleurs à nuire à l'agricultnre. C'est ainsi que la récolte et le débit des vins produits sur un espace de 8 lieues carrées, le long du Douro, et renommés pour leur excellente qualité, étaient entre les mains d'une compagnie d'actionnaires, qui employait des milliers d'ouvriers et de vignerons, et qui seule avait le droit d'exporter les vins du Douro au Brésil, de pourvoir de vins la population considérable de la ville de Porto, et de distiller des vins dans les trois provinces du nord du royaume. Les grands propriétaires nobles et les corporations religieuses jouissaient de l'exemption des impôts pour leurs terres, tandis que celles des paysans étaient grevées de charges sous toutes sortes de qualifications. Les pêcheurs étaient les hommes les plus misérables, et avaient à peine le moyen d'acheter l'appareil nécessaire pour pratiquer leur état. D'immenses districts appartenant à des communes, des couvens ou des nobles, restaient en friche; un grand nombre de gens de la campagne émigraient ou cherchaient dans l'état ecclésiastique un sort plus heureux. Les routes étaient généralement si mauvaises et les moyens de communication si difficiles, qu'il existait peu de relation entre les provinces du midi et du nord; la marine qui, dans le temps des grandes expéditions du Portugal, avait été si florissante, était tombée comme les autres institutions. Les Portugais pratiquaient quelques arts insdustriels, et avaient des fabriques et manufactures; mais, loin de pourvoir de leurs marchandises les nombreuses colonies dans les autres parties du monde, les Portugais tiraient de l'étranger pour leur propre besoin des articles manufacturés. La presse, moyen si puissant d'éclairer la nation dans les Etats libres, languissait en Portugal : on n'y comptait qu'une douzaine d'imprimeries, qui indépendamment des ouvrages savans ne fournissaient que des livres de dévotion, pour la plupart fruits de la plus crasse ignorance et de la superstition la plus grossière, et de mauvaises traductions des langues étrangères. Le théâtre n'était guère plus florissant. On entretenait à grands frais des chanteurs italiens; mais le théâtre Portugais n'avait que de mauvais acteurs et que des pièces médiocres, pour la plupart traduites ou imitées des théâtres étrangers. L'instruction publique était en grande partie entre les mains d'un clergé peu propre à former des hommes utiles à la société; il n'y avait qu'un seul grand établissement d'instruction en Portugal : c'était l'université de Coïmbre; elle avait des facultés de théologie, de médecine, de jurisprudence, de mathématiques; mais la première était la plus soignée et la plus fréquentée.

Tout cet état de décadence avait été la suite du régime absolu que les rois avaient introduit arbitrairement, depuis qu'ils avaient cessé de convoquer les anciens cortès qui, au moyen âge, se composaient, comme en Espagne, des députations de la noblesse, du clergé et des communes. Ce fut à la fin du 17e siècle que les rois osèrent cesser de gouverner conjointement avec les représentans de la nation; il resta encore une junte des 3 états, mais sans attributions importantes: elle fut supprimée en 1808. Le régime municipal, sans être anéanti tout-à-fait, avait pourtant été privé de son indépendance. Lisbonne avait un sénat, composé d'un président, de 8 conseillers ou *vereadores*, 2 procureurs de cité, 4 procureurs des métiers, etc. Ce sénat exercait les fonctions d'un tribunal; mais il était présidé par un noble de première classe, nommé par le roi. L'assemblée ou le *corps des vingt-quatre*, n'était qu'un tribunal de prud'hommes, chargé de décider au sujet des contestations des ouvriers; il se composait du *juge du peuple*, des procureurs et députés des métiers; les villes et bourgs avaient leurs *chambres* municipales, à l'instar du sénat de Lisbonne. Elles administraient les biens des communes, et faisaient des réglemens municipaux, que les corrégidors avaient droit de casser. Chaque *comarca* ou district avait son corrégidor, qui était juge de seconde instance et chef de la police. Parmi les corrégidors des districts la plupart étaient nommés par le roi; d'autres étaient nommés par la reine, ou par les principaux seigneurs; le général des moines Bernardins même avait le droit de proposer un corrégidor. Outre ces fonctionnaires, il y avait 21 autres magistrats de districts, égaux en dignité à ceux-ci, et appelés *provedores*; et un grand nombre de juges inférieurs nommés les uns par le roi, les autres par les seigneurs. Les ecclésiastiques avaient leurs tribunaux particuliers; le nonce du pape même, quoique étranger dans le royaume, présidait à une cour ecclésiastique. Autrefois le clergé portugais était sous la juridiction du pape; mais cette étrange disposition fut changée par le ministre Pombal.

Depuis que le Portugal s'est donné une constitution, le royaume a pris une nouvelle face: un congrès, composé de cent députés aux cortès, représente la nation et fait les lois. D'après l'acte constitutionnel, la souveraineté en Portugal réside essentiellement dans la nation, qui est libre et indépendante, qui ne peut être la propriété de personne, et à qui seule appartient le droit de faire sa constitution ou loi fondamentale par l'organe de ses représentans légitimement élus. Cette constitution ne pourra être modifiée dans un ou plusieurs de ses articles que sur la demande de deux tiers des députés, et qu'après le terme de quatre ans comptés depuis la publication; encore faudra-t-il que, pour la session où il s'agira de modifier la loi fondamentale, les députés soient munis de pouvoirs spéciaux. Le pouvoir législatif réside dans le congrès, sous la dépendance de la sanction du roi, qui pourra suspendre cette sanction; mais il ne pourra jamais apposer aux décrets de l'assemblée législative un *véto* absolu; l'initiative directe des projets de loi appartient au congrès qui, seul, nomme la régence du royaume dans les cas nécessaires; approuve les traités d'alliance offensive et défensive, de subsides et de commerce; détermine la valeur des monnaies, et peut refuser l'admission des troupes étrangères dans le royaume. Il s'assemble une fois par an ; le roi ne peut ni le proroger ni le dissoudre ; dans les intervalles des sessions, une commission de 7 députés reste dans la capitale avec la faculté de convoquer un congrès extraordinaire en cas de besoin. Il propose les membres du Conseil-d'Etat, et détermine la force militaire permanente. La personne du roi est inviolable, et les ministres sont responsables de la non-exécution des lois. La religion de la nation portugaise est la religion catholique; la loi est égale pour tous, et ne connaît point de priviléges; tous les Portugais sont également admissibles aux fonctions publiques; la propriété de chaque portugais est sacrée et inviolable; chaque citoyen a la faculté d'émettre ses opinions sur toute sorte de matière, sans être soumis à une censure préalable; un tribunal est chargé de protéger la liberté de la presse et d'en réprimer les abus ; les évêques pourront censurer les écrits répréhensibles qui auront été publiés sur le dogme et la morale. La confiscation des biens et les peines cruelles et infamantes sont abolies; le secret de lettres sera inviolable.

Telles sont les principales dispositions du nouvel acte fondamental de la législation portugaise. On voit que, par cette constitution, la nation a réservé à ses représentans la plus grande partie du pouvoir confié dans d'autres pays au chef du gouvernement; toutes les institutions civiles, ecclésiastiques et militaires du Portugal, seront modifiées d'après l'esprit de leur loi fondamentale; les cortès sont, depuis plusieurs sessions, occupés de ce travail important.

Sous le rapport militaire, il est question de diviser le Portugal en 7 gouvernemens, dont voici les noms et les chefs-lieux; 1°. gouvernement militaire d'Entre-Douro et Minho, chef-lieu Viana; 2°. Tras-os-Montes, chef-lieu Villa-real; 3°. Haute-Beyra, chef-lieu Viseu; 4°. Basse-Beyra, chef-lieu Castel-Branco; 5°. Estramadure, chef-lieu Lisbonne; 6°. Alentejo, chef-lieu Estremoz; 7°. Algarves, chef-lieu Faro. Les milices forment 48 régimens, nommés d'après les villes qui leur servent de chef-lieu. Lisbonne et son territoire en fournissent 6 à 7. L'armée régulière devra comprendre, d'après le plan des cortès, 24 régimens de ligne, d'un bataillon chaque; 6 régimens de chasseurs, de 2 bataillons; 12 régimens de cavalerie, de 3 escadrons; 4 régimens d'artillerie, un bataillon d'ouvriers du génie, et une compagnie de soldats du train. Ces forces seront réparties par portions égales sur 3 divisions du territoire: celles du nord, du centre et du sud; seulement la dernière division aura 2 régimens d'artillerie au lieu d'un, à cause du grand nombre des forts. Les places fortes seront rangées en 2 classes, dont la première comprendra Almeida, Cascaes, Elvas, Peniche, San-Juliao et Valença; et la seconde, Campo-major, Forte-da-Graça, Jurumenha, Marvao et Monsanto. Le collége royal militaire est établi à Luz; et une académie royale de fortification, d'artillerie et de dessin, au palais Calheriz.

La marine royale du Portugal ne comprend plus, d'après le rapport fait en 1821 au congrès, que 28 bâtimens avec 992 canons, savoir 4 vaisseaux de ligne, 11 frégates, 7 corvettes et 6 bricks; la brigade royale de marine est loin d'être à son complet qui doit être de 5,250 individus. Le principal établissement maritime du Portugal, c'est l'arsenal de marine à Lisbonne. C'est là que l'on construit et que l'on arme les bâtimens de la marine royale. Une école royale de construction ou architecture navale, une grande corderie qui peut employer 260 ouvriers, un hôpital de marine, et une administration pour la forêt de Leyria qui fournit du bois de construction, complètent cet établissement. L'académie royale des gardes marines, qui existait autrefois à Lisbonne, a été transférée au Brésil lors du départ de la famille royale.

La marine marchande n'est guère plus florissante que la marine militaire. Ce que le Portugal vendait jusqu'à présent en productions aux nations étrangères, s'exportait en très-grande partie, sur des navires des autres Etats maritimes ; et les importations des marchandises étrangères avaient lieu par les mêmes navires. Le seul commerce maritime qui fût avantageux pour le Portugal, c'était celui des colonies, à cause du monopole que le Portugal s'était réservé ; encore la rigueur de ce monopole en détruisait-elle les avantages. D'après les tableaux statistiques, publiés par M. Balbi, en 1822, le Portugal a exporté en 1819, pour ses possessions d'outre-mer, la valeur de 8,156,400,789 cruzades ; et dans la même année il a importé dans le royaume, par ces possessions la valeur de 9,413,093,583 ; d'où l'on voit que les importations ont été plus fortes que les exportations. Dans la même année 1819, le Portugal a tiré des pays étrangers, surtout de ceux d'Europe, la valeur de 37,209,000 cruzades, et la valeur des exportations pour ces pays s'est montée à 28,228,000 : ainsi, dans cette branche du commerce, le Portugal a été encore en perte, puisque les importations ont été plus fortes de la somme de 8,980,000 cruzades, (une cruzade vaut 3 francs ou 480 reis). Il existe une académie royale de marine et de commerce à Porto, où se forment environ 300 élèves, tant pour la marine militaire que pour la marine marchande. Lisbonne a aussi, outre une école de commerce, une académie royale de marine, fréquentée par 400 élèves, et un observatoire de marine, où se forment une cinquantaine d'étudians.

La division ecclésiastique du Portugal subira probablement des modifications ; déjà le patriarcat fondé en 1706 a été aboli par le congrès, et l'archevêché de Lisbonne rétabli ; les évêchés de Castel-Branco, Guarda, Lamego, Leyria, Portalègre, et quelques diocèses d'outre-mer sont suffragans de ce siége archiépiscopal. Braga, seconde métropole, a dans son ressort les évêchés de Bragance, Coïmbre, Miranda, Porto et Viseu ; enfin les évêchés d'Algarve, Béja et Elvas dépendent de l'archevêché d'Evora. Par une confusion qu'on trouvait en Portugal dans toutes les institutions, il existait jusqu'à présent une dizaine de chefs ecclésiastiques, appelés *exempts*, qui ne dépendaient point de ces évêchés, quoique les paroisses sur lesquelles s'étendait leur inspection fussent enclavées dans les divers diocèses. Sous le rapport civil et administratif, le Portugal a été divisé jusqu'à présent en 6 provinces, subdivisées en 44 *comarcas* ou districts ; savoir : 1°. ESTRAMADURE, comprenant les comarcas de Lisbonne, Torres-Vedras, Ribatejo ou Castanheira, Alemquer, Leyria, Alcobaça, Thomar, Ourem, Santarem et Setubal ; 2°. ALENTEJO ou ALEM-TEJO, formée des comarcas d'Evora, Beja, Ourique, Villaviçosa, Elvas, Portalegre, Aviz et Crato ; 3°. ROYAUME D'ALGARVE, consistant dans les comarcas de Faro, Tavira et Lagos ; 4°. LA BEYRA, divisée en 11 comarcas : Coïmbre, Arganil,

Aveiro, Feira, Lamego, Viseu, Pinhel, Trancoso, Guarda, Linhares, et Castellobranco; 5°. MINHO ou ENTRE-DOURO et MINHO, province renfermant les comarcas de Braga, Porto, Penafiel, Guimaraens, Viana, Barcellos et Valença; 6°. TRAS-OS-MONTES, ou province entre les montagnes, composée des comarcas, de Bragance, Miranda, Moncorvo et Villa-Real.

Sous le régime tutélaire de la Constitution, se développent actuellement en Portugal des institutions propres à donner un nouvel élan au génie des Portugais; telles sont la société d'encouragement pour l'industrie nationale, et la société littéraire patriotique de Lisbonne, fondée en 1821, sur le modèle de laquelle se forment des associations semblables dans les principales villes des provinces.

ABRÉVIATIONS

DU VOCABULAIRE.

Alent. *signifie* Alentejo.
Arag. — Aragon.
Ast. — Asturies.
B. — Bourg.
Basq. — Basques.
Bisc. — Biscaye.
Burg — Burgos.
C. — Carré.
Cat. — Catalogne.
Cord. — Cordouan.
D. — Demi.
D. et M. — Douro et Minho.
Dist. — District.
Esp. — Espagne *ou* Espagnol.
Estram. — Estramadure.
Gal. — Galice.
Gr. *ou* g. — Grand.
Gren. — Grenade.
Guadalax. — Guadalaxara.
H. — Hameau.
H. *ou* hab. — Habitans.
L. *signifie* Lieue.
Mad. — Madrid.
Murc. — Murcie.
Nav. — Navarre.
N.-Cast. — Nouvelle-Castille.
P. — Petit.
Portug. — Portugal *ou* Portugais.
Prov. — Province.
Q. — Quart.
R. — Route.
Riv. — Rivière.
Roy. — Royaume.
Sarag. — Saragosse.
Sec. — Secondes.
Sév. — Séville.
Tras-os-M. — Tras-os-Montes.
V. — Ville.
Val. — Valence.
Vall. — Valladolid.
Vill. — Village.
V.-Cast. — Vieille-Castille.

DICTIONNAIRE

GÉOGRAPHIQUE

DE L'ESPAGNE ET DU PORTUGAL.

A.

ABADIA, h. à 13 l. et d. de Salamanque, route de Mérida. Estram.

ABAVIDES, vill. à 70 l. de Madrid. r. de Vigo. Gal.

ABEDES, vil. à 70 l. de Madrid, r. de Vigo. Gal.

ABRANTÈS, b. fort, à 23 l. de Lisbonne, sur le Tage, qui y reçoit d'assez forts bâtimens. Estram. Port.

ABRUNEIRA, à 1 l. de Mafra, et à 11 l. de Lisbonne. Estram. Port.

ABULAGAS, poste à 2 l. de Madrid, r. de l'Escurial, prov. de Madrid.

ACEBO, (el), vill. à 7 l. d'Astorga, r. de la Corogne. Léon, distr. de Ponferrada.

ADANERO, pet. b. à 18 l. de Madrid, r. de Zamora, prov. d'Avila.

ADRA, v. à 5 l. d'Alméria, r. de Malaga, sur le bord de la Méditerranée. On y pêche du thon et d'autres poissons. Gren.

ADRADAS, vill. à 8 l. de Medinaceli, et à 4 l. de Soria. V.-Cast. province de Soria.

AGONCILLO, p. b. à 15 l. de Pampelune, et à 6 l. de Calahorra, prov. de Soria.

AGRAMUNT, gr. b. à 6 l. nord de Léride sur la route d'Urgel. Catal. A 1 d. l. de là, est situé le vill. de *Monfalco de Agramunt*, sur le Sio.

AGREDA, gr. b. à 3 l. sud de Tarazona sur la route de Pampelune à Madrid. Il avait autrefois une douane. V.-Cast. prov. de Soria.

AGUA DO PACO, vill. à 15 l. de Lisbonne, route de Tavira. Alent.

AGUADA, vill. à 6 l. de Coimbre, r. de Porto, Portugal, prov. de Beyra.

AGUASAL, vill. à 24 l. de Madrid, r. de Valladolid, prov. de Valladolid.

AGUAS DE MOURA, vill. à 8 l. de Lisbonne, r. de Séville. Estram. portug.

AGUELA, vil. à 8 l. d'Orense, et à 7 l. et d. de Lugo, Gal.

AGUIAR DA BEYRA, p. b. à 6 l. de Lamego, r. de Ciudad Rodrigo. Portugal, prov. de Beyra.

AGUILAR DE ANGUITA, vill. à 24 l. est de Madrid, sur le Daroca. V.-Cast. prov. de Soria.

AGUILAR DE CAMPOS, v. à 40 l. nord de Madrid, r. de Léon, prov. de Valladolid.

AGUILAS LAS, v. avec un port sûr et commode sur la Méditerranée, à 6 l. et au sud de Carthagène. Murc.

AINSA, p. v. à 4 l. d'Huesca, r. des Hautes-Pyrénées; les rois d'Aragon y avaient un château. Arag.

ALAGON, gr. b. auprès de l'Ebre, à 4 l. de Sarragosse. Arag.

ALAMA DE LOS BAGNOS, vill. à 34 l. de Madrid, et à 4 l. de Calatayud. Arag.

ALAVA, partie la plus fertile et la moins montagneuse des provinces Basques, et bordée par la Biscaye, le Guipuscoa, la V.-Castille et la Navarre, ainsi que par trois chaînes de montagnes qui se rattachent aux Pyrénées. Il en descend un grand nombre de ruisseaux et de torrens;

la rivière de Zadorra est très-poissonneuse et traverse de charmans paysages, avant de se jeter dans l'Ebre. Les habitans récoltent assez de grains pour pouvoir en exporter; ils cultivent du chanvre et du lin, fort peu d'huile et le vin de *Chacoli* Leurs montagnes d'où l'on tire du chêne pour la marine, sont couvertes de bois; cependant plusieurs forêts ont été détruites. On désigne la portion la plus fertile de l'Alava, sous le nom de *Rioja Alavesa*. La province possède des carrières de marbre, et des mines de fer et de cuivre. On avait cessé dans les derniers temps d'exploiter ces mines, à cause des difficultés des communications, et parce que l'entrée des fers était grevée de droits en Castille. Les anciennes fabriques de cordonnerie, chapellerie, boisselerie, et de syrops avaient éprouvé la même décadence que les forges. L'Alava eut des seigneurs indépendants jusqu'en 1200, époque de sa réunion à la monarchie de Castille; elle conserva néanmoins, jusqu'en 1620, quelques-uns de ses droits particuliers, et sa représentation provinciale: son assemblée générale, qui se réunissait chaque année, deux fois, savoir: en mai et en septembre, se composait d'un député général ou président, des procureurs et alcaldes des confréries, du trésorier de la province et de deux greffiers. Les confréries ou *hermandades*, étaient au nombre de 57 réparties sur 6 *quadrilles*, qui étaient celles de Vittoria, Salvatierra, Ayala, Guardia, Zuya et Mendoza. L'Alava contient une ville; celle de Vittoria, 72 bourgs et 357 villages et hameaux. La population se monte au-delà de 72 mille âmes.

Albacete, v. à 33 l. de Madrid, r. de Valence, dans une plaine fertile; fabrique de coutellerie et d'autres ouvrages en fer et acier; foire de bestiaux en septembre Murc.

Alba de Tormes, gr. b. sur la Tormes, à 30 l. de Madrid, r. de Ciudad. Rodrigo, chef-lieu d'un duché, prov. de Salamanque.

Albaracin, p. v. dans un vallon sur le Guadalaviard, à 14 l. de Sarragosse; fabriques de draperie commune; territoire fertile en grains. Arag.

Albatana, p. b. à 43 l. est de Madrid, r. de Carthagène. Murc.

Albatera, p. b. à 7 l. d'Alicante, r. de Murcie, entre Elche et Orihua, Val.

Albentosa, vill. à 14 l. sud de Valence, r. de Saragosse. Arag.

Alberca, p. b. à 20 l. de Madrid, r. de Valence. N.-Cast. Prov. de Cuença.

Alberche, h. sur la riv. de ce nom, à 18 l. ouest de Madrid, r. de Talavera.

Albergues, vill. à 11 l. de Lisbonne, r. de Tavira. Estram. port.

Albérique, vill. à 5 l. et d. ouest de Valence, r. de Madrid. Val.

Albires, p. b. à 6 l. et d. de Léon, r. de Madrid. Léon.

Albufera, b. sur la côte méridionale de Portugal, à 3 l. ouest de Faro, r. de Lagos, Alg.

Albufera, lac de 3 l. et d. de long, sur 2 l. de large, et 10 l. de tour, à 1 p. l. sud de Valence: il communique avec la mer; les oiseaux aquatiques y séjournent en foule; on leur fait tous les ans la chasse sur un grand nombre de bateaux; on y pêche beaucoup d'anguilles; sur ses bords on cultive du riz. Ce domaine royal rapporte environ 45 mille francs par an. Val.

Albuhera (la), h. à 29 l. et d. nord de Séville, r. de Badajoz. Estram.

Albujon (el), vill. à 6 l. de Murcie, et à 1 l. de Carthagène. Murc.

Albuquerque, gr. b. sur la rive gauche de la Gevora, à 39 l. de Lisbonne et à 8 l. d'Elvas, r. de Madrid. Il a un château fort protégeant la frontière. Estram.-Portug.

Alcaçur-do-Sal, v. sur le Cadaon, à 13 l. de Lisbonne, r. de Séville. On y fait beaucoup de sel, ainsi que de la sparterie. Estram.-Portug.

Alcadebeque, vill. à 2 l. de Coimbre, r. de Porto à Lisbonne, province de Beyra.

Alcala de Gisbert, h. à 14 l. sud de Valence, r. de Tortose. Val.

Alcala de Guadayra *ou* de los Panaderos, gr. b. sur la rive de Guadayra, à 23 l. de Cordoue et à 2 l. de Séville. Sév.

Alcala de Henarès, v. de 5000 habitans, sur le Hénarès, à 6 l. de Madrid et à 4 l. de Guadalaxara, N.-Cast. Prov. de Guadalaxara; une belle rue le traverse. Parmi ses édifices on distingue l'ancien collège des jésuites, l'archevêché, la cathédrale, les collèges du roi, St-Ildéphonse et Malaga. Son université était autrefois célèbre.

Alcala del Valle, p. b. à 83 l. de Madrid, r. de Gibraltar. Gren.

Alcala-la-Réal, v. de 9,000 âmes, sur un terrain très-élevé, à 60 l. s. de Madrid, et 8 l. de Grenade. Jaen.

Alcaniz, v. à 25 l. de Saragosse, sur le Guadalupe; elle est ornée d'une belle fontaine. Arag.

Alcantara, v. anc. avec un beau pont romain sur le Tage, à 58 l. ouest de Madrid. Estram.

Alcantarilla, p. b. à 1 l. de Murcie, r. de Grenade. Murc.

Alcarras ou Alcaraz, vill. à 2 l. de Lérida, sur la r. de Saragosse. Catal.

Alcaudète, p. v. bâtie en pierres noires de la qualité du marbre, et auprès de coteaux fertiles en fruits, à 10 l. de Grenade, et à 6 l. de Jaen, r. de Madrid. Jaen.

Alcobaza, gr. monastère et b. à 5 l. de Leyria, r. de Lisbonne, arrosé par les riv. d'Alco et Baza. Le bourg a une fabrique de tissus de coton, linge de table, mouchoirs. Estram. Portug.

Alcober, p. b. à 4 l. nord-ouest de Tarragone, sur la r. de Lérida. Cat.

Alcolea del Pinar, vill. à 23 l. de Madrid. V.-Cast., prov. de Soria.

Alcolea del Tajo, p. b. sur le Tage, à 25 l. de Madrid, entre Talavera et Guadalupe, prov. de Tolède.

Alcoletge, vill. à 1 l. de Lérida, sur la r. de France. Catal.

Alconeta (Venta de), h. à 16 l. de Mérida, r. de Salamanque. Estram.

Alcor (viso del), vill. à 21 l. de Cordoue, r. de Cadix. A 1 d.-l. est le vill. de Mayrena del Alcor, même route. Sév.

Alcora, v. sur la riv. de Lucena, à 6 l. de Valence; fabrique de porcelaine et faïence. Val.

Alcorcon, vill. à 2 l. de Madrid, r. de Talavera; à 1 l. et d., delà on trouve les Ventas de Alcorcon, prov. de Madrid.

Alcoutim, b. fortifié, à 35 l. sud de Lisbonne, r. de Séville. Alg.

Alcovendas, vill. à 3 l. nord de M. V.-Cast., prov. de Madrid.

Alcoy, b. très-riche, sur la riv. d'Alcoy, à 15 l. sud de Valence, r. d'Alicante; grand nombre de fabriques d'étoffes de laine et de papeterie. Les hab. exportent aussi du blé, fruits, soies, huile; pop. 15,000 âmes. Val.

Alcudia, v. bâtie sur une presqu'île entre les marais, dans le nord-est de l'île de Majorque; de chaque côté de la ville il y a une baie et un port.

Alcudia de Carlet, p. b. à 5 l. ouest de Valence, r. de Madrid. Val.

Aldea del Cano, h. à 7 l. de Mérida, r. de Salamanque. Estram.

Aldea Gallega, gr. b. à 6 l. de Lisbonne, r. de Madrid. Estram., port.

Aldea Luenga, vill. à 2 l. de Salamanque, r. de Madrid, prov. de Salamanque.

Aldea-Nova, vill. à 1 l. est d'Almeyda, et à 7 l. de Ciudad-Rodrigo. Portug., prov. de Beyra.

Aldea Nueva de Figueroa, p. b. à 6 l. et d. de Salamanque, r. de Toro, prov. de Salamanque.

Aldea Tejada, vill. à 1 l. de Salamanque, r. de Mérida. Léon, prov. de Salamanque.

Aldeas de Fonsso, h. à 28 l. et d. de Lisbonne, r. de Séville. Port., Alent.

Aldehuela (la), vill. à 30 l. de Madrid et à 10 l. et d. d'Avila, prov. de Salamanque.

Alduides, haut. montagnes de la chaîne des Pyrénées, entre Roncevaux et Bastan. Nav.

Alegria, p. vill. à 14 l. et d. nord de Vittoria. Bisc., prov. de Guipuscoa.

Alentejo, la plus grande province du Portugal, au midi du Tage, appelée *Tejo* en portug.; bornée à l'ouest par la mer, elle touche, du côté de l'est, à l'Andalousie et l'Estramadure espagnole; de ce côté elle est plus fertile que vers l'Océan et vers les montagnes des Algarves, où il croit pourtant beaucoup de bois; elle récolte beaucoup de blé et approvisionne la capitale de grains, de bétail, de gibier et de bon miel: elle cultive des vins; mais elle est obligée de tirer des huiles du midi de l'Espagne. La riv. d'Odemira, qui la traverse et se jette dans la mer au-dessous de Villanova, n'est navigable qu'à 5 l. au-dessus de son embouchure. Le long de l'Espagne, L'Alentejo est défendue par les forts d'Elvas, Campo-major, Portalègre, Arronches, etc. L'étendue de cette province est de 860 l. c., et sa popul. de 266,000 hab.

Alfajarin, p. b. à 1 l. et d. est de Saragosse, sur la route de Barcelonne. Arag.

Alfaques, pet. port à l'embouchure de l'Èbre auprès d'une presqu'île du même nom. Catal.

Alfaro, v. à 4 l. de Calahorra, V.-Cast., prov. de Soria.

Alfauyr, vill. à 10 l. sud de Valence, route d'Alicante. Val.

Alfinden (Puebla de), vill. à 2 l. et d. est de Saragosse, sur la route de Lérida. Arag.

Alfundaon, vill. à 18 l. de Lisbonne, et à trois de Béja. Alent.

Algadefe, p. b. à 50 l. et d. nord de Madrid, r. de Léon, prov. de Valladolid.

Algaijuela, p. b. à 56 l. et d. de Madrid, entre Mérida et Badajoz. Estram.

Algarves (les); ce nom comprend l'extrémité méridionale du Portugal; les montagnes de Monchique et Caldeyraon la séparent de la prov. d'Alentejo; d'autres montagnes traversent le territoire même des Algarves: leurs flancs offrent de bons pâturages; il en descend plusieurs rivières qui se rendent à l'Océan, en formant divers ports. La Guadiana coule entre les Algarves et l'Andalousie. Les habitans entretiennent beaucoup de chèvres; ils cultivent et exportent des olives, raisins, figues, limons, oranges et amandes; ils pêchent des thons et sardines; ils tirent de l'Andalousie le blé qui leur manque. Les ports des Algarves sont fréquentés par les navires du nord. Sur une étendue de 160 l. c. cette province a 120,350 âmes: c'est la province la plus petite et la moins peuplée du Portugal.

Algarrobilla (la), p. b. entre Mérida et Badajoz, à 55 l. et 3 q. de Madrid. Estram.

Algemesi, p. b. sur la Requena, à 3 l. et d. sud de Valence, route d'Alicante. Val.

Algésiras, v. de 4,600 hab. avec un port défendu par des forts et des batteries, à 3 l. ouest, et sur la baie de Gibraltar. Ce fut aux environs que débarquèrent les Maures lors de leur invasion en Espagne. Sév.

Alginet, vill. à 3 l. ouest de Valence, route de Madrid. Val.

Algora, p. b. à 19 l. de Madrid et à 4 l. et d. de Medinaceli, V.-Cast., province de Soria.

Alhama, v. de 4,000 âmes, au bas de la Sierra de Antequera, à 13 l. sud-ouest de Grenade, r. de Malaga; ses sources d'eau thermale sont renommées en Espagne. Gren.

Alhama (Venta de), h. à 4 l. et d. de Murcie, route de Grenade. Murc.

Alhandra, p. b., à 7 l. de Lisbonne, auprès de l'embouchure du Tage, r. d'Abrantès. Estram. Port.

Alhaurin el grande, gr. b. à 4 l. de Malaga, route de Gibraltar. Gren.

Alhondiga, p. b., à 14 l. et d. de Madrid, r. de Sacedon, prov. de Madrid.

Alia, p. b., à 34 l. de Madrid, entre Talavera et Guadalupe, prov. de Tolède.

Alicante, place forte et maritime, sous 38°, 20m, 41s de latit. et 02°, 47m, 32s de longit., à 31 l. de Valenee et à 60 l. de Madrid, a une baie sûre et spacieuse; son château est bâti sur une roche calcaire de mille pieds de haut; les rues sont étroites et mal pavées. Alicante fait un commerce immense de vins de son territoire, ainsi que de soude fabriquée sur la côte, de fruits secs, huile, etc. La vallée d'Alicante est ombragée de mûriers, caroubiers, oliviers et vignes. Pop. 17,000 hab. Val.

Alija dela Ribera, vill. à 2 l. et 1 q. de Léon, r. de Madrid. Léon.

Aliseda (la), h. à 44 l. est de Lisbonne, route de Madrid. Estram.

Aljezur, p. b. à 35 l. sud de Lisbonne, et à 5 l. de Lagos. Alg.

Aljubarrota, p. b. à 4 l. de Leyria, r. de Lisbonne. Estram. port.

Aljucen, h. sur la riv. de ce nom, à 2 l. de Mérida, r. de Salamanque, Estram.

Aljucen, v. à 1 l. de Murcie, route de Carthagène. Murc.

Aljustrel, gr. b. à 22 l. de Lisbonne, r. de Tavira. Estram. port.

Allariz, gr. b. à 75 l. nord de Madrid, r. de Vigo. Gal.

Allos Vedros, p. b. auprès du Tage, à 2 l. de Lisbonne. Estram. port.

Almaçarron, b. sur le bord de la Méditerranée, à 3 l. ouest de Carthagène, et à 14 l. sud de Murcie: on y fabrique de la sparterie. Aux environs on exploite des mines d'alun, et des carrières d'une belle terre rouge, employée dans les fabriques de glaces et de tabac. Murc.

Almaden, v. à 8 l. et d., nord de Séville, r. de Badajoz. Elle a de riches mines de vif-argent, et un hôpital royal, Sév.

Almadrones, p. b. à 18 l. de Madrid, entre Guadalaxara et Medinaceli. N.-Cast., prov. de Guadalaxara.

Almagia, p. b. à 4 l. nord de Malaga, r. de Cordoue. Gren.

Almagreira, vill. à 6 l. et d. de Leyria, r. de Porto, prov. de Beyra.

Almagro, gr. b. à 30 l. de Madrid et

à 2 l. de Ciudad-Réal, prov. de la Manche.

Almandoz, vill. à 5 l. nord de Pampelune, sur la r. de Bayonne. Nav.

Almantiga, vill. à 4 l. et d. de Soria et à 28 l. de Madrid. V.-Cast., prov. de Soria.

Almanza, v. de 6,000 âmes, à 47 l. de Madrid, r. de Valence, dans une plaine; fabrique de toiles communes. Murc.

Almarail, vill. à 2 l. et d. de Soria et à 8 l. de Tarragone, sur la route de la Navarre à Madrid. V.-Cast., prov. de Soria.

Almaraz, p. b. à 32 l. de Madrid, r. de Truxillo. Estram.

Almarcha (la), p. b. à 21 l. et d. de Madrid, r. de Valence. N.-Cast., prov. de Cuença.

Almarza (venta de), h. à 16 l. et 3 q. de Madrid, r. de Zamora, prov. d'Avila.

Almazan gr. b. auprès du Douro, entre Medinaceli et Soria, à 2 l. et d. de la dernière. V.-Cast., prov. de Soria.

Almenar, p. b. à 7 l. sud de Tarazona, sur la route de Navarre à Madrid. V.-Cast., prov. de Soria.

Almenara, vill. à 23 l. de Madrid, r. de Valladolid, prov. de Valladolid.

Almenara, p. b. sur la mer, à 5 l. sud de Valence, sur la route de Tortose. Val.

Almendralejo, gr. b. à 57 l. et 3 q. de Madrid, entre Merida et Séville. Estram.

Almendro, vill. à 20 l. et d. de Séville, r. de Lisbonne. Alent.

Almeria, v. et port de mer, sur une baie, dans un territoire fertile, et riche en pierres fines, à 91 l. de Madrid, et 26 de Grenade, et à l'embouchure de la riv. d'Alméria. Du temps des Maures, elle était très-florissante; elle a un évêché. Gren.

Almeyda, v. forte sur la Coa, à 27 l. de Coimbre, et à 3 l. de Ciudad-Rodrigo. Une citadelle la domine aux environs: il y a des eaux minérales; pop. 1,200 hab. Prov. de Beyra.

Almunecar, v. de 2,000 hab. à 12 l. sud de Grenade, dans un territoire fertile en coton; elle a une citadelle et un pet. port de mer. Gren.

Almunia de dona Godina, p. b. à 8 l. et d. de Saragosse, sur la route de Madrid. Arag.

Almuzafes, p. b. sur le lac Albufera, à 3 l. sud de Valence, r. d'Alicante. Val.

Alobera, p. b. à 9 l. de Madrid. V.-Cast., prov. de Guadalaxara.

Alonso, vill. à 18 l. de Séville, r. de Lisbonne. Sév.

Alora, p. b. à 22 l. de Séville, r. de Malaga. Gren.

Alpuxares, montagnes de Grenade, formant la partie méridion. de la *Sierra-Nevada*, et composées d'ardoise argil.

Altafulla, p. b. à 2 l. est de Taragone, sur la route de Barcelonne. Cat.

Alturas, vill. à 4 l. de Chaves, r. de Porto, prov. de Traz-os-M.

Alva, vill. à 52 l. nord de Lisbonne, r. de Chaves, prov. de Beyra.

Alvergaria nova *ou* neuf, et Alvella *ou* vieux, 2 vill. à 8 l. de Porto r. de Coimbre, prov. de Beyra.

Alvergarial, vill. à 5 l. sud d'Orense, r. de Madrid. Gal.

Alvito, gr. b. sur la riv. de ce nom, à 18 l. de Lisbonne et à 5 l. de Béja, r. de Séville. Portug., Alent.

Alzira, v. de 10,000 âmes, entourée par la riv. de Fucar, à 5 l. et d. sud de Valence, r. d'Alicante. Val.

Amabida, vill. à 25 l. de Madrid, et à 6 l. d'Avila, prov. d'Avila.

Amarante, v. de 4,000 hab. à 9 l. sud-ouest de Braga, sur la rive de Tamega. On y fabrique des toiles. Entre-D-et M.

Amarelos (los), vill. à 35 l. nord de Lisbonne, r. d'Abrantès. Beyra.

Amarga, vill. avec une source d'eau minérale froide, sur la montagne de Sainte-Anne, à 2 l. de Cadix. Sév.

Ambas-Mestas, vill. à 73 l. de Madrid, r. de la Corogne. Léon.

Amecio, vill. à 61 l. n. de Lisbonne, et à 5 l. de Chaves, prov. de Tras-os-M.

Ameigial, vill. à 31 l. sud de Lisbonne, r. de Faro. Alent.

Ameyugo, p. b. à 2 l. de Miranda et à 10 l. de Burgos. V.-Cast., prov. de Burgos.

Amezqueta, vill. du Guipuscoa, sur la frontière de Navarre; il a une mine de cuivre excellent. Prov. Bisc.

Amorin, poste fort sur le Minho, à 11 l. et 3 q. d'Orense, r. de Tuy. Gal.

Amposta, p. b. auprès de l'Èbre, à 13 l. sud de Tarragone, sur la route de Valence. Val.

Ampurdan, district maritime, voisin du département français des Pyrénées Orient., traversé par la riv. de Fluvia, et fertile en grains et fruits. Catal.

Ampurias, p. v. avec un port, à 1 l. sud-ouest de Roses, et à 6 l. nord des Pyrénées-Orient. C'est une v. très-anc., qui était déjà un marché ou *Emporium*, du temps des Romains : c'est du mot *Emporium* qu'est dérivé le nom actuel. Catalogne.

Amurrio, vill. à 6 l. sud de Bilbao, prov. d'Alava.

Amusco, gr. b. à 43 l. de Madrid et 2 l. et d. de Palencia, r. de Santander, prov. de Palencia.

Anchoriz, vill. à 2 l. et d. nord-est de Pampelune, sur la route de St.-Jean-Pied-de-Port. Nav.

Anchuela del Campo, h. à 29 l. de Madrid, sur la route de Daroca V.-Cast., prov. de Cuença.

Andalousie (l'). La Sierra-Morena, sépare cette province méridionale des provinces de l'intérieur, la protége contre les vents du nord, et y concentre la chaleur qui y est très-forte, et qui est augmentée encore par les vents de la Méditerranée. Le Guadalquivir et quelques rivières assez considérables l'arrosent : la Guadiana la sépare du midi du Portugal. On y nourrit de belles races de chevaux et de bestiaux. Les Maures, pendant le temps de leur règne en Andalousie, y avaient embelli les villes, dont quelques-unes avaient été élevées par les Romains : c'est aussi aux Africains que sont dues les plantations, on ne peut plus magnifiques, qui font encore le charme des habitans et des étrangers. Jamais l'Andalousie n'a été plus peuplée, plus riche, plus industrieuse, que lorsque des rois maures tenaient leur cour à Grenade, Cordoue, Séville et dans d'autres villes florissantes. Si les rois d'Espagne, en soumettant cette province, avaient conservé et bien traité la population musulmane, au lieu de la chasser, suivant le conseil d'un fanatisme aveugle, ils auraient acquis une force nouvelle, et n'auraient point appauvri leur monarchie. Les anciens palais et mosquées de ce peuple font encore l'admiration des voyageurs. Ils avaient fait des plantations de cannes à sucre et de coton, qui depuis sont presque entièrement tombées ; ses fabriques produisaient des objets de luxe et de nécessité ; il y en a peu aujourd'hui.

Quand l'Espagne possédait encore les vastes colonies américaines, les richesses du Nouveau-Monde affluaient à Cadix et à Séville : ils étaient les entrepôts d'un commerce immense : actuellement cette source est presqu'entièrement tarie.

L'Andalousie fait encore un grand commerce de productions indigènes par les ports les plus fréquentés de l'Espagne, et les campagnes sont encore très-productives : on en tire beaucoup de blé, des vins délicieux, du miel, de la cire, du kermès ; on voit des bois d'oliviers, de citroniers, d'orangers ; les figuiers, amandiers, grenadiers et autres arbres fruitiers des pays du midi n'abondent pas moins : on exporte outre les vins et les huiles, une grande quantité de fruits secs. Autrefois il était défendu, sous peine de mort, d'exporter des chevaux andalous : on les élève dans de beaux pâturages. On pêche beaucoup de thons, sardines et autres poissons. Les mines donnent de l'argent, du plomb, cuivre, fer etc., des pierres fines, des argiles très-blanches, du marbre etc. Pour relever la population et l'industrie, on fonda, au dix-huitième siècle, des colonies allemandes dans la Sierra-Morena ; sous un régime plus libre elles auraient prospéré ; elles n'ont fait que languir jusqu'à présent. L'Andalousie comprend les anciens royaumes de Cordoue, Séville et Jaen, avec une population de 1,250,000 âmes. Depuis 1820, ce pays est divisé dans les provinces de Cadix, Cordoue, Jaen et Séville.

Andoain, vill. à 16 l. nord de Vittoria : on y fait des chaudrons et autres ouvrages en fer et en cuivre ; Bisc. prov. de Guipuscoa.

Andujar, p. v. commerçante sur le Guadalquivir, à 51 l. sud de Madrid, r. de Cordoue et de Grenade : elle exporte de la soie. On y fait de la poterie fine d'argile blanche, dite *Barro*. Jaen.

Angeja, p. b. à 9 l. de Porto, r. de Lisbonne, prov. de Beyra.

Antequera, v. à 68 l. de Madrid, r. de Malaga, sur une colline. On y voit un château des Maures, et plusieurs églises ; la population est de 15,000 habitans ; aux environs il y a des carrières de marbre et un marais salant d'une l. de long. Sév.

Anzanego, h. sur la riv. de Gallego, et sur la route de Jaca à Saragosse, à 12 l. nord de la dernière. Arag.

Anzuola, p. b. à 8 l. nord de Vittoria, et à 12 l. de Bilbao ; prov. de Guipuscoa.

Aragon. Cet ancien royaume, qui a eu dans le moyen âge des souverains particuliers qui possédaient en même temps la Catalogne, Majorque, une partie du Languedoc et même la Sicile, est situé entre la Castille, la Navarre, la France, la Catalogne et Valence, et traversée du nord-ouest à l'est par l'Ebre, qui le divise en Aragon septentrional et méridional, ou *A. Trans-Ibero*, et *A. Cis-Ibero*. Les bords de ce fleuve présentent de grandes plaines; au nord ce sont les Pyrénées, et au sud les montagnes liées à celles de Cuença, qui hérissent le sol, et font naître les rivières qui arrosent le pays, telles que l'Aragon, la Cinca, la Giloca, la Hueca. L'Aragon fournit beaucoup de grains et de vins, tant pour la consommation que pour l'exportation, de bons fruits et légumes, des huiles, du chanvre et lin, du safran, du kali et de la soie; il a des forêts, de grands pâturages qui nourrissent bien moins de bétail que de bêtes à laines, dont on évalue le nombre à 2,050,000. La pêche est également d'un bon rapport : il y a plusieurs sources d'eaux minérales. Les carrières et mines donnent du fer, du cuivre, du cobalt, de l'alun, de la houille, du jaïet, et du marbre. Ces matières premières sont apprêtées dans diverses usines et forges, fabriques de draperies, toiles, tannerie, cordes de chanvre, soieries; mais l'agriculture est mieux soutenue que l'industrie, et l'on cite peu de fabriques florissantes, quoique l'Aragon ait un grand nombre de villes, et que les moyens de communication ne lui manquent point. Lorsque ce royaume était indépendant, il avait ses cortès dont les priviléges limitaient sagement le pouvoir du roi; un fonctionnaire public, et ayant le titre de grand *justicier*, était chargé de veiller à la conservation des libertés publiques. Les cortès s'étaient réservé le droit de ne plus obéir au roi, s'il commandait des choses contraires aux priviléges des Aragonais. Mais lorsque l'Aragon eut été réuni à la Castille par le mariage d'Isabelle avec le roi Ferdinand, ces priviléges furent successivement attaqués et altérés, et le pouvoir arbitraire substitué à l'autorité des cortès : cette assemblée finit par être anéantie. En 1820, enfin, la nouvelle constitution de l'Espagne appela aussi les Aragonais à la représentation nationale, et leur rendit la liberté municipale. Sous le régime absolu, l'Aragon avait été divisé en 13 gouvernemens ou *corregimientos*; les cortès de 1822 la divisèrent dans les provinces de Saragosse, Teruel, Huelva. Ensemble elles renferment une population d'environ 700,000 âmes. Par cette province les Français ont plusieurs fois pénétré en Espagne : aussi a-t-elle beaucoup souffert des invasions.

Aranda, gr. b. sur le Douro, dans un territoire fertile, à 26 l. nord de Madrid, et à 13 l. sud de Burgos. V.-Cast., prov. de Burgos.

Aranjuez, v. bien bâtie sur le Tage, à 7 l. de Madrid, château royal avec de beaux jardins, salle de spectacle, de grandes places, et plusieurs auberges. N.-Cast., prov. de Tolède.

Arante, vill. à 96 l. nord de Madrid, et à 3 l. de Mondoñedo. Gal.

Arauzo, p. b. à 27 l. de Madrid, r. de Salamanque, prov. de Salamanque.

Arbos, p. b. fortifié, à 9 l. de Barcelonne, sur la route de Tarragone. Cat.

Arcade, vill. à 8 l. sud de Tuy, r. de Porto. Gal.

Arcediano, vill. à 3 l. et d. de Salamanque, r. de Toro, prov. de Salamanque.

Archena, vill. mal bâti, à 8 l. de Murcie, et près de la Ségura ; eaux thermales de 40 deg. de chaleur. Murc.

Arcos de la Frontera, v. sur le Guadalète, à 9 l. et d. de Cadix, r. de Malaga. Sév.

Ardales, h. à 8 l. de Malaga; source d'eau minérale froide, qu'on emploie avec succès contre les maux de nerfs et autres maladies. Gren.

Ardemil, vill. à 3 l. et 3 q. de la Corogne, r. d'Orense. Gal.

Ardon, vill. à 3 l. de Léon, r. de Madrid. Léon.

Arechavaleta, vill. à 6 l. nord de Vittoria ; prov. de Guipuscoa.

Arenys *ou* Arens de mar, p. b. à 5 l. nord de Barcelonne, sur la route de Perpignan. Cat.

Areta, h. à 3 l. sud de Bilbao. Prov. d'Alava.

Arenzèque, p. b. à 10 l. de Madrid, r. de Trillo. N.-Cast., prov. de Tolède.

Arevalo, gr. b. auprès de la riv. et du pont d'Arevalillo, à 21 l. de Madrid, r. de Zamora, prov. d'Avila.

Arfa, vill. à 1 l. et 1 q. sud de Seu-d'Urgel, sur la route de Lérida. Catal.

Arganda, gr. b. à 4 l. de Madrid, r. de Valence, prov. de Tolède.

Arganzon (la puebla de), p. b. à 2 l. et d. de Miranda, et à 3 l. de Vittoria. V.-Cast., prov. de Burgos.

Argonzello, vill. à 4 l. de Bragance, r. de Lisbonne, prov. de Tras-os-M.

Ariniz, vill. à 1 l. et 1 q. de Vittoria; prov. d'Alava.

Ariz, vill. à 20 l. est de Porto, r. d'Almeyda, prov. de Beyra.

Ariza, p. b. à 31 l. est de Madrid, sur la route de Catalogne; les habitans cultivent du safran. Arag. A 1 l. de là est le vill. de *Monréal de Ariza*.

Arizcum, vill. à 7 l. et d. nord de Pampelune, et à 8 l. de Bayonne, sur la route de cette ville à Madrid. Nav.

Armentia (Venta de), h. à une d. l. de Vittoria; prov. d'Alava.

Armesendi *ou* Hermesende, vill. à 2 l. de Bragance, r. de Lisbonne, prov. de Val.

Arminon, p. b. à 2 l. de Miranda. V.-Cast., prov. de Burgos.

Armuna, p. b. à 11 l. et d. de Madrid, r. de Trillo. N.-Cast., prov. de Tolède.

Arnedillo, vill. à 4 l. de Calahorra, et à 5 l. de Taraozna; renommé pour ses eaux thermales très salutaires. V.-Cast.

Arneiro, vill. à 8 l. de Coimbre, r. de Porto à Lisbonne, prov. de Beyra.

Arrancada, vill. à 43 l. et d. de Lisbonne, r. de Chaves. Prov. de Beyra.

Arrancudiaga, vill. à 2 l. et d. sud de Bilbao. Bisc.

Arrayolos, gr. b. à 78 l. de Madrid et 18 l. de Lisbonne. Estram. portug.

Arre, vill. à 1 l. nord de Pampelune, sur la route de Bayonne. Nav.

Arrecife (Venta del), h. à 4 l. de Cordoue, r. de Cadix. Cord.

Arriate, p. b. à 85 l. de Madrid, r. de Gibraltar. Gren.

Arrifana de Sousa, vill. à 6 l. de Porto, r. d'Almeyda, entre D. et M.

Arroès, vill. à 2 l. nord de Jaca, sur la route d'Oléron. Arag.

Arrogo de san Servan, p. b. à 55 l. de Madrid, r. de Lisbonne. Estram.

Arronches, gr. b. fortifié à 7 l. d'Elvas, r. de Lisbonne. Alent.

Arroyal, vill. au nord de Burgos, r. de Santander; prov. de Burgos.

Arroyo-molinos, p. b. à 15 l. de Séville, r. de Badajoz. Estram.

Arta, b. sur la côte orientale de l'île de Majorque; dans une montagne, à 2 l. du bourg, on trouve la grotte de l'Ermitage, ornée de stalactites.

Arzua, p. b. à 4 l. de Santiago, r. de Lugo. Gal.

Asella, vill. à 5 l. de Braga, r. de Porto, prov. d'Entre D. et M.

Asinhal, vill. à 38 l. s. de Lisbonne, route de Castromarin. Alg.

Asperilla (la), h. à 2 l. de Plasencia, et à 22 de Madrid. Estram.

Astigarraga, vill. à 18 l. nord-ouest de Vittoria et à 3 l. de la frontière de France. Bisc. prov. de Guipuscoa.

Astorga, v. auprès de la riv. de Tuerto, dans une plaine couverte d'arbres fruitiers, à 42 l. de la Corogne, r. de Madrid. évêché. Léon.

Asturianos, vill. à 56 l. et d. de Madrid, r. de Vigo, prov. de Valladolid.

Asturies, ancienne principauté qui d'un côté est baignée par l'Océan, et de l'autre touche par les montagnes escarpées au royaume de Léon. Les montagnes couvertes de bois de construction, y cernent des vallées bien arrosées; vers la mer le sol devient moins montueux: le climat humide favorise les pâturages où l'on nourrit du bétail d'une petite espèce et des chevaux; on engraisse aussi beaucoup de porcs. Les habitans cultivent en quantité du maïs, des fruits, surtout des châtaignes, et des pommes à cidre. Il y a des mines de houille et des tourbières, des mines de cuivre, fer, antimoine, jaïet et succin. On se chauffe dans les campagnes avec du jonc d'une haute espèce. Outre les pêches sur les côtes et les rivières, on fait la chasse aux oiseaux aquatiques des îlots de l'Océan; ils se livrent aussi à la navigation, possèdent des usines et fabriques d'ouvrages en fer, des manufactures de jaïet, de toiles, etc.; mais en général l'industrie n'est pas florissante. La rivière de Nalon traverse la principauté. Les côtes sont entrecoupées de baies, et ont quelques ports. D'après l'ancien usage des pays montagneux du nord de l'Espagne, plusieurs villages forment un *Conséjo* dont le chef-lieu est un bourg. Oviédo est le chef-lieu de la principauté, qui, depuis plusieurs siècles, donne son nom au prince héréditaire. La population se monte à près de 400,000 âmes.

Atajate, vill. à 87 l. sud de Madrid, r. de Gibraltar. Gren.

Atalaya, vill. à 61 l. nord de Lisbonne, r. de Ciudad-Rodrigo, prov. de Beyra.

Ataquines, p. b. à 24 l. de Madrid, r. de Zamora, prov. de Valladolid.

Atsaneta, vill. à 12 l. et d. de Valence, r. de Carthagène. Val.

Aunon, p. b. à 15 l. de Madrid, r. de Sacedon, prov. de Madrid.

Aveiro, gr. b. fort. avec un port de mer, à 10 l. et d. de Porto, r. de Lisbonne, prov. de Beyra.

Avila, v. ceinte de murs flanqués de tours, à 19 l. et d. de Madrid, sur l'Adaja, siége d'un évêché. Elle avait une université, il lui reste une belle cathédrale. Prov. d'Avila.

Aviles, gr. b. au fond d'une baie et à l'embouchure de l'Aviles, à 83 l. nord de Madrid, et à 7 l. d'Oviédo. Commerce de poisson et de toiles. Population 3000 âmes. Astur.

Ayamonte, port et v. de 5000 âmes, à l'embouchure de la Guadiana, et à 15 l. ouest de Séville, r. de Lagos; il exporte du thon et des sardines. Sév.

Ayatanes (venta de), h. à 2 l. et d. de Vittoria. Bisc., prov. d'Alava.

Ayerbe, p. b. à 8 l. nord de Saragosse, sur la route de cette ville à Pau. Arag.

Azambuja, p. b. à 10 l. de Lisbonne, r. de Portalègre. Estram. port.

Azcoitia, b. du Guipuscoa, qui nommait avant 1820 un député général à l'assemblée provinciale, et était alternativement avec trois autres communes la résidence du corrégidor. Prov. basques.

Azpeytia, b. du Guipuscoa; d'après son ancienne constitution il envoyait un député à l'assemblée provinciale, et servait de résidence au corrégidor alternativement avec trois autres bourgs. Prov. basque.

Azuer, p. b. à 28 l. de Madrid, r. de Grenade. N.-Cast., prov. de Tolède.

Azuqueca, p. b. à 8 l. de Madrid, V.-Cast. prov. de Guadalaxara.

Azurara, vill. à 2 l. de Viseu, r. de la Guarda. Prov. de Beyra.

B.

Bacoy, vill. à 3 l. et d. de Mondoñedo, et à 97 l. nord de Madrid, r. de Vivero. Gal.

Bacurin, vill. à 2 l. et d. de Lugo, r. de Santiago. Gal.

Badajoz, chef-lieu de l'Estramadure et place forte, située auprès de la frontière de Portugal, sur la rive gauche de la Guadiana, à 64 l. de Madrid, et à 34 l. de Séville. Elle a un évêque, un chef politique, un commandant militaire, plusieurs églises, un hôpital, et un pont très-long sur la Guadiana.

Badalone, p. b. à 1 l. et d., nord de Barcelonne, r. de Girone. Catal.

Baena, p. b. à 58 l. sud de Madrid, r. de Malaga, et à 6 l. est de Cordoue. Cord.

Baeza, v. à 60 l. et d. de Madrid, et à 1 l. d'Ubeda, r. de Cordoue, siége d'un évêché. On fabrique de bons cuirs. Population, 15,000 âmes. Jaen.

Baguena, vill. sur la Xiloca, à 16 l. et 1 q., sud de Saragosse, r. de Valence. Arag.

Bagur, p. b. à 20 l. nord de Barcelonne, r. de Perpignan. Catal.

Barabon, p. b. à 9 l. de Burgos, r. de Madrid. V. Cast., prov. de Burgos.

Baina, v. à 18 l. et 3 q. nord de Porto, r. de Ponte-Vedra. Gal.

Balaguer, p. v. sur la Sègre, à 5 l. de Lérida et à 83 l. sud de Madrid. Catal. Le château fort de Balaguer domine et protége un col de montagnes.

Balbacil, vill., à 28 l. de Madrid, r. de Saragosse, prov. de Soria.

Baldomar, vill. à 2 l. et d. de Lugo, r. de la Corogne. Gal.

Baléares. Le groupe des îles de ce nom comprend Majorque et Minorque, et les petites îles Cabrera et Dragonière, situées toutes dans la Méditerranée, à peu près entre 0° et 2° de longitude, et entre 39° et 40° de latitude, vis-à-vis la côte de Valence. Ces îles avaient été occupées, dans l'antiquité, par les Carthaginois; les Grecs leur donnaient le nom de *Gymnésiennes*, à cause de la nudité des habitans qui avaient plusieurs usages barbares, entre autres, celui de piler les corps morts, et de les couvrir ensuite de monceaux de pierres. On a retrouvé dans ces îles, quelques-uns des monumens funèbres, des anciens insulaires : ceux-ci étaient renommés par leur habileté dans le maniement des armes, surtout de la fronde : les Baléariens passaient pour les meilleurs frondeurs ; aussi les Carthaginois en avaient des troupes dans leur armée. Après les Romains, les Baléares furent envahies par les Goths et les Arabes; les rois d'Aragon y régnèrent ensuite, et elles passèrent avec le royaume à la couronne d'Espagne. Leurs productions consistent en blé, vins et fruits du midi qu'elles exportent; huile, cotons, sparte, lin et chanvre. On y pêche aussi beaucoup de poissons. Elles sont peuplées d'environ 80,000 âmes; suivant la division ordonnée par les cortès, en 1822, elles forment la province de Palma.

Outre les îles, ci-dessus indiquées, on comprend maintenant aussi dans le groupe, deux îles plus éloignées, que les anciens désignaient sous le nom de *Pithyuses*, à cause de la quantité de pins qui y croissent : ce sont les îles d'Ivica et Formentera. Voy. ces mots.

Ballecas, vill. à 2 l. et 1 q. de Madrid, r. de Cuença, prov. de Madrid.

Baltar, vill. à 3 l. et 3 q. de Porto, r. de Madrid, prov. d'Entre-D.-e-M.

Baneza (la), gr. b. à 4 l. et d., sud d'Astorga, r. de Madrid. Léon.

Baniel, vill. à 33 l. de Madrid, r. de Pampelune, N.-Cast., prov. de Soria.

Barahona, p. b. à 23 l. de Madrid, r. d'Almazan, prov. de Soria.

Baraon, vill. à 21 l., sud de Porto, r. de Lisbonne, prov. de Beyra.

Barasoain, p. b. à 58 l. et d. de Madrid, r. de Pampelune. Nav.

Barca da Trofa, vill. à 3 l. et 1 q. de Porto, r. de Braga, Portug., prov. d'Entre-D.-e-M.

Barca de Lago, vill. à 8 l. et 3 q. de Porto, r. de Tuy. Portug., prov. d'Entre-D.-e-M.

Barcarrota, p. b. à 71 l. de Madrid, et à 7 l. sud de Badajoz, r. de Séville. Estram.

Barcelonne, chef-lieu de la Catalogne, place forte et port de mer, à 104 l. de Madrid; c'est une des villes les plus grandes, les plus commerçantes et les plus industrieuses de l'Espagne : une citadelle la domine. Les rues sont en partie étroites. On distingue le palais du gouverneur, le grand hôpital, la bourse, la douane. Barcelonne a un musée, des académies, un amphithéâtre anatomique, une grande fonderie, un théâtre, 3 bibliothèques, un grand nombre d'églises, plusieurs couvens, des fabriques de galons, dentelles, soieries, rubans, cordonnerie, indiennes, etc. En 1820, la fièvre jaune enlèva un tiers de la population, qui est de 120 à 130 mille âmes. Au sud-ouest, s'élève, sur une montagne, le château fort de Monjui. Des promenades et des maisons de plaisance embellissent les environs du côté de la mer et de la terre.

Barcena-de-pie-de-Concha, vill. à 22 l. nord de Palencia, r. de Santander, prov. de Burgos, distr. de Laredo.

Bardena-Real, gr. plaine de la rive gauche de l'Ebre, qui est restée jusqu'à présent presque sans culture, quoique le terrain en soit très-susceptible. Nav.

Barquilla, à 50 l. et d. de Madrid, et à 3 l. de Ciudad-Rodrigo, r. de Coimbre, sur la frontière du Portugal.

Barracas, v. auprès de la Palencia, à 36 l. de Saragosse, r. de Valence. Val.

Barres, vill. à 2 l. et 1 q., est de Santiago, r. de Lugo. Gal.

Barreyros, vill. à 95 l. et d. de Madrid, et à 1 l. du mouillage de Foz. Gal.

Barrios (los), vill. à 3 l. et d. nord de Gibraltar, r. de Cadix. Sév.

Barros, vill. à 5 l. et d., sud de Santander, r. de Valladolid, prov. de Santander.

Bascara, p. b. sur la Fluvia, à 2 l. et 3 q., nord de Girone, r. de Perpignan. Catal.

Basconcillos, vill. à 24 l., sud de Santander, r. de Burgos, prov. de Palencia.

Basella, vill. à 14 l. nord-est de Lérida, r. d'Urgel. Catal. A une d. l. plus au midi et auprès de la riv. de Salado, est le vill. de *Castelnau de Basella*.

Basques. Les provinces basques ou Vascongadas, qui comprennent le Guipuscoa, la Biscaye et l'Alava, ont reçu leur nom des Vascons, qui autrefois habitaient ce pays, et qui se sont étendus en deçà et au-delà des Pyrénées, sous le nom de Basques. La langue basque dérive évidemment de celle que parlait ce peuple antique. Le basque diffère tout-à-fait du castillan, du catalan, du limousin, enfin de toutes les les langues qui se parlaient à quelque distance des Pyrénées.

Batalha, gr. b. sur la Lys, à 2 l. de Leyria, r. de Lisbonne. On y voit un beau monastère, bâti dans le style gothique, sous le règne du roi Jean Ier., en commémoration d'une victoire sur les Castillans. C'est un des plus beaux monumens du genre gothique, en Portugal. On y admire la salle du chapitre, le portail de l'église, et le mausolée du roi Emmanuel. Des bois d'oliviers et de chêne à liége, couvrent les environs. Estram. portug.

Baylen, vill. à la sortie de la Sierra Morena, à 46 l. de Madrid, r. de Grenade. On y élève de bons chevaux. Jaen.

Bayona, gr. b., avec un port profond et commode, sur une baie de l'Océan, à 14 l. d'Orense, et à 18 l. de Santiago. A l'entrée du golfe, sont situées plusieurs petites îles. Bayona possède des pêcheries. Gal.

Bayonas. Sous ce nom on comprend une chaîne d'ilots et d'écueils, qui s'étendent au nord-ouest du port de Bayona, jusqu'à celui de Vigo qu'ils garantissent contre les tempêtes. Gal.

Baza, p. v. de 8000 habitans, sur la Fardes, à 21 l. est de Grenade, r. de Murcie. Elle est ornée de jolies promenades et de plusieurs édifices mauresques. Gren.

Bean, vill. à 1 d.-l. de Mondonedo, r. de Lugo. Gal.

Beasain, p. b., à 72 l. de Madrid, r. de Vittoria à Irun; prov. de Guipuscoa.

Beas de Granada, vill. à 2 l. et d. est de Grenade, r. de Murcie. Gren.

Beberino, vill. à 63 l. et d. de Madrid, r. de Léon à Oviédo. Léon.

Becerrea, vill. à 7 l. de Lugo, r. de Madrid. Gal.

Béja, place forte avec 5,000 hab. auprès d'un lac, dans une contrée fertile en bon vin, à 22 l. sud-est de Lisbonne, r. de Séville. Alent.

Belayos, vill. à 17 l. de Madrid, r. de Ciudad-Rodrigo, prov. d'Avila.

Beldedo, vill. à 2 l. et d. d'Astorga, r de Lugo. Léon.

Belgida, p. b. à 11 l. sud de Valence, r. de Carthagène. Val.

Belinchon de Alcala, p. b. à 9 l. est de Madrid, r. de Cuença, prov. de Tolède.

Bell-Loch, vill. à 80 l. sud de Madrid, r. de Sarag. à Barcelonne. Arag.

Bellpuig ou Bellpuch, p. b. à 83 l. de Madrid, r. de Saragosse à Barcelonne. Catal.

Bellus, vill. à 10 l. sud de Valence, r. d'Alicante. Val.

Bellver, p. b. entre Urgel et la frontière de France, à 104 l. de Madrid. Catal.

Bellvis, vill. à 2 l. et d. de Lérida, et à 80 l. et d. de Madrid, r. d'Urgel, Catal.

Bellvey, vill. à 11 l. et d. sud de Barcelonne, r. de Tarragone. Catal.

Belmonte, gr. b. à 21 l. de Madrid, r. de Cuença et Valence, province de Cuença.

Belmonte, gr. b à 15 l. et 3 q. de Ciudad-Rodrigo, r. de Lisbonne, prov. de Beyra.

Bembibre, gr. b. à 7 l. d'Astorga, r. de Lugo. Léon, district de Ponferrada; à 1 q. de l. on trouve un autre village, S. Roman de Bembibre.

Bemfeitas, vill. à 50 l. nord de Lisbonne, r. d'Orense, prov. de Beyra.

Benamari (el), vill. à 4 l. de Léon, r. de Madrid, Léon.

Benamegi, vill. sur le Xénil, et au bas des montagnes d'Antequerfa, et à 13 l. nord de Malaga, r. de Madrid, Cord.

Benavente, jol. v. sur la riv. d'Esla, à 48 l. n. de Madrid, r. d'Orense. Elle a un château fort, et un palais et parc des comtes de Benavente. Prov. de Valladolid.

Bendia, vill. à 3 l. et d. de Lugo, r. de Mondoñedo. Gal.

Benicarlo, v. de 3000 âmes auprès de la côte, dans un territoire fertile, à 9 l. et d. de Tortose, r. de Valence; elle exporte beaucoup de vins blancs. Val.

Benidorme, p. b. avec un mouillage, sur la côte de Valence, à 7 l. nord d'Alicante.

Beniferri, vill. à 1 l. de Valence, r. de Cuença. Val.

Benisa, p. b. sur la côte, auprès du cap St.-Martin, à 11 l. et d. nord d'Alicante, r. de Valence. Val.

Bensafrim, vill. à 1 l. nord de Lagos, r. de Lisbonne. Alg.

Berberana, p. b. à 58 l. nord de Madrid, r. de Burgos à Bilbao. Prov. d'Alava.

Bercianos del camino real, vill. à 6 l. et 3 q. sud-est de Léon, r. de Burgos, prov. de Valladolid.

Berguenda, p. b. à 56 l. et d. de Madrid, r. de Burgos à Bilbao, prov. d'Alava.

Berlingues, quatre petites îles, situées dans l'Océan, vis-à-vis de Peniche. Estram. portug.

Bermeo, petit port, auprès du cap Machicaco, et vis-à-vis d'une petite île, à 5 l. de Bilbao. Bisc.

Bernoy, vill. à 36 l. de Madrid, r. de Ciudad-Rodrigo, prov. de Salamanque.

Bernues, vill. à 17 l. nord de Saragosse, r. d'Oleron. Arag.

Berrosteguita, vill. à 1 l. de Vittoria, r. de Logroño, prov. d'Alava.

Berrueces, vill. à 38 l. et d. de Madrid, r. de Léon; prov. de Valladolid.

Berrueta, vill. à 6 l. de Pampelune, r. de Bayonne. Nav.

Berzosa, p. b. à 9 l. nord-est de Burgos, r. de Vittoria. V.-Cast., prov. de Burgos.

Betanzos, v. sur une pente au bord du Mandeo, et auprès de la mer, on s'y livre à la pêche. Gal.

Betonno, vill. à 1 q. de l. de Vittoria, r. d'Irun, prov. d'Alava.

Beyra, province du Portugal, séparée par le Douro de celle de Tras-os-Montes; sur une surface de 720 l. c., elle a 922,450 habitans: c'est la partie la plus peuplée du royaume. Cependant le sol est assez stérile du côté du Douro dans le haut Beyra, où les montagnes ne nourrissent principalement que des troupeaux, et où les habitans émigrent faute de subsistances suffisantes. Mais la partie inférieure renferme des champs fertiles et des villes considérables. La pêche sur 23 l. de côtes, la culture du blé, des fruits, des vins, le bétail et les troupeaux, telles sont les ressources des habitans du Beyra. Le Mondego coule à travers cette province.

Bicorne, vill. à 2 l. de Lamego, r. de Lisbonne, prov. de Beyra.

Bilbao, chef-lieu de la Biscaye, à 68 l. de Madrid, v. commerçante, de 15,000 hab., au-dessus de l'embouchure d'une riv. où l'on pêche beaucoup de petits poissons dits *angulas*. Elle est bien bâtie, a des beaux édifices, des marchés abondamment fournis, des fontaines, des aqueducs, des églises, des magasins et des promenades. Bilbao fait un grand commerce de laines. Les bateaux remontent la riv. depuis la mer jusqu'au pont de la ville; les navires s'arrêtent à Olavegaga, à 1 l. au-dessous de Bilbao. Avant 1820, Bilbao était le siége du corrégidor de la Biscaye, et des assemblées des *Merindades* ou mairies.

Bimbodi, p. b. à 7 l. de Lérida et à 83 l. et d. de Madrid, r. de Tarragone. Catal.

Biscaye, province qui s'étend de l'O. à l'E. depuis 14° 11m de longit. (de l'île de fer), et du sud au N., depuis 42° 52m, jusqu'à 43° 28m, est bornée au N. par la mer et les montagnes de Santander, à l'E. par le Guipuscoa, à l'O. par la Castille, et au S. par la Castille et l'Alava; très-montueuse, riche en carrières de marbre et en mines de fer, et usines, fournissant environ 80,000 quintaux de fer par an; les principales mines s'exploitent dans la province de Somorrostro. Le sol est généralement argileux et d'un mauvais rapport; on l'engraisse avec de la chaux, et les travaux de l'agriculture y sont pénibles: on laisse reposer les mauvaises terres, une année sur trois. Les habitans ne récoltent pas assez de grain pour les besoins de leur consommation; le vin de Biscaye, mal apprêté, est aigre et sans force; on en importe une grande quantité de la Rioja, mais on fait de très-bon cidre; les fruits de Biscaye sont excellens; rien de meilleur que les figues, les poires, les pommes: les navires hambourgeois chargent une grande quantité de marrons pour l'Allemagne. Le raisin muscat égale celui de Frontignan. Des forêts considérables couvrent les flancs des montagnes, et le bois bien menagé ne manque nulle part. Le gibier n'est pas rare; sur la côte la pêche, surtout celle des sardines, et la salaison occupent et nourrissent un assez grand nombre de familles. Le poisson, le gibier ainsi que la viande de boucherie, ont un très-bon goût. Voisine de la mer, la Biscaye a un climat un peu humide, mais salubre. Les habitans sont forts, actifs et plus industrieux que la plupart des Espagnols; avantages qu'ils doivent sans doute aux qualités de leur territoire, mais aussi à la liberté que leur procurait leur antique constitution représentative, qui les mettait à l'abri du pouvoir absolu, qui pesait sur le reste de l'Espagne. D'après leurs *fueros* ou lois, ils ne devaient au roi que ce qu'ils payaient autrefois à leurs seigneurs; ils n'avaient d'autres impôts, que quelques cens, des droits sur le fer, les dîmes de quelques villages, et des contributions municipales; mais les rois leur demandaient des subsides, sous les vains titres de dons gratuits. La Biscaye n'avait point de régie, point d'intendance; les douanes et le fisc n'y avaient que de faibles perceptions. Les Biscayens n'étaient justiciables que du grand juge de leur province; exempts du tirage de la milice, et des casernemens de troupes, ils défendaient eux-mêmes leur sol et leurs établissemens. Ils décidaient eux-mêmes les affaires importantes dans leurs assemblées générales, qui étaient convoquées tous les deux ans, et où toutes les communes avaient une voix, excepté les onze communes de Durango, qui n'avaient en tout que 5 voix. La première de ces assemblées nationales se tenait toujours sous le vieux chêne de Guernica, pour la vérification des pouvoirs; les délibérations avaient lieu ensuite dans un ermitage voisin. Il y avait en outre l'assemblée des mairies qui se tenait à Bilbao, et nommait, tous les deux ans, les officiers de la province de la manière suivante: les communes étaient divisées en deux *bandos* ou bandes, *l'Ognesine* et la *Gamboïne*; chaque bande tirait au sort 3 communes; les députés des 6 communes désignées proposaient des candidats pour les places de députés, régidors et syndics; on ballotait les noms des candidats; ceux dont les noms sortaient les premiers étaient proclamés officiers publics: avec le corrégidor, ils composaient la députation ou administration, et cour suprême de la province. Depuis, le gouvernement royal était devenu plus absolu; on leur avait adjoint un commissaire royal, sous le titre de secrétaire perpétuel. La langue basque se parle dans les campagnes. La Biscaye n'a qu'une seule ville, celle d'Orduna, et qu'un seul gros bourg, celui de Bilbao: les autres lieux sont petits et ouverts: les campagnes présentent un grand nombre de maisons assez agréables, entourées de plantations: une belle route conduit de la Castille à Bilbao; c'est un monument de l'industrie des Biscayens, qui autrefois se sont signalés aussi par leur navigation; le clergé n'est pas riche chez eux, et ne peut déployer de l'opulence. La côte a quelques petits ports, accessibles seulement aux petites embarcations, tels que ceux de Bermeo et Lequeytio. La surface de la Biscaye est de 180 l. c. et porte 200,000 habitans. D'après la division faite en 1822, la Biscaye forme la province de Bilbao.

Biznar, vill. à 1 l. et 1 q. est de Grenade, r. de Murcie. Gren.

Blanes, p. b. à 10 l. et 1 q. nord de Barcelonne, r. de France. Catal.

Boadilla, vill. à 11 l. et d. de Salamanque, r. de Ciudad-Rodrigo. Léon, prov. de Salamanque.

Bobeda de Castro, vill. à 7 l. de Salamanque, r. de Ciudad-Rodrigo. Léon, prov. de Salamanque.

Bobeda (la), p. b. à 9 l. de Salamanque, r. de Toro, prov. de Toro.

Boceguillas, p. b. à 20 l. et d. de Madrid, r. de Burgos. V.-Cast., prov. de Ségovie.

Bocigas, vill. à 8 l. et d. de Valladolid, r. de Madrid, prov. de Valladolid.

Bodonal, p. b. à 18 l. nord de Séville, r. de Badajoz. Sév.

Boldu, vill. à 4 l. et d. nord de Lérida, et à 82 l. de Madrid, r. d'Urgel. Catal.

Bolonia, vill. à 4 l. et d. ouest de Gibraltar, r. de Cadix. Sév.

Bonanza, p. v. assez bien bâtie, sur le Guadalquivir, à 6 l. sud de Séville, r. de San-Lucar. Sév.

Bonete (el), vill. à 43 l. et d. de Madrid, r. de Valence. Murc.

Bonices, vill. à 35 l. et d. de Madrid, r. de Pamplune. N. Cast., prov. de Soria.

Boniches, h. à 8 l. est de Cuença, r. de Valence. N.-Cast., prov. de Cuença.

Bonilla de la Sierra, gr. b. à 8 l. et d. d'Avila, r. de Placencia, prov. d'Avila.

Bonillos, vill. à 1 l. nord d'Astorga, r. de Lugo. Léon.

Boquinen, vill. à 6 l. de Saragosse, r. de Vittoria. Arag.

Borja, p. v. à 3 l. et d. de Tarragone, r. de Saragosse. Arag.

Borjas-Blancas, p. b. à 3 l. et d. de Lérida, et à 80 l. de Madrid, r. de Tarragone. Catal.

Bornes, vill. à 9 l. sud de Bragance, r. de Viseu, Port., prov. de Tras-os-Mont.

Bornos, p. vill. à 11 l. et d. de Cadix, r. de Malaga. Sév.

Borrasa, vill. à 2 l. et 1 q. sud de Figuières, et à 4 l. et d. nord de Girone, r. de Barcelonne. Catal.

Bosate, vill. auprès de la Bidassoa, à 2 l. de la frontière de France, et à 8 l. de Pampelune. Nav.

Bosque (el), vill. à 14 l. de Cadix, r. de Malaga. Sév.

Botalorno, vill. à 22 l. de Madrid, r. de Valladolid. V.-Cast., prov. d'Avila.

Botaon, vill. à 2 l. et d. de Coïmbre, r. de Viseu, prov. do Beyra.

Boticas, vill. à 2 l. ouest de Chaves, r. de Braga. Portug., prov. de Tras-os-M.

Bouzas, p. b. à 1 d.-l. de Vigo, avec un mouillage, sur la côte de Galice.

Brabo (el), vill. à 15 l. de Madrid, r. de Talavera, prov. de Tolède.

Braga, chef-lieu de la prov. portug. d'Entre-Douro-e-Minho, v. anc. et forte, dans une belle plaine auprès de la Desta; siége de l'archevêque-primat, et résidence des autorités provinciales. On remarque la cathédrale, plusieurs autres édifices publics ou particuliers, et les restes d'un aqueduc ancien. Les fabriques de Braga fournissent de la coutellerie, chapellerie et des toiles. Population, 12,000 âmes.

Bragance, v. de 16,000 âmes, située dans une plaine sur la pet. riv. de Fervenza, dans une belle plaine; elle a une citadelle, des fabriques de velours et de soieries. Bragance est chef-lieu de la prov. de Tras-os-M.

Brenes, p. b. à 3 l. et d. de Séville, r. de Mérida. Sév.

Bribiesca, gr. b. à 7 l. et d. nord-est de Burgos, r. de Vittoria. V.-Cast., prov. de Burgos.

Brihuega, gr. b. au bas d'une montagne sur la Tajuña, à 15 l. de Madrid, r. de Trillo; il a une manufacture de draps; prov. de Tolède.

Bruma, vill. à 3 l. et 3 q. de la Corogne, r. d'Orense. Gal.

Buarcos, vill. à l'embouchure du Mondego, à 2 l. au-dessous de Coimbre. Portug., prov. de Beyra.

Bubierca, à 34 l. de Madrid, r. de Saragosse. Arag.

Budens, vill. à 2 l. de Lagos, r. de Sagres au Cap St.-Vincent. Portug., Alg.

Budian, vill. à 5 l. et 1 q. de Mondonnedo, et à 3 l. du port de Vivero. Gal.

Budino da Arajo, vill. entre Tuy et Pontevedra, r. de Porto. Gal.

Budongo, vill. à 55 l. et d. nord de Madrid, r. de Léon à Oviédo. Léon.

Bujalance, vill. à 10 l. est de Cordoue, r. de Madrid. Cord.

Bujalaro, vill. à 17 l. de Madrid, r. de Séguenza, prov. de Guadalaxara.

Bujaraloz, p. b. auprès de la Cinca, à 11 l. et d. de Saragosse, r. de Barcelonne. Arag.

Bujarabal ou Bujarrapian, vill. à 23 l. de Madrid, r. de Pampelune. N. Cast., prov. de Soria.

Bulzas de Gordon, vill. à 64 l. et d. de Madrid, r. de Léon à Oviédo. Léon.

Burbaguena, vill. auprès de la Xiloca, à 17 l. et 1 q. sud de Saragosse, r. de Valence. Arag.

Burgo-Ranero (el), vill. à 5 l. et 1 q. sud-est de Léon, r. de Burgos, prov. de Valladolid.

Burgo, vill. à 1 l. et d. de la Corogne, r. de Lugo. Gal.

Burgo (el), vill. à 9 l. et d. ouest de Malaga, r. de Cadix. Gren.

Burgos, v. de 10,000 âmes, située entre des collines, sur l'Arlanzon, à 41 l. de Madrid, siége d'un évêché et du chef du gouvernement de la province; elle a une grande cathédrale, et un château fort situé sur une hauteur. Burgos fabrique de la draperie, des flanelles, couvertures, etc. Auprès de la ville est située la belle Chartreuse de Miraflores. Les environs produisent de bons fruits, du vin, et de la laine fine. V. Cast., prov. de Burgos.

Burguete, p. b. à 7 l. et d. de Pampelune, r. de S.-Jean-Pied-de-Port. Nav.

Burguillos, p. b., à 11 l. et d. sud de Mérida, r. de Xerez. Estram.

Burujon, p. b., à 3 l. et 3 q. de Tolède, r. de Talavera, prov. de Tolède.

Busdongo, vill. à 66 l. et d. n. de Madrid, r. de Léon à Oviédo. Léon.

Busot, vill. à 2 l. et 3 q. nord d'Alicante, r. de Valence. Val.

Buytraco, gr. b. à 13 l. et d. nord de Madrid, r. de Burgos, prov. de Guadalaxara. Il y a bons de pâturages alentour, les moutons donnent une laine très-fine.

C.

Cabanas, p. b. à 3 l. nord de Tolède, r. de Madrid. N. Cast, prov. de Tolède.

Cabanas, p. b. à l'embouchure du Gestido dans l'Océan, à 3 l. sud-est du Ferrol, r. de Betanzos. Galice.

Cabanillas de la Sierra, p. b. à 9 l. de Madrid, r. de Burgos. N. Cast., prov. de Tolède.

Cabazos, vill. à 26 l. nord-est de Lisbonne, r. de Ciudad-Rodrigo. Estram. portug.

Cabeza de Caon, vill. à 11 l. et 1 q. nord de Lamégo, r. de Lisbonne. Portug., prov. de Beyra.

Cabeza de Montachique, vill. à 3 l. nord de Lisbonne, r. de Leyria. Estram. port.

Cabezas Ribias, vill. à 18 l. ouest de Séville, r. du Portugal. Sév.

Cabezon de Campo, p. b. sur la Pisuerga, à 2 l. nord de Valladolid, r. de Santander; prov. de Valladolid.

Cabezuela, p. b. à 5 l. et 1 q. nord de Palencia, r. d'Avila. Estram.

Cabra, b. à 61 l. de Madrid, à 1 l. de Lucena, r. de Malaga. Cord.

Cabrera, pet. île d'une l. et d. de long auprès de la côte méridionale de Majorque. Elle a un port profond, de bonnes eaux, une pêche productive, et un château fort qui sert de prison pour les Baléares.

Cabrera (la), p. b. à 9 l. de Madrid, r. de Burgos, prov. de Tolède.

Cabrerizos, vill. à 1 l. sud-est de Salamanque, r. de Madrid, prov. de Salam.

Caceres, gr. b. à 11 l. et d. nord de Mérida, r. de Merida, et à 5 l. du Tage. A 2 l. plus au nord, sur la même route, on trouve le h. d'*El-Casar-de-Caceres*. Estram.

Cadaquès, vill. sur le bord de la Méditerranée, à 1 l. est de Roses, et à 8 l. sud de Port-Vendre. Catal.

Cadima, vill. à 18 l. et d. sud-est de Porto, r. de Leyria. Portug., prov. de Beyra.

Cadix, place forte et port de mer, à 114 l. de Madrid et 24 l. de Séville, sous 36° 32' de latit. et 07° 16' 50" de longitude, chef-lieu du principal département de la marine et lieu de départ des expéditions d'outre-mer; elle a un grand port sur une baie, protégée par plusieurs forts. Bâtie à la pointe de la presqu'île de Léon, Cadix, presqu'entièrement entourée de la mer, présente, avec ses maisons blanches, ses terrasses ornées de tourelles, un coup d'œil charmant; des rues droites, bordées de trottoirs, des maisons propres et uniformes, des balcons plats, des terrasses ornées de fleurs et arbres odoriférans; des boutiques brillantes en embellissent l'intérieur. La place de la Constitution, plantée d'arbres, sert le soir de rendez-vous au beau monde. Cadix ne compte pas beaucoup de grands édifices; on distingue néanmoins l'ancienne cathédrale; la nouvelle qui, étant surmontée d'une haute coupole, serait superbe si elle était achevée; l'hôpital militaire, la douane, l'hospice, l'église des capucins, le collége de chirurgie, l'académie de dessin, le moulin à vapeur, l'observatoire de la marine; beaucoup de maisons ont la vue sur la mer. Parmi les 72 mille habitans, il y a un grand nombre de riches négocians. Cadix est depuis la plus haute antiquité une place de commerce. Les Phéniciens en avaient fait une de leurs colonies; les Carthaginois leur succédèrent; sous les Romains elle ne fut guère moins commerçante. Après la découverte du Nouveau-Monde, Cadix attira à elle l'immense commerce avec l'Amérique, que Séville eut d'abord. La plupart des armemens pour l'autre hémisphère furent faits dans son port; la perte des colonies fit tomber en grande partie cette ressource importante. Ce fut à Cadix que les cortès, pendant la captivité du roi en France, décrétèrent en 1812, sous le canon des assiégeans, la constitution à laquelle le roi a juré ensuite d'être fidèle. Cadix est encore un port militaire important; elle peut soutenir un très-long siége, comme elle l'a prouvé en 1812; la presqu'île est coupée par un canal, sur lequel passe le pont de Suazo. Les plus riches habitans ont des maisons de plaisance au village de Chiclane, qui au reste est plutôt laid qu'agréable.

Cadieceira, vill. à 6 l. nord de Lisbonne, route de Leyria. Estram. port.

Cala, vill. à 20 l. ouest de Séville, r. de Portugal. Sév.

Calabazanos, vill. à 6 l. nord de Valladolid, r. de Burgos. V.-Cast., prov. de Palencia.

Calahorra, v. au confluent de l'Ebre et du Cidagon, à 21 l. et d. de Vittoria, r. de Saragosse, bâtie irrégulièrement sur une pente; elle a un évêché, les restes d'un cirque et une population de 4000 âmes. Prov. de Soria.

Calamocha, vill. à 16 l. et 3 q. est de Saragosse, r. de Valence. Arag.

Calatayud, v. de 9,000 âmes auprès du confluent de la Xiloca et du Xalon, à 37 l. et d. de Madrid, et à 13 l. de Saragosse. Elle a des savonneries, et fait commerce du chanvre excellent de son territoire. Arag.

Caldas de Malavella, p. b. à 3 l. sud de Girone, route de Barcelonne. Catal.

Caldas, gr. b. sur l'Umia, à 6 l. nord de Santiago, r. de Vigo. Galice. Un autre *Caldas* avec le surnom *del-Rey*, est situé au midi de Santiago.

Caldas, p. b. à 17 l. et 3 q. du nord-est de Lisbonne, r. de Leyria. Estram. portug.

Caldas, vill. à 1 l. d'Oviédo, remarquable pour ses bains d'eau chaude, laquelle est presque au degré d'ébullition; le territoire est fertile en fruits. On y voit un chateau ruiné dont les pierres sont incrustées d'améthystes. Astur.

Caldeiraon (Sierra de), chaîne de montagnes, qui, liée à la Sierra-Morena, traverse la province portugaise d'Algarve; elle renferme beaucoup de bancs d'ardoises : on croit même y avoir découvert des traces d'anciens volcans.

Calella, p. b. à 8 l. nord de Barcelonne, r. de Girone. Catal.

Calera, vill. à 3 l. de Talavera la Reyna, r. de Truxillo et Mérida, prov. de Tolède.

Calpe, vill. avec un château fort sur la côte, auprès du cap St.-Martin, à 11 l. sud d'Alicante, r. de Valence. Val.

Calzada (la), vill. à 11 l. et d. sud de Salamanque, r. de Mérida, prov. de Salam.

Calzada, vill. à 1 l. et 1 q. est d'Astorga, r. de Léon, roy. de Léon.

Calzada de don Diego, vill. à 4 l. et d. nord-ouest de Salamanque, r. de Ciudad-Rodrigo. Léon, prov. de Sal.

Calzadilla, p. b. à 65 l. de Madrid, et à 11 l. et 1 q. sud de Mérida, r. de Séville. Estram.

Calzadilla, vill. sur la riv. de la Cueza, à 23 l. ouest de Burgos, r. de Léon. Roy. de Léon, prov. de Toro.

Camarinas, port de l'Océan, à 3 l. nord du cap Finistère, et à 16 l. sud-ouest de la Corogne; il est d'une entrée difficile, mais assez sûr. Galice.

Camarneira, vill. à 16 l. sud-est de Porto, r. de Leyria. Portug., prov. de Beyra.

Camarzana, p. b. à 50 l. nord-ouest de Madrid, r. de Vigo. Léon, prov. de Valladolid.

Cambrils, gr. b. auprès de la côte, à 3 l. et d. de Tarragone, r. de Tortose. Catal.

Camin-Real, vill. à 18 l. est de Saragosse, r. de Valence.

Camina, gr. b. fortifié, avec un port sur l'Océan, à 13 l. et d. nord de Porto, r. de Tuy. Portug., prov. d'Entre-D.-e-M.

Campos, vill. à 6 l. et d. ouest de Chaves, r. de Porto. Portug., prov. de Tras-os-M.

Campo de Becerros, vill. à 8 l. et 1 q. sud-est d'Orense, r. de Madrid. Galice.

Campina, vill. à 12 l. et d. de Guarda, r. de Lisbonne. Portug., prov. de Beyra.

Campo-Major, b. fortifié de la frontière portugaise, à 34 l. et 1 q. est de Lisbonne. Alent.

Campomanes, vill. à 5 l. et d. sud d'Oviédo, r. de Léon. Astur.

Campuzano, vill. à 3 l. et d. sud de Santander, r. de Palencia; prov. de Burgos.

Canada del hoyo la, p. b. à 4 l. est de Cuença, r. de Valence. N.-Cast., prov. de Cuença.

Canaveral el, b. à 18 l. nord de Mérida, r. de Salamanque. Estram.

Canaveral de Léon, p. b. à 17 l. ouest de Séville, r. du Portugal. Sév.

Canda, vill. à 63 l. nord-ouest de Madrid, r. de Vigo. Galice.

Candanos, vill. à 69 l. de Madrid, et à 14 l. et d. est de Saragosse, r. de Lérida. Arag.

Canduela, vill. à 16 l. de Palencia, et à 56 l. et 1 q. de Madrid, r. de Madrid. Léon, prov. de Palencia.

Caneda, vill. sur la Besaya, à 19 l. nord de Palencia, r. de Santander. Léon, prov. de Toro.

Canet de mar, p. b. à 6 l. et 3 q. nord de Barcelonne, r. de Girone. Catal.

Canfranc, gr. b. à 3 l. nord de Jaca, r. de Saragosse à Pau. Arag.

Cangas-de-Tineo, gr. b. à 15 l. ouest d'Oviédo, r. de Ribadeo. Astur.

Caniles, p. b. à 80 l. de Madrid, et à 4 l. de Guadix, r. du port d'Almeria. Gren.

Canillejas de Abejo, p. b. à 2 l. et d. de Madrid, r. d'Alcala de Henares, prov. de Madrid.

Caniza, p. b. à 6 l. sud-ouest d'Orense, r. de Vigo. Galice.

Caniza, p. b. à 6 l. ouest d'Orence, r. de Tuy. Galice.

Canizal, p. b. à 16 l. et d. sud-ouest de Valladolid, r. de Salamanque, Léon, prov. de Toro.

Canizo, vill. à 65 l. nord-ouest de Madrid, r. d'Orense. Galice.

Cannedo, vill. sur le Minho, à 1 d.-l. ouest d'Orense, r. de Vigo. Galice.

Cantalapiedra, g. b. sur la Guereña à 11 l. 1 q. ouest de Valladolid, r. de Salamanque: Léon, prov. de Salam.

Cantaracillo, p. b. à 25 l. ouest de Madrid, r. de Ciudad-Rodrigo. V.-Cast., prov. d'Avila.

Cantillana, p. b. sur le Guadalquivir, à 4 l. et d. nord-est de Séville, r. de Mérida. Sév.

Caparroso, b. à 2 l. et d. de Tudèle, et à 51 l. et d. de Madrid, r. de Pampelune. Nav.

Caracena et Caracenilla, deux p. b. à 20 l. de Madrid, r. de Cuença. Prov. de Cuença.

Carambos, vill. à 1 l. et d. nord-ouest d'Amarante, r. de Braga. Portugal, prov. d'Entre-D.-et-M.

Caravias, vill. sur le ruisseau de ce nom, à 21 l. et d. de Madrid, r. de Burgos. V.-Cast., prov. de Ségovie.

Carballo-Destes, vill. à 1 l. est de Brague, r. de Chaves. Portug., prov. d'Entre.-D.-et-M.

Carballos, vill. à 2 l. et d. est de Coïmbre, r. d'Almeyda. Portug., prov. de Beyra.

Carbonera, vill. à 5 l. et d. nord de Léon, r. d'Oviédo. Distr. de Léon.

Carbonero-la-mayor, vill. à 4 l. et 1 q. nord de Ségovie, r. de Valladolid. V.-Cast., prov. de Ségovie.

Carcaboso, h. à 20 l. de Salamanque, r. de Mérida. Estram.

Carcagente, p. b. à 6 l. sud de Valence, r. d'Alicante. Val.

Cardica, vill. auprès du Tage, à 4 l. ouest d'Abrantes, r. de Lisbonne. Estram. portug.

Cardigos (os), p. b. à 6 l. nord d'Abrantès, r. de Guarda. Estram. portug.

Cardona, v. de 2,800 hab. sur la riv. de Cardener, entre Manresa et Solsona; bâtie au bas d'une roche de sel blanc de 500 pieds de haut, et d'une lieue de tour; on ne connait pas la profondeur de cette masse énorme. On sculpte à Cardona, dans ce sel, divers objets qui se débitent au dehors. Catal.

Caria, vill. à 10 l. et d. de Guarda, r. de Lisbonne. Portug., prov. de Beyra.

Carinena, p. b. à 3 l. de Calatayud, et à 7 l. sud de Saragosse, r. de Madrid; ses vignobles donnent d'excellens vins. Arag.

Carlota (la), vill. nouveau, bâti régulièrement, mais mal peuplé, à 6 l. sud de Cordoue, r. de Séville; il a des moulins à huile. Sév.

Carmona, p. v. à 83 l. de Madrid, r. de Cadix, sur une montagne, dans un territoire fertile en grains, vins et huile d'olive. Sév.

Carolina (la), vill. peuplé de colons allemands, à 34 l. de Madrid, r. de Grenade. Cette colonie, mal soutenue, n'a pas prospéré. Jaen.

Carpio, p. b. à 10 l. et d. ouest de Valladolid, r. de Salamanque. Léon, prov. de Valladolid.

Carpio, p. b. sur le Guadalquivir, à 5 l. nord-est de Cordoue, r. de Tolède. Cord.

Carqueo, vill. à 2 l. nord de Coïmbre, r. de Porto. Portug., prov. de Beyra.

Carracedo, vill. à 5 l. sud de Santiago, r. de Vigo. Galice.

Carracedo, vill. à 4 l. sud-est de Lugo, r. d'Astorga. Galice.

Carral (el), vill. à 3 l. nord de la Corogne, r. de Santiago. Il a un pont très-long sur la riv. qui l'arrose. Galice.

Carrapichana, vill. à 11 l. ouest d'Almeyda, r. de Coïmbre. Portug., prov. de Beyra.

Carrascalejo, h. à 1 l. nord de Mérida, r. de Salamanque. Estram.

Carrascal ou Casas del Puerto de Miravète, à 38 l. sud-ouest de Madrid, et à 2 l. nord-est de Truxillo. Estram.

Carrasqueira, vill. à 10 l. est de Porto, r. de Lamego. Portug., prov. de Beyra.

Carriches, p. b. à 5 l. et 3 q., ouest de Tolède, r. de Talavera-la-Reyna. Prov. de Tolède.

Carrion, gr. b. sur la riv. de ce nom, à 21 l. et 3 q. ouest de Burgos, r. de Léon. Il a un beau pont de 9 arches; le territoire est fertile. Léon, prov. de Toro.

Carriza, vill. à 1 l. et 1 q. nord-est de Porto, r. de Braga. Portug., prov. d'Entre-D.-et-M.

Cartajo, vill. à 12 l. nord-est de Lisbonne, r. de Santarem. Estram. portug.

Cartajo, vill. à 3 l. sud de Coïmbre, r. de Leyria. Portug., prov. de Beyra.

Cartama, p. b. à 4 l. nord de Malaga, r. de Séville. Gren.

Cartes, p. b. auprès de la Besaya, à

4 l. et 3 q. sud de Santander, r. de Palencia. Prov. de Burgos.

Carthagène, v. très anc., fondée par les Carthaginois sur une baie, chef-lieu d'un des trois départemens maritimes de l'Espagne, à 72 l. de Madrid, et à 42 l. sud de Valence. Son port, en forme de fer à cheval, passe pour un des plus sûrs et des plus beaux de la Méditerranée. Il y a un arsenal, un chantier de construction, des magasins, des fabriques de cordages et de toiles à voiles. Les environs produisent du kali, de la soude, et du sparte. Populat. 30,000 âmes. Murc.

Carvajal, vill. à 1 l. nord de Léon, r. d'Oviédo. Distr. de Léon.

Carvallellos, v. à 2 l. et 3 q. ouest de Chaves, r. de Porto. Portug., prov. de Tras-os-M.

Carvallos (os), vill. à 2 l. sud de Porto, r. de Coïmbre. Portug., prov. de Beyra.

Casabranca, vill. sur le Tage, à 3 l. d'Abrantès, r. de Portalègre. Estram. portug.

Casa-del-Rey, vill. à 48 l. et d. de Madrid, et à 2 l. et d. du Guadalquivir, r. de Madrid. Jaen.

Casal de Pedro, vill. à 4 l. et q. nord de Porto, r. de Tuy. Portug., prov. d'Entre-D. et-M.

Casara-bonela, vill. à 7 l. nord-ouest de Malaga, au bas d'une montagne. A 1 l. de ce village, on trouve la source minérale d'Ardales. Gren.

Casarelos, vill. à 2 l. ouest de Miranda, r. de Bragance. Portug., prov. de Tras-os-M.

Casaroja (venta de) h. à 8 l. et 1 q. sud de Barcelone, r. de Valence. Catal.

Casarubios, gr. b. à 7 l. nord-ouest de Madrid, r. de Talavera. Prov. de Madrid.

Casas de Estrada, vill. à 1 l. sud de Girone, et à 15 l. et 1 q. de Barcelone.

Casas del Puerto, p. b. à 34 l. de Madrid, r. de Lisbonne. A 8 l. plus loin, même route, on trouve un autre bourg, *Casas del Puerto de Santa-Cruz*. Estram.

Casas del Puerto de Tornavacas, vill. à 16 l. sud-ouest d'Avila, r. de Placencia. V.-Cast., prov. d'Avila.

Casas de Maza, h. à 8 l. et 1 q. est de Badajoz, r. de Madrid. Estram.

Casas vellas, vill. à 8 l. et d. nord-est de Leyra, r. de Porto. Portug., prov. de Beyra.

Casasnovas, vill. à 1 l. ouest de Chaves, r. de Porto. Portug., prov. de Tras-os-M.

Cascabelos, gr. b. sur la Gua, à 10 l. nord-ouest d'Astorga, r. de la Corogne. Léon, distr. de Ponferrada.

Cascaes, gr. b. fortifié, avec un port sur l'Océan, à 6 l. de Lisbonne. Estram. portug.

Cascante, vill. sur le Torio, à 2 l. et d. nord de Léon, r. d'Oviédo. Distr. de Léon.

Cascante, p. v. sur le Queiles auprès de l'Ebre, à 1 l. et 1 q. de Tudèle, r. de Saragosse. Nav.

Casetas (las), h. auprès de l'Ebre à 2 l. et d. nord-ouest de Saragosse, r. de Logroño. Arag.

Caspe, gr. b. auprès du confluent des riv. de Martin et Guadalupe, à 15 l. sud-est de Saragosse. Arag.

Castajon, p. b. sur l'Ebre à 2 l. de Tudèle, r. de Logroño à Saragosse. Nav.

Castanede, p. b. à 17 l. sud-est de Porto, r. de Leyria. Portug., prov. de Beyra.

Castaneira, vill. à 7 l. et 3 q. nord de Lisbonne, r. de Leyria. Estram. portug.

Casteda, vill. à 13 l. et d. sud de Bragance, r. de Viseu. Portug., prov. de Tras-os-M.

Castel-Branco, v. forte sur le Lyra, auprès des montagnes, à 12 l. nord-est d'Abrantès, et à 5 l. de la frontière orientale du Portugal. Elle a un palais appartenant à l'évêque de Guarda; des hôpitaux, et une population de 4000 âmes Prov. de Beyra.

Castelfollit, vill. à 4 l. nord-ouest de Girone, avec un château fort qui fût rasé en 1822 pour avoir servi de retraite aux insurgés. Catal.

Castellanos de Morisco, vill. à 1 l. et d. est de Salamanque, r. de Valladolid. Léon, prov. de Salam.

Castellaos, vill. à 5 l. et d. sud de Bragance, r. de Viseu. Portug., prov. de Tras-os-M.

Castellejo, vill. à 3 q. de l. nord-est de Porto, r. de Braga. Portug., prov. d'Entre-D. et-M.

Castellon de la Plana, v. de 11,000 hab. à 12 l. de l'Ebre, r. de Valence, dans une plaine à 1 d.-l. de la mer : la ville est assez bien bâtie, et a deux grandes places, des fabriques de toiles et d'agrès de vaisseaux. Val.

Castilblanco, vill. à 5 l. et d. nord

de Séville, r. de Mérida et Madrid. Sév.

Castil de Peones, p. b. à 5 l. et d. de Burgos, r. de Vittoria. V. Cast., prov. de Burgos.

Castille. (Vieille et Nouvelle-). Ces deux provinces occupent à peu près la partie centrale de la Péninsule, et ont généralement un sol élevé, fertile en grains, vins, huile et fruits, mais où le bois est assez rare, et qui par cette raison a un aspect nu et souvent monotone. Les troupeaux y trouvant une bonne pâture, y sont très-nombreux; l'eau potable n'y est pas toujours bonne; les longues chaînes de montagnes où la neige séjourne pendant plusieurs mois de l'année, séparent la Nouvelle-Castille de la vieille; l'une et l'autre provinces renferment un grand nombre de villes: c'est dans la Nouvelle-Castille qu'est située la capitale: cependant cette province a peu d'industrie: on y compte 1,220,000 habitans, tandis que la Vieille-Castille n'en a que 470,600. La monarchie espagnole a été long-temps réduite aux limites des deux Castilles; ce n'est que peu à peu que, profitant de sa force croissante et de ses alliances, elle s'est agrandie, et étendue sur les 3 quarts de la Péninsule.

Castillejo (el), b. à 18 l. et d. de Madrid, r. de Burgos. V.-Cast., prov. de Ségovie.

Castillejo de la Cuesta, p. b. à 1 l. et 1 q. ouest de Séville, r. de Lagos. Sév.

Castillejo de dos Casas, vill. à 50 l. ouest de Madrid, auprès de la frontière de Portugal, entre les forts de Ciudad-Rodrigo et Almeyda; prov. de Salamanque.

Castillejo de Iniesta, p. b. à 31 l. de Madrid, r. de Valence. N.-Cast. prov. de Cuença.

Castrejon, vill. à 12 l. sud-ouest de Valladolid, r. de Salamanque. Léon, prov. de Toro.

Castrellos, vill. à 1 l. sud de Vigo, r. de Tuy. Galice.

Castro, vill. à 3 l. nord de Santiago, r. d'Orense. Gal.

Castro Dayre, p. b. à 4 l. nord de Lamégo, r. de Lisbonne. Portug., prov. de Beyra.

Castro de Rey, vill. à 1 q. de l. du Minho, et à 5 l. nord de Lugo, r. de Mondoñedo. Gal.

Castrofuerte, p. b. à 51 l. et d. nord-ouest de Madrid, r. de Benavente à Léon; prov. de Valladolid.

Castrogeriz, gr. b. sur la riv. de Carbanzuelo, à 6 l. et 3 q. ouest de Burgos, r. de Léon. Royaume de Léon, prov. de Palencia.

Castro Gonzalo, p. b. sur l'Esla, à 45 l. et d. de Madrid, r. de Vigo. Léon, prov. de Valladolid.

Castromarin, b. fortifié, à l'embouchure du Guadiana, à 4 l. est de Tavira, et à 1 q. de l. d'Ayamonte, Portug., prov. d'Alg.

Castromonte, p. b. sur le ruisseau de Badajoz, à 35 l. nord-ouest de Madrid, r. de Léon, prov. de Valladolid.

Castroverde, gr. b. à 24 l. sud-est de Lisbonne, r. de Faro. Portug., prov. d'Alent.

Catalogne. Cette province fertile et industrieuse s'étend le long de la Méditerranée depuis le royaume de Valence jusqu'au département français des Pyrénées orientales. Toutes les productions n'y abondent pas: on ne récolte pas assez de blé pour les besoins de la population; on n'a pas non plus assez de bestiaux et de troupeaux à laine, en sorte qu'on est obligé de tirer du dehors beaucoup de viande de boucherie, de la laine et de la soie; mais la vigne y prospère; on fait de bons vins; l'huile, les fruits, les légumes, le lin, le chanvre y réussissent bien, grâce surtout à la culture soigneuse des habitans qui s'entendent très-bien à pratiquer des canaux d'arrosage et des terrasses sur les pentes de leurs montagnes. Le sol de la Catalogne est généralement montueux; quelques montagnes s'élèvent même à une hauteur considérable: c'est ainsi que le Monsain atteint une élévation de 4437 pieds. Le bois couvre ces pentes; le chêne à Liége y est commun. Plusieurs rivières y débouchent dans la mer; ce sont la Fluvia, le Ter, le Llobrégat, et enfin l'Èbre qui reçoit la Ségre, après que cette rivière a arrosé une grande partie de la province. Quelques districts cultivent du riz: les côtes et les rivières donnent lieu à une pêche considérable. Les Catalans trouvent dans leurs montagnes des marbres, des jaspes, du fer, du plomb, de l'antimoine. Ils font du sel, distillent une partie de leurs vins pour l'exportation; mais c'est surtout dans l'industrie manufacturière que les Catalans se distinguent parmi les Espagnols: ils fabriquent toutes sortes de soieries, toiles, étoffes de luxe. Autrefois ils avaient une marine marchande, capable de rivaliser avec celle des républiques florissantes de l'Italie. Barcelonne, régie par un excellent gouvernement municipal qui lui laissait une grande liberté, équipait un nombre considérable de vaisseaux pour les ports étrangers; elle avait des consuls en Egypte, dans les Etats barbaresques, dans la Syrie., etc. A l'ouest de la Méditerranée, cette ville était le plus grand entrepôt du commerce; les Catalans se signalèrent par leurs expéditions et déployèrent beaucoup d'esprit national. Mais le despotisme et le régime de l'inquisition ont anéanti la liberté municipale, les navigations et les spéculations des Catalans; sous la monarchie espag., ils se sont restreints aux manufactures et à l'agriculture, et ils ont continué de s'y signaler, malgré le régime oppressif auquel ils obéissaient. Un simple intendant administrait cette vaste province, peuplée d'environ 900,000 âmes, et où la langue catalane se parle encore.

Catarraja, vill. à 1 l. sud de Valence, r. d'Alicante. Val.

Caudète, vill. à 12 l. et d. nord-ouest de Valence, r. de Madrid. N.-Cast., prov. de Cuença.

Cavanillas, à 2 l. et 1 q. nord de Léon, r. d'Arieda. Distr. de Léon.

Cavernais, vill. à 1 l. nord-est de Viseu, r. de Bragance. Portug., prov. de Beyra.

Cayras, vill. à 3 l. et 3 q. nord-ouest d'Orense, r. de Santiago. Galice.

Cazalla, gr. b. à 11 l. nord de Séville, r. de Mérida. Sév.

Cazorla, au bas des montagnes où coule le Guadalquivir, à 12 l. nord-est de Jaen. Il récolte d'excellentes figues. Jaen.

Cea, vill. à 3 l. nord-est d'Orense, r. de Santiago. Galice.

Cebolla, gr. b. auprès du Tage, à 4 l. de Talavera, r. de Tolède: le duc d'Albe y possède un château. Prov. de Tolède.

Cebrero, petit distict montagneux au sud de Lugo. Ses beaux pâturages nourrissent beaucoup de bétail, et on y fait d'excellens fromages. Galice.

Cedavim, vill. à 10 l. nord-est de Viseu, r. de Bragance. Portug., prov. de Beyra.

Ceinos de Campos, p. b. à 39 l. et d. nord-ouest de Madrid, r. de Léon. Prov. de Valladolid.

Celada del Camino, p. b. à 17 l. nord-est de Valladolid, r. de Burgos. V.-Cast., prov. de Burgos.

Celanas, vill. à 14 l. et 1 q. ouest de Séville, r. de Lisbonne. Sév.

Celorico, gr. b. auprès du Mondego, à 9 l. et d. ouest d'Almeyda, r. de Coïmbre. Portug., prov. de Beyra.

Cenarve, vill. à 75 l. de Madrid, r. de Saragosse à Oléron. Arag.

Cercal, vill. à 13 l. et 1 q. nord-est de Lisbonne, r. de Leyria. Estram. portug.

Ceredas (las), vill. à 2 l. de l'Escurial, et à 9 l. de Madrid, r. d'Avila. Prov. de Ségov.

Cerecinos de los Barrios, vill. à 44 l. de Madrid, r. de Vigo. Léon.

Cereo, vill. à 1 q. de l. ouest de Miranda et du Douro, r. de Bragance. Portug., prov. de Tras-os-M.

Cerezal, vill. à 5 l. et 3 q. sud-est de Lugo, r. d'Astorga. Galice.

Cerro (el), p. b. à 16 l. et 1 q. ouest de Séville, r. de Lisbonne. Sév.

Cervera, p. v. sur une hauteur, à 87 l. et d. de Madrid, entre Lérida et Barcelonne, dans un canton fertile en vin, légumes et grains. Elle a un beau collége. Catal.

Cetina, vill. à 32 l. et 1 q. de Madrid, r. de Saragosse. Arag.

Chamorre, vill. auprès du Douro, à 1 l. sud de Porto, r. de Leyra. Portug., prov. d'Entre-D.-et-M.

Chamusca, vill. à 17 l. ouest d'Almeyda, r. de Coïmbre. Portug., prov. de Beyra.

Chanos, vill. à 62 l. nord-ouest de Madrid, r. de Vigo. Léon, prov. de Valladolid.

Chans, vill. à 4 l. et 1 q. sud-est de Viseu, r. de Guarda. Portug., prov. de Bey.

Chantada, gr. b. à 7 l. nord d'Orense, r. de Lugo. Galice.

Chaon de Mazans, vill. à 2 l. ouest de Thomar, r. de Coïmbre. Estram. portug.

Chapas, vill. à 4 l. et d. nord de Santiago, r. d'Orense. Galice.

Charnais *ou* Acharnadis, vill. sur le Doraon, à 7 l. sud-ouest de Leyria, r. de Lisbonne. Estram. portug.

Chaves, v. de 2,000 âmes, fortifiée sur la Tamega, au bas d'une montagne, à 68 l. de Lisbonne, et à 14 de Bragance. Un beau pont romain conduit de la ville au faubourg de la Madeleine: de chaque côté de la Tamega on voit un pet. fort. Aux environs il y a des sources d'eau minérale. Portug., prov. de Tras-os-M.

Chelva, vill. sur le ruisseau de ce nom, à 11 l. nord-ouest de Valence, r. de Cuença. V.-Cast., prov. de Cuença.

Chérivel, h. à 23 l. de Murcie,

auprès du Guadalentin, r. de Grenade. Gren.

Chillaron, h. à 24 l. de Madrid, r. de Cuença. N.-Cast., prov. de Cuença.

Chirivel, h. à 23 l. de Murcie, r. de Grenade. Gren.

Chiva, vill. à 3 l. ouest de Valence, r. de Madrid. Val.

Chorente, vill. à 4 l. et d. nord de Lugo, r. d'Orense. Galice.

Chuzendo, vill. à 8 l. et d. nord-est de Viseu, r. de Bragance. Portug., prov. de Beyra.

Cimanes de la Vega, vill. à 49 l. et q. de Madrid, r. de Benavente à Léon. Prov. de Valladolid.

Cintra, b. à 6 l. de Lisbonne. Estram. portug. Le climat y est délicieux; un monastère y est bâti sur le sommet d'un rocher de 3,000 pieds. Auprès de là, à Penhaverde était le château d'Inès de Castro. On voit aussi aux environs des restes de bains maures. Pendant les guerres de Buonaparte, un corps d'armée français capitula à Cintra avec les Anglais qui l'avaient cerné.

Cintruenigo, gr. b. à 1 l. et d. de Tudèle, à 47 l. de Madrid, r. de Pampelune. Nav.

Cisternica(la), vill. à 1 l. sud de Valladolid, r. de Ségovie. Léon, prov. de Valladolid.

Ciudad-Rodrigo, v. forte et peuplée de 10,000 âmes, à 47 l. ouest de Madrid; on y fabrique des savons et des cuirs. Elle fut prise en 1810 par les Français, et reprise par les Anglais. Ciudad-Rodrigo se trouve vis-à-vis la forteresse portug. d'Almeida. Prov. de Salam.

Ciudad-Real, v. auprès de la Guadiana, chef-lieu de la Manche, à 28 l. sud de Madrid: elle a une belle place publique, un grand hôpital, des fabriques de draperie, sparterie et flanelles, et une population de 9,000 hab. N.-Cast.

Cobadonga, vill. dans une vallée, à 14 l. est d'Oviédo, r. de Santander: ce fut là que les Goths se retirèrent lors de l'invasion des Maures, et défendirent, entre les rochers, leur gouvernement réduit à presque rien. On y voit une antique chapelle dans le roc. Astur.

Cobertelada, vill. à 26 l. et 3 q. de Madrid, r. d'Almazan. V.-Cast., prov. de Soria.

Cobertina, vill. à 6 l. et 1 q. nord de Lamego, r. de Lisbonne. Portug., prov. de Beyra.

Coca, vill. auprès de la riv. de Margañan, à 27 l. et d. ouest de Madrid, r. de Ciudad-Rodrigo. Prov. de Salam.

Codesal, p. b. à 54 l. et d. nord-ouest de Madrid, r. de Vigo. Léon, prov. de Valladolid.

Codony, h. à 1 l. et 1 q. nord de Tarragone, r. de Lérida. Catal.

Cogeces, vill. à 10 l. et 1 q. nord de Ségovie, sur la riv. de Piron, r. de Valladolid. V.-Cast., prov. de Ségovie.

Cogollos, p. b. à 2 l. et d. sud de Burgos, r. de Madrid. V.-Cast., prov. de Burgos.

Coïmbre, chef-lieu de la prov. portug. de Beyra, v. de 16,000 âmes, sur le Mondego qui se jette dans l'océan, à quelques lieues au-dessous de la ville. Son université est célèbre depuis plusieurs siècles. Elle possède une belle bibliothèque, une imprimerie, un observatoire, un cabinet d'histoire naturelle, un jardin de botanique. Coïmbre a un évêché, des fabriques de toiles, draperie, poterie rouge et vernissée, et d'ouvrages en cornes. Un beau pont traverse le Mondego.

Coin, gr. b. à 4 l. ouest de Malaga, r. de Gibraltar. Gren.

Colinas de Traspionte, h. sur l'Almucera, à 48 l. de Madrid, r. de Vigo. Léon, prov. de Valladolid.

Collo de Pito, vill. à 3 l. nord de Lamego, r. de Lisbonne. Portug., prov. de Beyra.

Colombrettes, groupe d'ilots de la Méditerranée, à 10 l. de Valence, sous environ 39° 50' de latit., et 01° 40' de longit.

Combarros, p. b. à 1 l. et d. ouest d'Astorga, r. de la Corogne. District de Léon.

Concha, h. à 30 l. de Madrid, r. de Saragosse. N.-Cast., prov. de Cuença.

Concud, h. à 1 l. de Teruel et auprès d'Alhambra. Les collines des environs, appelées las Cavaleras, renferment au milieu de la roche calcaire, un banc immense de débris d'ossemens d'animaux. Val.

Condeija Vella, vill. à 2 l. sud de Coïmbre, r. de Leyria. Portug., prov. de Beyra.

Condes (nos), vill. à 6 l. et 1 q. ouest de Lugo, r. de Santiago. Galice.

Confureo, vill. à 9 l. ouest d'Orense. r. de Vigo. Galice.

Concosto, p. b. à 8 l. et 3 q. ouest d'Astorga, r. de Lugo. Léon, district de Ponferrada.

Consentayna, p. b. à 12 l. sud de Valence, r. d'Alicante. Val.

Constante, p. b. à 1 l. de Tarragone, r. de Lérida. Catal.

Consuegra, gr. b. à 18 l. de Madrid, r. de Ciudad-Real, fabriq. des étoffes. Prov. de Tolède.

Corbesin, vill. à 25 l. et 3 q. de Madrid, r. de Pampelune. Prov. de Soria.

Corbo, vill. à 30 l. de Lisbonne, r. de Ciudad-Rodrigo. Portug., prov. de Beyra.

Cordoue, gr. v. anc. au pied de la Sierra-Morena, sur la rive droite du Guadalquivir, dans une contrée charmante, à 64 l. de Madrid. Sous le régne des Arabes, cette ville qui avait déjà fleuri sous les Romains, avait été embellie de beaux monumens, entre autres, d'une mosquée magnifique que les Espagnols ont convertie ensuite en cathédrale; ayant 620 pieds de long sur 440 de large, elle présente 19 nefs, séparées par 400 colonnes de marbre et jaspe; on y entre par une cour plantée d'orangers, embellie de jets d'eau. Cordoue est au reste mal construite; il y a un grand nombre d'églises et couvens; un ancien palais maure, un haras royal, un évêché, un séminaire, un collége; des fontaines arrosent les rues. On fabrique du fil et du maroquin. Population 35,000 âmes. Cord.

Corella, p. v. de 3,500 hab. sur l'Alhama, à 16 l. sud de Pampelune, dans un territoire fertile. On y fabrique du jus de réglisse, et de la cordonnerie. Nav.

Corgo (do), vill. à 2 l. et 1 q. est de Lugo, r. d'Astorga. Galice.

Coria, v. sur l'Alagon, dans une plaine fertile en fruits et vins, à 48 l. et d. de Madrid, entre Placencia et Alcantara. Des murs antiques, très-solides et flanqués de tours, lui servent de défense; l'Alagon ne passe plus sous le beau pont de la ville. Estram.

Corias, vill. à 14 l. ouest d'Oviédo, r. de Cangas de Tineo. Astur.

Cornellana, gr. b. sur la rivière de Narcea, à 5 l. et d. ouest d'Oviédo, r. de Cangas de Tinéo. Astur.

Corogne (la), en espagnol Coruna, v. et port de l'Océan, sur la côte septentrionale de la Galice, à 98 l. de Madrid, et à 10 l. et d. de Santiago, sous un climat tempéré et salubre, à l'entrée d'une baie; son port, assez sûr, est protégé par le château S. Antonio bâti dans un îlot. Un vieux monument élevé à l'extrémité d'une presqu'île, et nommé la *tour d'Hercule*, sert de fanal. La Corogne a un tribunal de commerce, des fabriques de toiles, linge de table, cordes et câbles, passementerie, chapelerie, etc. Les négocians font de grandes exportations et importations : popul. 25,000 âmes En 1809 le corps d'armée anglaise du général Moore s'y embarqua, et les Français occupèrent la ville pendant quelque temps.

Cortadura (la), poste fortifié à 1 d.-l. de Cadix, r. de Cordoue. Sév.

Cortiza *ou* Cortizada, vill. à 6 l. et d. est de Coïmbre, r. d'Almeyda. Portug., prov. de Beyra.

Cortizo, vill. à 10 l. et d. ouest d'Almeyda, r. de Coïmbre. Portug., prov. de Beyra.

Corujo, vill. à 1 l. et 1 q. sud de Vigo, r. de Porto. Galice.

Cortegaza, vill. à 3 l. et d. sud-est de Porto, r. de Leyria. Portug., prov. de Beyra.

Corveira, à 9 l. et 1 q. nord de Chaves, r. de Lamego. Portug., prov. de Tras-os-M.

Corvo, vill. à 1 l. et 3 q. sud de Porto, r. de Coïmbre. Portug., prov. d'Entre-D.-et-M.

Corzanès, vill. à 9 l. sud-ouest d'Orense, r. de Tuy. Galice.

Cotimos, vill. auprès de Lamegal, à 5 l. d'Almeyda, r. de Lamego. Portug., prov. de Beyra.

Coya, v. à 1 l. et d. sud de Vigo, r. de Porto. Galice.

Coyros, vill. à 1 l. est de Betanzos, r. de Lugo. Galice.

Creixell, vill. à 3 l. et 3 q. de Tarragone, r. de Barcelonne, auprès de la côte de Catalogne.

Crespos (os), vill. à 4 l. et d. nord de Leyria, r. de Porto. Estram. portug.

Creus (Cap de), sur la Méditerranée, au nord-est de Roses, à 4 l. de la frontière du département franç. des Pyrénées-Orient. Catal.

Cruces, vill. à 2 l. et 3 q. nord de Santiago, r. de Vigo. Galice.

Cruz da Camareira, vill. à 1 l. nord de Lamego, r. de Lisbonne. Portug., prov. de Beyra.

Cruz da Legua, vill. à 3 l. sud-ouest de Leyria, r. de Lisbonne. Estram. portug.

Cruz del Puig (la), à 2 l. et 1 q. nord de Valence, r. de Tarragone. Val.

Cuartaon, vill. à 14 l. et d. de Guarda, r. de Lisbonne. Portug., prov. de Beyra.

Cuarte, vill. à 1 l. ouest de Valence. Royaume de Val.

Cuarte, vill. à 1 l. d'Huesca, r. de Saragosse, aux Hautes-Pyrénées. Arag.

Cubillas de las Oteros, vill. à 5 l. et 3 q. nord-est de Madrid, r. de Léon. Distr. de Léon.

Cubillos, p. b. à 9 l. et 1 q. nord-est d'Astorga, r. de Lugo. Léon, distr. de Ponferrada.

Cubo, p. b. à 9 l. et 3 q. nord-est de Burgos, r. de Vittoria. V.-Cast., prov. r. de Burgos.

Cubo de la Solana, vill. à 31 l. et 3 q. de Madrid, r. de Soria. V.-Cast., prov. de Soria.

Cudeyro, vill. à 1 d.-l. ouest d'Orense, r. de Pontevedra. Galice.

Cudillero, vill. entre les rochers sur le bord de l'Océan, à 8 l. nord d'Oviédo; il a un port, et la marée monte jusqu'aux murs du vill. Astur.

Cuellar, gr. b. à 9 l. ouest de Valladolid, r. de Ségovie. V.-Cast., prov. de Ségovie.

Cuença, v. de 6,000 âmes sur un roc escarpé auprès du confluent du Jucar et du Huecar, à 25 l. et 3 q. de Madrid, chef-lieu de la prov. de Cuença. N.-Cast.

Cugullada, vill. à 7 l. nord de Valence, r. d'Alicante. Val.

Cullar de Baza, gr. b. auprès des montagnes, à 23 l. et d. de Grenade, r. de Murcie. Gren.

Curullada, vill. à 1 l. ouest de Cervera, et à 86 l. et d. de Madrid, r. de Barcelonne. Catal.

D.

Daroca, v. sur la Giloca, à 40 l. nord de Madrid, r. de Saragosse, dans une vallée couverte de vergers, et longue de 10 l. Arag.

Debanos, vill. sur l'Añamanza, à 45 l. nord de Madrid, r. de Pampelune; prov. de Soria.

Dénia, v. forte avec un port sur la Méditerranée auprès du cap San-Antonio, à 15 l. et 3 q. sud de Valence, r. d'Alicante. Elle renferme 2,500 âmes. Val.

Desierto, vill. à 70 l. de Madrid, et à 1 d.-l. de Portugalète. Bisc.

Deusto, vill. situé au nord et au-dessous de Bilbao; les navires s'y arrêtent pour décharger. Il y a dans le voisinage un couvent de capucins. Bisc.

Devjebre, vill. à 8 l. et d. est de la Corogne, r. de Santiago. Galice.

Diezma, p. h. à 5 l. et 3 q. est de Grenade, r. de Murcie. Gren.

Doncos, p. b. à 75 l. et 3 q. nord-ouest de Madrid, r. de Lugo. Galice.

Dorono, vill. à 2 l. est de Vittoria, r. de Saragosse. Prov. de Burgos.

Dragonera, îlot situé auprès du cap de ce nom, sur la côte occidentale de l'île Majorque, dans la Méditerranée.

Duarria, v. à 2 l. et 1 q. nord de Lugo, et 86 l. et 3 q. de Madrid, r. de Mondoñedo. Galice.

Duenas, gr. b. à 38 l. de Madrid, et à 6 l. nord de Valladolid, r. de Palencia, prov. de Palencia.

Duenas de Medina, vill. à 8 l. et d. de Valladolid, r. de Salamanque. Prov. de Valladolid.

Durango, p. v. à 5 l. sud-est de Bilbao. Bisc.

E.

Ecija, v. sur le Xenil, à 74 l. de Madrid, r. de Cordoue à Cadix ou à Malaga. Elle est ornée d'assez beaux édifices, d'une grande fontaine, et surmontée d'un grand nombre de clochers, mais mal pavée; les environs ont été souvent infestés de brigands. Sév.

Eiras, vill. à 1 l. est de Coïmbre, r. de Viseu. Portug., prov. de Beyra.

Elche, gr. b. à 4 l. sud-ouest d'Alicante, r. de Carthagène. Il est entouré de plantations de palmiers, et peuplé de 5,000 âmes. On y voit une fontaine en marbre, et une grande église surmontée d'une coupole, avec une statue de la Vierge prétendue miraculeuse. Les habitans fabriquent du savon, du cuir, et exportent des dattes et palmes. Val.

Elda, b. à 21 l. et d. sud de Valence, auprès du torrent d'Elda et de la montagne de Camarane. Val.

Elizondo, vill. sur la Bidassoa dans la vallée de Bastan, à 3 lieues de la frontière de France, route de Pampelune, et à 69 l. et 3 q. de Madrid. Nav.

Elorrio, b. à 12 l. est de Bilbao. Bisc.

Elvas, place forte sur la frontière orientale du Portugal, vis-à-vis de Badajoz, à 65 l. de Madrid, et à 32 l. de Lisbonne. Elle a un évêché, une grande citerne alimentée par un bel aqueduc, une douane et deux châteaux forts qui dominent la place. Prov. d'Alent.

Elvetea, vill. auprès de la Bidassoa et de la frontière de France, r. de Pampelune, à 70 l. de Madrid. Nav.

Embid, vill. à 34 l. nord de Madrid, r. de Saragosse. Prov. de Cuença.

Encio, h. à 53 l. nord de Madrid, r. de Vittoria. V.-Cast., prov. de Burg.

Enjara dos Cavalleiros, p. b. à 5 l. nord de Lisbonne, r. de Leyria. Estram. portug.

Entrada, vill. sur la rivière de Corbes, à 18 l. de Tavira, r. de Lisbonne. Portug., prov. d'Alent.

Entre-Douro-et-Minho, province du nord du Portugal, laquelle prend son nom des deux fleuves qui la bordent au midi et au nord. Le Minho la sépare de la province espagnole de Galice; la côte, entre les embouchures des deux fleuves a 27 l. de long; et toute la province a 240 l. c. de surface, avec 743,670 hab.; ainsi, quoiqu'une des provinces les moins grandes, elle en est une des plus peuplées. Elle doit cet avantage à son climat salubre et à son territoire fertile, qu'arrosent un grand nombre de rivières, et qui donne beaucoup de grains, vins, oranges et citrons, chanvre, lin, huile. Les habitans, vigoureux et actifs, entretiennent aussi beaucoup de bestiaux, et se livrent à la chasse et à la pêche. Des places fortes, qui garnissent les rives du Minho, protégent la frontière du côté de la Galice.

Erredira, vill. à 4 l. nord de Leyria, r. de Porto. Estram. portug.

Errigoytia, b. de la Biscaye.

Erustes, vill. à 5 l. est de Talavera-la-Reyna, r. de Tolède. N.-Cast., prov. de Tolède.

Escala (la), gr. b. à 23 l. nord de Barcelonne, r. de Roses. Catal.

Escariz, vill. à 7 l. et d. sud de Chaves, r. de Lamego et de Lisbonne. Portug., prov. de Tras-os-M.

Escarvajosa, vill. à 16 l. sud de Valladolid, r. de Ségovie. V.-Cast., prov. de Ségovie.

Eclavitud (la), ermitage à 3 l. sud de Santiago, r. de Porto. Galice.

Escorial de Abajo, p. b. à 1 q. de l. du monastère et château de l'Escurial, et à 6 l. et 3 q. nord-ouest de Madrid, r. d'Avila. Prov. de Madrid.

Escoriaza, p. b. sur la Deva, à 65 l. et d. nord de Madrid, r. d'Irun. Prov. de Guipuscoa.

Escurial, en espagnol *San Lorenzo del Escorial*, vaste édifice dont une partie est un monastère d'Hiéronimites, et l'autre, un château royal, à 6 l. et d. nord-ouest de Madrid, r. d'Avila. Il forme un carré immense, divisé en un grand nombre de corps de logis, par des cours disposées très-régulièrement. La principale façade à 637 pieds de long, et 51 p. de haut, jusqu'à la corniche, et elle est percée de plus de 200 fenêtres; dans l'intérieur, le nombre des fenêtres est difficile à compter. On y trouve une bibliothèque très-riche en manuscrits, malgré un incendie qui en a détruit un grand nombre. Des tableaux, exécutés par de grands maîtres, décorent les salles; des fontaines, alimentées par un aqueduc qui vient des montagnes derrière l'Escurial, jaillissent au nombre de 92 dans toutes les parties de l'édifice. L'église, où l'on monte par un bel escalier, est précédée par un grand portique. Autrefois cette église possédait des richesses immenses; il y avait un tabernacle brillant d'or, d'argent et de pierreries, des statues de saints, et des vases en argent et vermeil, un orgue à tuyaux d'argent, etc. Un magnifique souterrain, pratiqué au dessous de l'église, sert de sépulture à la famille royale. On y descend par le moyen d'un grand escalier: le caveau est fermé par des portes richement ornées, et renferme les restes d'un grand nombre d'infans, rois et reines. Les appartemens du château sont d'une grande magnificence. Des jardins avec des terrasses se prolongent derrière et sur les côtés de l'édifice. On sait que l'Escurial fut bâti à frais énormes par Philippe II, après qu'il eût gagné la bataille de Saint-Quentin, et qu'en l'honneur de Saint-Laurent on imita, dans sa construction, la forme d'un gril. Ce monument somptueux est malheureusement bien plus imposant qu'utile, et le roi aurait pu employer beaucoup plus avantageusement les sommes immenses qu'a englouties cet édifice gigantesque. Par un souterrain commode, appelé la *Mine*, la famille royale peut se rendre du château au village voisin. La route de Madrid passe entre le Manzanarès et des champs arides. L'Escurial est élevé de 3,573 pieds au dessus du niveau de la mer. Prov. de Madrid.

Esgueirra, gr. b. à l'embouchure d'une rivière sur la côte de l'Océan, à 10 l. et d. sud de Porto, r. de Leyria. Portug., prov. de Beyra.

Espadanal, vill. à 30 l. sud-ouest de Madrid, r. de Truxillo. Estram.

Esparragalejo, vill. sur l'Aljucen, à 55 l. et 1 q. sud-ouest de Madrid, r. de Mérida à Badajoz. Estram.

Esparraguera, p. b. à 97 l. nord-est de Madrid, r. de Saragosse à Barcelonne. Catal.

Espejo, vill. à 55 l. et 1 q. nord de Madrid, r. de Vittoria. Prov. d'Alava.

Espinal, vill. à 8 l. sud de Saint-Jean-Pied-de-Port, et à 6 l. et 3 q. nord de Pampelune. Nav.

Espinar (el), gr. b. à 12 l. nord-ouest de Madrid, r. d'Avila. V.-Cast., prov. de Ségovie.

Espinosa de Villa-Gonzalo, p. b. à 7 l. et d. nord de Palencia, r. de Santander, prov. de Burgos.

Espinosa de los Caballeros, vill. à 19 l. et 3 q. nord-ouest de Madrid, r. de Toro et Zamora. V.-Cast., prov. d'Avila.

Espluge, b. sur le Francoli, à 7 l. et 3 q. de Lérida, r. de Tarragone. Catal.

Espraganal, vill. à 19 l. et 1 q. nord de Lisbonne, r. de Thomar. Estram. portug.

Estalagem de Nora, vill. à 7 l. est de Lagos, r. de Séville. Portug., prov. d'Algarve.

Estalagem do Rio, vill. à 5 l. nord d'Amarante, r. de Braga. Portug., prov. d'Entre-D.-et-M.

Estamarin, vill. à 3 q. de l. nord d'Urgel, et à 101 l. et 1 q. de Madrid, r. de Puycerda. Catal.

Estepona, gr. b. sur la côte de la Méditerranée, à 12 l. sud-ouest de Malaga, r. de Gibraltar. Gren.

Esteyro, vill. à 8 l. et 3 q. ouest de Santiago, auprès de la côte de l'Oc. Galice.

Estramadure, située entre le Portugal, l'Andalousie, la Castille et le Léon. Cette province, grande, mais mal cultivée et mal peuplée, a peu d'industrie et de commerce, quoique traversée par le Tage et le Guadiana. Il y a peu de grandes villes, et on n'y fabrique que de la chapellerie, tannerie, grosse draperie, des cordages, rubans et cordons de fil. Ses pâturages excellens sont fréquentés, dans la belle saison, par les troupeaux de moutons d'une partie du royaume; la province, elle-même, en élève beaucoup, ainsi que de bons chevaux, des porcs d'une chair délicate, des chèvres et des bœufs. Le sol, dans les endroits bien cultivés, donne beaucoup de grains et de légumes, de fruits, vins, huiles, chanvres. Faute de culture, la récolte des vins, grains et huiles, ne suffit pas pour la population, qui pourtant ne se monte qu'à 450,000 âmes, sur une surface de 1,199 l. carrées, ce qui fait un peu plus de 357 habitans par lieue. L'Estramadure produit en outre du miel, de la cire, et un peu de soie. On remarque chez les habitans plus d'indolence que dans d'autres provinces d'Espagne; les auberges y sont généralement mauvaises; les transports se font sur des charrettes ou à dos de mulets; les plantations sont rares, et les campagnes nues et monotones. L'Estramadure était une des 4 capitaineries générales de la frontière : les cortès de 1822 en ont fait la province de Badajoz.

Estramadure portugaise. Cette province centrale qui a, du côté de l'est, la province espagnole du même nom, comprend la capitale du Portugal et le cours inférieur du Tage; elle a 60 l. de côtes sur l'Océan, où la pêche est très-abondante, et elle nourrit, sur une superficie de 830 l. carrées, une population de 681,320 hab. Les bords du Tage sont montueux, mais bons pour la pâture, sur la rive droite; marécageux et infertiles sur la rive gauche; plusieurs rivières et torrens qui se jettent dans ce fleuve, charrient des paillettes d'or; la côte est munie de ports. Le commerce de Lisbonne, et la route d'Espagne vivifient cette province, qui d'ailleurs ne manque pas d'industrie manufacturière. Elle produit du blé, du millet, du vin, de l'huile d'olive, des oranges, des citrons et autres fruits, des légumes, etc. Enfin, on y trouve des salines dont les produits s'exportent en partie.

Estremos, b. fortifié à 6 l. d'Evora, et à 25 l. est de Lisbonne, r. de Badajoz; il a des carrières de beaux marbres et une population de 6,000 âmes. Portug., prov. d'Alent.

Evora, v. forte, dans une gr. plaine cernée de montagnes, à 26 l. est de Lisbonne; elle est le siége d'un archevêché, et renferme 12,000 âmes. Portug., prov. d'Alent.

Evoramonte, b. fortifié à 25 l. est de Lisbonne, r. d'Evora. Portug., prov. d'Alent.

F.

Fail, vill. à 1 l. sud-ouest de Viseu, r. de Coïmbre. Portug., prov. de Beyra.

Farandeyros, vill. à 1 l. et 3 q. est de Lugo, r. d'Astorga. Gal.

Faro, v. forte avec un port sur l'Océan, à l'embouchure de la rivière de Valfermoso, à 8 l. sud-ouest de Tavira, et à 29 l. de Séville. Elle est protégée par un château : elle a des pêcheries de thons et sardines, et exporte aussi beaucoup de vins. Sa population est de 5,000 âmes. Portug., prov. d'Algarve.

Fecas de Abajo, vill. à 11 l. et 3 q. sud d'Orense, r. de Lamego. Gal.

Feijo de Nemaon, p. b. à 12 l. nord de Viseu, r. de Bragance. Portug., prov. de Beyra.

Fernan-Caballero, p. b. à 25 l. sud de Madrid, r. de Ciudad-Réal, prov. de la Manche.

Fernaude, vill. à 2 l. et d. sud de Bragance, r. de Lisbonne. Portug., prov. de Tras-os-M.

Ferreirim, vill. à 1 l. et d. est de Lamego, r. de Madrid. Portug., prov. de Beyra.

Ferreiros (dos), vill. à 22 l. et 1 q. sud de Chaves, r. de Lisbonne. Portug., prov. de Beyra.

Ferreyros, vill. à 3 l. est de Santiago, r. de Lugo. Gal.

Ferrol (le), v. de 20,000 âmes, avec un beau port sur une profonde baie de la côte de Galice, à 100 l. et 3 q. nord-ouest de Madrid, et à 9 l. nord de la Corogne. Le Ferrol est le principal port militaire de l'Espagne sur l'Océan, et chef-lieu d'un des 3 départemens de la marine. L'entrée du port est étroite, et on ne peut y passer qu'avec un bon vent. Le Ferrol a un grand arsenal pour la marine royale, des bassins, un chantier de construction établi dans le faubourg d'Esteiro, des fabriques de toiles à voiles et d'agrès : des châteaux forts protégent la baye; une fabrique de feuilles de cuivre et de billon est établie hors de la ville En 1809, le Ferrol fut occupé par les Français.

Figueira, p. b. à 27 l. est de Lisbonne, r. de Portalègre. Portug., prov. d'Alent.

Figueira dos Cavalleiros, vill. à 17 l. sud-est de Lisbonne, r. de Tavira. Estram. portug.

Figuières, b. à 4 l. et 1 q. sud de la frontière des Pyrénées-orientales, et à 20 l. nord de Barcelonne. Un château très-fort, bâti sur un rocher à 1 q. de lieue du bourg, commande la place. Il y a des casemates et magasins à l'épreuve des bombes, et l'entrée du fort est minée. Catal.

Figueiro, p. b. à 4 l. et d. nord de Laguarda, r. de Viseu. Portug., prov. de Beyra.

Fojo, vill. à 5 l. et 1 q. sud de Santiago, r. d'Orense. Galice.

Fondella, vill. à 2 l. sud-ouest de Viseu, r. de Coïmbre. Portug., prov. de Beyra.

Fontainas, vill. à 3 l. et 1 q. nord de Viseu, r. de Bragance. Portug., prov. de Beyra.

Fontanar, p. b. à 11 l. nord de Madrid, r. de Soria. N.-Cast., prov. de Guadalaxara.

Fontarabie, p. v. à l'embouchure de la Bidassoa, sur le bord de l'Océan, à 1 d.-l. de la frontière des Basses-Pyrénées, et à 7 l. de Bayonne. Guipuscoa.

Font de la Reyna, h. à 8 l. et 1 q. ouest de Barcelone, r. de Madrid. Catal.

Fontecuberta, vill. à 4 l. et 1 q. sud de Coïmbre, r. de Lisbonne. Portug., prov. de Beyra.

Fonte-Vella, vill. sur la Leza, à 1 l. et d. nord de Porto, r. de Tuy. Portug., prov. d'Entre-D.-et-M.

Fontiveros, gr. b. sur la riv. de Zapardiel, à 22 l. et 1 q. ouest de Madrid, r. de Ciudad-Rodrigo. Prov. d'Avila.

Formentera, p. île de la Méditerranée, à 1 d.-l. sud d'Ivique; elle a 3 l. de long sur 2 l. de large, et renferme 1,500 habitans. Le bois et le froment sont ses principales productions. L'îlot d'*Espalmador* est situé dans le détroit entre Formentera et Ivique.

Formocella, vill. à 10 l. nord de

Leyria, r. de Porto. Portug., prov. de Beyra.

Foz de Aronce, vill. à 30 l. et 1 q. ouest de Ciudad-Rodrigo, r. de Lisbonne. Portug., prov. de Beyra.

Frades, p. b. à 6 l. sud de Salamanque, r. de Mérida. Léon, prov. de Salam.

Franquiera, vill. à 7 l. et 1 q. est de Vigo, r. d'Orense. Galice.

Frasno (le), vill. à 40 l. nord-est de Madrid, et à 2 l. et d. de Calatayud, r. de Saragosse. Arag.

Fregenal, gr. b. à 22 l. nord de Séville, r. de Badajoz. Roy. de Séville.

Freirigo, vill. à 6 l. nord-est de Coïmbre, r. de Viseu. Portug., prov. de Beyra.

Fresnillo de la Fuente, p. b. sur la Sarezuela, à 22 l. et d. nord de Madrid, r. de Burgos. V.-Cast., prov. de Ségovie.

Fresno, p. b. à 54 l. nord de Madrid, r. d'Orense. Léon, prov. de Zamora.

Freyjo, vill. sur la rivière de Pinel, à 2 l. ouest d'Almeyda, r. de Lisbonne. Portug., prov. de Beyra.

Fronteira, gr. b. sur la riv. de Zatas, à 27 l. et 3 q. est de Lisbonne, r. de Portalègre. Portug., prov. d'Alent.

Fuencebadon, vill. à 4 l. nord-ouest d'Astorga, r. de Lugo, entre les montagnes. Léon, district de Ponferrada.

Fuente de Cantos, p. b. à 65 l. et 3 q. sud de Madrid, r. de Séville. Estram.

Fuente de Coca, vill. à 24 l. et d. nord de Madrid, r. de Valladolid. Léon, prov. de Valladolid.

Fuente del Fresno, p. b. à 22 l. sud de Madrid, r. de Ciudad-Réal. Prov. de la Manche.

Fuente-el-Sauco, p. b. à 5 l. et d. sud de Toro, r. de Salamanque. Léon, prov. de Toro.

Fuente-el-roble, vill. à 6 l. et 3 q. sud de Salamanque, r. de Mérida. Léon, prov. de Salam.

Fuente Olmedo, vill. à 25 l. nord de Madrid, r. de Valladolid. Léon, prov. de Valladolid.

Fuentes de Onor, vill. à 3 l. et d. ouest de Ciudad-Rodrigo, r. de Coïmbre. Vers 1810, il y fut livré un combat entre les Français et les Anglais. Portug., prov. de Beyra.

Fuentes de Valdepero, p. b. à 1 l. nord de Palencia, et à 41 l. et 1 q. de Madrid, r. de Santander. Léon, prov. de Palencia.

Fuentespina, gr. b. à 28 l. nord de Madrid, r. de Burgos. V.-Cast., prov. de Burgos.

Fuerte del Maestre, p. b. à 60 l. et 3 q. sud de Madrid, r. de Séville. Estram.

Furco, vill. à 5 l. et 3 q. est de Lugo, r. d'Astorga. Galice.

G.

Gador, montagne de marbre auprès d'Alméria, haute de 7,200 pieds; elle a le sommet couvert de neige pendant près de 9 mois de l'année. Gren.

Gaféte, p. b. entre Portalègre et Abrantès, à 31 l. nord-ouest de Lisbonne. Portug., prov. d'Alent.

Galapagar, p. b. à 5 l. et d. nord de Madrid, et à 2 l. est de l'Escurial. Prov. de Madrid.

Galegan, auprès du Tage, p. b. à 5 l. ouest d'Abrantès, r. de Lisbonne. Estram. portug.

Galice, province d'Espagne, située à l'ouest des Asturies, et au nord du Portugal, et formant un angle au nord-ouest de la presqu'île; la longueur de ses côtes, à l'ouest et au nord, est, au total, d'environ 110 lieues: recevant un grand nombre de rivières qui descendent des montagnes de l'intérieur de la Galice, ces côtes sont entrecoupées d'une suite de golfes, baies et anses, qui permettent partout d'établir des ports et des pêcheries. Un banc sous marin, court le long de la côte de l'ouest, et sert de séjour à une grande variété de poissons. Les Galiciens, généralement bons pêcheurs et bons marins, pêchent beaucoup d'aloses, d'anguilles, de saumons, de lamproies et d'autres poissons; ils se font enrôler en grand nombre dans la marine royale. Ils ont aussi beaucoup de troupeaux, engraissent des porcs et élèvent des chevaux; les pentes de leurs montagnes offrent de très-bons pâturages. Au reste, ils ne cultivent pas assez de grains, vins et huiles pour leur consommation. Le lin de Galice est excellent. Autrefois cette province fournissait aussi beaucoup d'oranges et de citrons ; elle produit encore assez abondamment d'autres fruits qui réussissent mieux sous le climat un peu froid et humide de l'intérieur ; il est bien plus doux sur les côtes. Dans l'antiquité, la Galice passait pour être riche en argent et en étain. On trouve encore un peu du dernier métal dans la vallée de Monterrey ; mais les mines sont abandonnées. Une très-grande partie du sol est en friche. Avant le régime de la constitution, la plupart des terres appartenaient aux nobles et aux corporations religieuses ; l'on songeait peu à perfectionner les procédés de l'agriculture, et le sort des paysans était généralement malheureux; un grand nombre d'habitans ne trouvant pas de quoi subsister dans leur pays, émigrent pour la capitale et les diverses provinces de l'Espagne et de Portugal, où, sous le nom de *Gallegos*, ils font les métiers de porte-faix ; des femmes émigrent également en qualité de servantes. A l'exception des grandes routes, la Galice est peu praticable pour les voyageurs, et leur offre peu de commodités. Elle renferme une population de 1,145,000 habitans, sur 1,550 lieues de surface. Les cortès de 1822 l'ont divisée en 4 provinces : Lugo, Orense, Vigo et la Corogne.

Galices, vill. à 10 l. et d. est de Coïmbre, r. de Ciudad-Rodrigo. Portug., prov. de Beyra.

Galisteo, p. b. sur la Serte, à 23 l. et d. nord de Mérida, r. de Salamanque. Estram.

Gallegos, vill. à 2 l. et 1 q. ouest de Ciudad-Rodrigo, r. d'Almeida, à la frontière occidentale de la province de Salamanque.

Gallegos, vill. à 4 l. et 3 q. est de Lugo, r. d'Astorga. Galice.

Gallur, p. b. auprès de l'Ebre, à 8 l. ouest de Saragosse, r. de Tudèle. Arag.

Gandia, v. sur le bord de la mer, sans port et sans mouillage, dans une contrée très-fertile et charmante, à 12 l. sud de Valence, route d'Alicante. Val.

Gandieiros, vill. à 7 l. sud de Leyria, r. de Lisbonne. Estram. portug.

Ganso (el), vill. à 2 l. nord-ouest d'Astorga, r. de Lugo. Léon.

Garajal, vill. à 10 l. sud-est de Lamego, r. de Ciudad-Rodrigo. Portug., prov. de Beyra.

Garbaon, p. b. entre Portalègre et Abrantès, à 27 l. nord-est de Lisbonne. Portug., prov. d'Alent.

Garci-Hernandez, vill. sur la riv. de Garcicaballero, à 30 l. ouest de Madrid, r. de Ciudad-Rodrigo. Prov. de Salamanq.

Garci-Narro, vill. à 21 l. et d. est de Madrid, r. de Cuença. N.-Cast., prov. de Cuença.

Garinoain, p. b. à 6 l. sud de Pampelune, et à 58 l. et d. de Madrid. Nav.

Gate (cap de), anc. Caridène, entre Alméria et Vera. Gren.

Gausin, p. b. auprès du Guadiaro, à 9 l. nord de Gibraltar, r. de Cordoue. Gren.

Gavia-la-Grande, b. à 1 l. sud de Grenade, r. de Malaga. Gren.

Genicio, à 9 l. sud-est de Bragance, r. de Miranda. Portug., prov. de Tras-os-M.

Gergal, p. b. à 85 l. sud de Madrid, r. d'Almeria. Gren.

Gesta (da), vill. à 7 l. nord d'Orense, r. de Santiago. Galice.

Getafe, vill. à 4 l. sud de Madrid, r. de Tolède. Prov. de Madrid.

Gibraleon, p. b. sur l'Odiel, à 15 l. ouest de Séville, r. d'Ayamonte. Sév.

Gibraltar, v. forte sur le détroit de ce nom, sous 36° 06' 42" de latit., et 07° 39' 33" de longit. ouest, à 100 l. et 3 q. sud de Madrid, à 18 l. ouest de Malaga, à 18 l. et 3 q. est de Cadix, enfin, à 5 l. de la côte d'Afrique. La ville est bâtie sur une montagne élevée de 1,500 pieds au dessus de la mer, formée de rochers escarpés, et tellement fortifiée, qu'il est presque impossible qu'un ennemi s'en empare par la force des armes. Des batteries hérissent toutes les saillies et les plates-formes ; un chemin très-roide conduit, sous le canon de la place, à la citadelle ; des voûtes creusées sous le rocher communiquent à une partie des fortifications, et peuvent servir d'abri à la garnison. Dans l'antiquité, ce promontoire, situé vis-à-vis d'un autre qui s'avance sur la côte d'Afrique, était connu sous le nom de rocher de *Calpe*. Les Maures le fortifièrent pendant leur règne en Espagne. Ferdinand II de Castille, le leur enleva en 1302 ; mais ils le reprirent 31 ans après : en 1462, les Castillans assiégèrent Gibraltar, et l'arrachèrent pour jamais aux Musulmans. On voit encore sur le revers septentrional de la montagne les restes de l'ancien château mauresque, qui était ceint d'une triple muraille. Ce ne fut que sous Charles IV que Gibraltar fut fortifié selon la tactique moderne. Le faible Philippe d'Anjou laissa prendre, en 1704, cette place importante par les Anglais, qui, depuis, l'ont toujours gardée, malgré tous les efforts faits par les Espagnols et leurs alliés pour la reprendre. Ce sont les Anglais qui ont fait de Gibraltar la place la plus forte de l'Europe. En vain les ingénieurs les plus habiles, et les troupes les plus braves se réunirent-ils pour le siége qui dura de 1779 jusqu'en 1782; en vain fortifia-t-on les lignes de Saint-Roch, établit-on des batteries flottantes, et dépensa-t-on des sommes immenses, Gibraltar sut résister à tous ces efforts; plusieurs traités de paix ont d'ailleurs assuré à l'Angleterre la possession de cette place, qui leur donne la clef de la Méditerranée, où Malte est leur dépôt de marine et de commerce. La ville, située à l'ouest du rocher, est traversée d'une grande et belle rue, bordée de trottoirs et de deux rangs de boutiques; parmi les habitans il y a beaucoup de juifs, qui y ont une belle synagogue. Il y a une église anglicane, une chapelle catholique, et des fabriques de Nanquin.

Gicosos, vill. à 54 l. nord de Madrid, r. de Léon. Roy. de Léon.

Gijon, gr. b. très-fort, avec un port sur la côte des Asturies, à 80 l. et d. nord de Madrid, et à 4 l. et d. d'Oviédo. Des rues droites et larges traversent ce bourg généralement bien bâti : des batteries et un château fort, assis sur une colline, défendent l'entrée étroite du port, le plus fréquenté de tous les ports des Asturies.

Gijona *ou* Xicona, v. à 4 l. et 1 q. nord d'Alicante, r. de Valence, dans un territoire qui produit du miel délicieux et beaucoup d'amandes. On fabrique à Gijona du nougat renommé. Valence.

Gineta (la), p. b. à 35 l. est de Madrid, r. de Valence. Murc.

Ginzo-de-Limia, p. b. à 5 l. et d. sud d'Orense, r. de Madrid. Galice.

Girant (lo), h. à 8 l. sud de Girone, r. de Barcelonne. Catal.

Girone, v. forte à 16 l. nord de Barcelonne, et à 10 l. de la frontière des Pyrénées orientales, au bas d'une montagne escarpée, au confluent du Ter et de l'Oña. Elle a soutenu jusqu'à 24 siéges, et elle a été prise par les Français en 1694 et en 1808. Son territoire produit des vins, grains, olives et fruits. Catal.

Gistau, vallée des hautes Pyrénées, auprès de Bielsa; elle donne naissance à la rivière de Cinca, et possède 3 mines de plomb, une mine de cuivre, une de fer et une de cobalt. Arag.

Golmes, vill. à 81 l. nord-est de Madrid, entre Lérida et Cervera. Catal.

Golpejar, vill. à 7 l. et 3 q. nord de Léon, r. d'Oviédo. Léon.

Gomecello, vill. à 3 l. est de Salamanque, r. de Valladolid. Salamanq.

Gomecha, vill. à 60 l. de Madrid, et à 1 l. sud de Vittoria, r. de Burgos. Prov. d'Alava.

Gondarem, vill. à 2 l. et d. sud de Tuy, r. de Porto. Portug., prov. d'Entre-D.-et-M.

Gor, p. b. dans les Alpuxarres, à 7 l. est de Grenade, r. de Murcie. Gren.

Goyan, p. b. fortifié sur le Minho, à 3 l. ouest de Tuy. Galice.

Gradil, vill. à 1 l. nord de Mafra, et à 7 l. de Lisbonne, r. de Torres-Vedras. Estram. portug.

Grado, gr. b. sur le Caudal, à 4 l. ouest d'Oviédo. Astur.

Graena, p. b. à 11 l. est de Grenade, r. de Murcie. On fréquente ses eaux minérales. Gren.

Granado (el), h. à 22 l. et 1 q. ouest de Séville, r. de Lisbonne. Portug., prov. d'Algarve.

Grandola, vill. à 19 l. sud de Lisbonne, r. de Lagos. Estram. portug.

Granjanova, vill. à 2 l. et d. est de Lamego, r. de Ciudad-Rodrigo. Portug., prov. de Beyra.

Grau, vill. avec un fort, sur la plage auprès de la ville de Valence. Val.

Graus, b. sur l'Esera, auprès des Hautes-Pyrénées. Arag.

Gravelos, vill. à 3 l. et 3 q. nord de Lamego, r. d'Orense. Portug., prov. de Tras-os-M.

Grazalema, gr. b. à 16 l. ouest de Malada, r. de Cadix. Il a beaucoup de fabriques de draps, et de moulins. Gren.

Grenade, en espagnol *Granada*, v. gr. et anc., située à 2445 p. au-dessus du niveau de la mer, au bas de la Sierra Nevada, au confluent du Genil ou Xenil et du Daro, à 98 l. sud de Madrid. Les Maures avaient fait de Grenade une capitale superbe, et la nature, en entretenant la fraîcheur de la végétation, par le moyen des eaux découlant des neiges de la Sierra, a fait du territoire de Grenade un jardin délicieux, où les ruisseaux serpentent sous des voûtes de verdure; où les grenadiers, les orangers, les oliviers mêlés aux aloès et aux myrthes forment des bosquets charmans; où les campagnes retentissent, à l'entrée de la nuit, du chant des habitans et du son des guitares. L'intérieur de Grenade, étant composé de rues étroites, tortueuses et mal pavées, et de vieilles maisons, n'est pas beau; mais il possède des monumens remarquables, et on reconnait partout les restes de son ancienne splendeur. L'Alhambra et un château plus vieux encore, l'Alcazada, sont bâtis sur une saillie de la Sierra Nevada; une autre partie de la ville occupe une pente moins escarpée; le reste de Grenade s'étend au pied des montagnes. Le quartier de l'Albayzin s'élève sur une hauteur de la rive droite du Daro, vis-à-vis de l'Alhambra; cette colline rocailleuse est percée de grottes qui servent en partie de demeures. Après avoir passé sur le pont du Xenil, on entre dans la large rue de la Carrera, qui conduit à l'antique place de *Vivarambla* où les Maures célébraient leurs joutes, et qui, récemment, a reçu le nom de *place de la Constitution*. La rue étroite et fraiche du *Zacatin* offre les plus belles boutiques. L'*Alcaiceria* est, comme du temps des Maures, le bazar des soieries, et a de jolies maisons, un alcade particulier et certains priviléges. Auprès de ce quartier on voit la cathédrale, l'archevêché, l'Ayuntamiento ou hôtel du Gouvernement et la bourse; la chancellerie décore la place neuve, d'où la rue ou avenue de los Gomelos conduit à l'Alhambra, tandis qu'une autre rue, à gauche, mène par la porte d'Elvire à la grande place du Triomphe, entourée d'églises et de couvens. L'ancienne mosquée a été remplacée par la cathédrale; l'université par la bourse; la porte de l'hôtel des monnaies est mauresque. Dans l'Albayzin on voit également des débris d'architecture arabe; il reste des arcades d'une caserne maure auprès du Zacatin; les bains ont été convertis en une boutique de barbier. Le *Quarto Réal*, dans le jardin des Dominicains, est une salle de plaisance avec une avenue de vieux lauriers et un vestibule; on y lit des inscriptions arabes sur des carreaux de porcelaines; d'autres inscriptions de ce peuple sont conservées à la bourse. Mais c'est surtout l'Alhambra qui nous donne une idée des arts chez les Maures. Cette forteresse occupait une hauteur escarpée dont le pied est baigné par le Xenil et le Daro. Une avenue d'ormeaux conduit d'abord au palais, bâti par les rois d'Espagne et revêtu de marbres. Ce qui reste du palais des Maures, est entouré de murailles épaisses munies de tours, dont l'une est percée d'une porte; elle donne entrée à une cour entourée de portiques ornés d'arabesques sculptées et dorées; un bassin et des orangers occupent le milieu de la cour; une seconde cour, celle des Lions présente également un portique en marbre dans le style mauresque, et un bassin surmonté d'une coupole d'albâtre. On admire les grandes salles de l'intérieur du palais, que rafraichissaient des fontaines. Au-delà de ce palais les Maures avaient un château de plaisance, le Généralife, au milieu des jardins et des bosquets. A cause de la chaleur, les habitans de Grenade habitent en partie les cours aérées de leurs maisons; ces cours sont pavées en carreaux de couleurs, et couvertes de tentes. Grenade n'a guère d'autres fabriques que celles de soieries. Il y a aux environs un bois agréable, le *soto de Roma*, une carrière de belle serpentine, des vignobles, mélonières, etc.

Grijo, vill. à 6 l. est de Bragance, r. de Viseu. Portug., prov. de Tras-os-Mont.

Guadalaxara, v. sur l'Hénarès, à 10 l. et d. nord-est de Madrid, r. de Saragosse. Ses fabriques de draps de vigogne, de draperie ordinaire et de serges sont renommées; elles occupent des milliers d'ouvriers. Parmi les édifices on distingue le palais de l'Infantado et l'église des Cordeliers. N.-Cast., prov. de Guadalaxara.

Guadalcanal, p. b. à 19 l. sud de Mérida, r. de Séville. Estram.

Guadix, v. sur la rivière de ce nom à 13 l. est de Grenade, r. de Murcie, dans une plaine fertile en bons fruits. Les Alpuxarres s'élèvent auprès de cette ville, qui fabrique des soieries et de la poterie; sa collégiale est dans le style de la cathédrale de Grenade. Sa population est de 9,000 âmes. Gren.

Gualda, p. b. à 18 l. nord-est de Madrid, r. de Trillo. N.-Cast., prov. de Guadalaxara.

Guarda, v. forte à 12 l. et 1 q. ouest de Ciudad-Rodrigo, et à 52 l. et d. est de Lisbonne, sur une pente du Mont-Estrella, auprès de la source de Mondego. Elle a un évêché, une belle cathédrale, et une population de 2,000 hab. Portug., prov. de Beyra.

Guardia (la), p. b. à 12 l. sud de Madrid, r. de Grenade. N.-Cast., prov. de Tolède.

Guardia (la), gr. b. auprès de l'embouchure du Minho, avec un port sur l'Océan. Galice.

Guarrate, vill. sur le ruisseau de ce ce nom, à 4 l. sud de Toro, r. de Salamanque. Léon, prov. de Toro.

Guarroman, h. nouveau de la Sierra Morena, à 43 l. de Madrid, r. de Grenade. Jaen.

Gudinna (la), p. b. à 66 l. et d. nord-ouest de Madrid, r. d'Orense. Galice.

Guillamil, vill. à 4 l. et d. sud d'Orense, r. de Madrid. Galice.

Guimarey, vill. à 8 l. et d. sud d'Orense, r. de Madrid. Galice.

Guipuscoa, la plus orientale des provinces basques; elle confine à la France et la Navarre; la Bidassoa la sépare du département français des Basses-Pyrénées; elle a 15 l. de long et possède 9 l. de côtes sur l'Océan, avec quelques petits ports : hérissée de montagnes entre lesquelles il y a de jolies vallées arrosées de ruisseaux, elle jouit d'un climat tempéré; au milieu de l'hiver il y éclate des orages violens; dans les vallons la verdure est presque perpétuelle. Les habitans laborieux, gais et actifs, ne tirent pas de leur territoire autant de grains et de fruits qu'ils consomment, quoiqu'ils cultivent les pentes mêmes de leurs montagnes; ils font du cidre, ne pouvant faire prospérer la vigne chez eux. Par l'exploitation des mines de fer, ils alimentent un grand nombre d'usines qui mettent dans le commerce environ 100,000 quintaux de fer par an. Une partie de ce fer s'aprête de diverses manières dans plusieurs petites fabriques. Ayant une pêche excellente, ils salent et exportent du poisson; le gibier abonde aussi dans le Guipuscoa. Leurs bourgs sont bien bâtis, et leurs routes assez bien entretenues. Comme tous les Basques, ils se sont ressentis de la liberté de leur ancienne constitution. Le Guipuscoa était divisé en 20 *partidos*, 3 *alcadias*, 4 *unions* et 28 bourgs séparés. Tous les ans, les députés de la province s'assemblaient pour délibérer sur les affaires générales. Ils avaient leur code de lois particulier, et maintenaient avec énergie le droit de se défendre eux-mêmes sans l'intervention des Castillans. Le commandant général résidait à St.-Sébastien; le corrégidor de la province y siégeait 3 ans sur 12; au reste, il n'y avait point de chef-lieu reconnu, tout étant égal entre les diverses communes.

Guiriz *ou* Guiteriz, vill. à 5 l. sud de Betanzos, r. de Lugo. Galice.

Gumiel de Izan, gr. b. à 11 l. sud de Burgos, r. de Madrid. V.-Cast., prov. de Burgos.

Gurrea, vill. sur le Seton, à 12 l. et d. sud de Jaca, r. de Saragosse. Arag.

Gutierre-Munnoz, vill. à 19 l. et d. nord de Madrid, r. de Valladolid. Prov. d'Avila.

H.

Helgueras, vill. à 8 l. et d. sud de Santander, r. de Palencia. Prov. de Burgos, district de Laredo.

Hellin, gr. b. à 13 l. et d. nord de Murcie, r. de Madrid. Murcie.

Henarès, p. b. auprès d'Alcala, à 6 l. nord-est de Madrid, r. de Médinacéli. Prov. de Tolède.

Henche, p. b. à 17 l. nord-est de Madrid, r. de Medinacéli. N.-Cast., prov. de Guadalaxara.

Heras-de-Ayuso, vill. à 13 l. nord de Madrid, r. de Siguenza. N.-Cast., prov. de Guadalaxara.

Hernani *ou* Ernani, gr. b. à 4 l. sud de la Bidassoa, et à 79 l. nord de Madrid. Elle a des fonderies et des fabriques d'ancres. Prov. de Guipuscoa.

Herrera de Pisuerga, vill. à 10 l. et d. nord de Palencia, r. de Santander. Prov. de Burgos.

Herros, vill. entre Benavente et Astorga, à 48 l. et 3 q. nord de Madrid. Léon, prov. de Valladolid.

Hinojosa del Campo, vill. sur la riv. de Rituerto, à 39 l. et d. nord de Madrid, r. de Pampelune. V.-Cast, prov. de Soria.

Hita, gr. b. à 14 l. nord de Madrid, r. de Siguenza. N.-Cast., prov. de Guadalaxara.

Hito (el), p. b. à 16 l. et 3 q. sud-est de Madrid, r. de Valence. N.-Cast., prov. de Cuença.

Holguera, h. à 21 l. et d. nord de Mérida, r. de Salamanque. Estram.

Honrubia, vill. à 24 l. et 3 q. nord de Madrid, r de Burgos. V.-Cast., prov. de Ségovie.

Hontanas, p b. à 5 l. et 1 q. sud-ouest de Burgos, r. de Palencia. Léon, prov. de Palencia.

Hontanaya, p. b. à 17 l et d. sud-est de Madrid, r. de Valence. N.-Cast., prov. de Cuença.

Hontecillas, p. b. à 24 l. et d. est de Madrid, r. de Valence. N.-Cast., prov. de Cuença.

Hornillos-del-Camino, p. b. sur l'Hormaza, à 4 l. et 1 q. sud-ouest de Burgos, r. de Palencia. Léon, prov. de Palencia.

Hornillos, p. b. à 6 l. sud de Valladolid, r de Madrid. Léon, prov. de Valladolid.

Hospital de Orbigo, sur l'Orbijo, à 4 l. ouest de Léon, r. d'Astorga. Léon.

Hospital, vill. à 72 l. et 3 q. nord de Madrid, r. d'Astorga à Lugo. Léon, district de Ponferrada. A 2 l. plus loin on trouve un autre village du même nom, et à 2 l. avant Lugo il y en a un troisième.

Hospitalet, h. à 1 l. ouest de Barcelonne, r. de Tarragone. Catal. Une maison fortifiée, du même nom, est située à 6 l. et d. sud-ouest de Tarragone, r. de Valence.

Hostalerich, gr. b. avec un château sur une hauteur, auprès de la côte, à 10 l. nord de Barcelonne, r. de Girone. Catal.

Hoya, monastère à 6 l. et 1 q. sud de Vigo, r. de Porto. Galice.

Huelbes, p. b. à 13 l. et 1 q. est de Madrid, r. de Cuença. Prov. de Tolède.

Huelva, gr. b. avec un port sur l'Océan, à 15 l. et d. ouest de Séville, et à l'embouchure de l'Odiel. Séville.

Huermeces, vill. sur l'Urbel, à 3 l. nord de Burgos, r. de Santander. V.-Cast., prov. de Burgos.

Huerta, vill. avec un monastère sur le Jalon, à 29 l. et 1 q. nord de Madrid, r. de Calatayud. V.-Cast., prov. de Soria.

Huesca, v. sur l'Isuela, à 10 l. nord de Saragosse, et à 65 l. et 1 q. de Madrid, r. des Hautes-Pyrénées. On y remarque l'université et les deux colléges. Huesca possède aussi quelques fabriques; les environs sont agréables et fertiles. Arag.

Huescar, v. à 15 l. nord de Guadix, et à 25 l. ouest de Murcie. Gren.

Huete, v. à 16 l. et 1 q. est de Madrid, r. de Cuença. N.-Cast., prov. de Cuença.

Huetor-Santillan, p. b. à 2 l. et 1 q. est de Grenade, r. de Murcie. Gren.

I.

Igualada, vill. à 94 l. et d. nord-est de Saragosse, r. de Barcelone. Cat.

Ile de Léon, *ou* V. de San-Fernando, à 2 l. est de Cadix; sur le canal qui sépare Cadix du continent La marine royale y possède un observatoire astronomique, et une académie. La population se monte à plus de 32,000 âmes. Ce fut là que l'armée espagnole proclama en 1820, la constitution des cortès de Cadix, après qu'elle eut été inopinément supprimée en 1814. Sév.

Illescas, gr. b. à 6 l. sud de Madrid, r. de Tolède, prov. de Tolède.

Infesta, vill. sur la riv. de Rubal, à 1 l. entre Orense et Monterrey, à 72 l. et 1 q. de Madrid. Gal.

Irache, monastère de Bernardins, dans une belle campagne, auprès de la route d'Estella. Nav.

Irun, gr. b. à 1 d.-l. de la Bidassoa et de la frontière de France, r. de Vittoria, et à 82 l. et d. de Madrid, prov. de Guipuscoa.

Irura, vill. à 15 l. et d nord de Vittoria, r. d'Irun, prov. de Guipuscoa.

Irurita, vill. à 3 l. 3 q. nord de la frontière des Basses-Pyrénées, r. de Pampelune, et à 70 l. nord de Madrid; royaume de Nav.

Isnalloz, p. b. à 4 l. est de Grenade, r. de Murcie. Gren.

Isobol, vill. sur la Sègre à 106 l. nord-est de Madrid, entre Puycerda et Vique. Catal.

Izagra, vill. à 44 l. et 3 q. nord

de Madrid, r. de Léon. Royaume de Léon

Ichasondo ou Ichaso, p. b. à 74 l. nord de Madrid, et à 13 l. de Vittoria, r. d'Irun, prov. de Guipuscoa.

Idaña-a-nova, gr. b. fortifié, à 18 l. est d'Abrantès, r. de Placencia. Le b. d'Idana-a-vella, est éloigné du précédent d'une l. et d. — Portug., prov. de Beyra.

J.

Jaca, v. forte sur la riv. d'Aragon, entre les montagnes, à 13 l. nord-est de Madrid, et à 19 l. de Saragosse, route d'Oléron (Basses-Pyrénées). Elle a une citadelle, des murs flanqués de tours, et des fabriques de draps et d'espagnolettes. Les environs offrent de bons pâturages. Arag.

Jadraque, gr. b. sur l'Hénarès, à 13 l. nord de Madrid, r. d'Almazan; prov. de Guadalaxara.

Jaen, v. à 53 l. sud de Madrid, et à 11 l. nord de Grenade, siége d'un évêché, et ancien chef-lieu d'un royaume qui s'étendait sur 268 l. carrées, avec une population de 206,800 âmes.

Jaquesa (la), vill. à 33 l. 1 q. sud de Saragosse, r. de Valence. Catal.

Jaraicejo, p. b. auprès de la rivière de Monte, à 36 l. sud-ouest de Madrid, r. de Truxillo et Mérida. Estram.

Jaraices, vill. à 21 l. 3 q. ouest de Madrid, r. de Ciudad-Rodrigo, prov. de Ségovie.

Javares de los Oteros, vill. à 54 l. et 3 q. sud de Léon. Royaume de Léon.

Javea, b. fortifié auprès du cap St.-Martin, à 14 l. et d. nord d'Alicante, r. de Valence, et à 1 l. de Denia. Val.

Jeldo, vill. à 8 l. et d. nord de Valence, r. de Saragosse. Val.

Jerica, vill. auprès de la rivière de Murviedro, à 13 l. et 1 q. nord de Valence, r. de Saragosse. Val.

Jirueque, vill. à 13 l. et 3 q. nord de Madrid, r. d'Almazan; prov. de Guadalaxara.

Joaon-Bragal, vill. à 1 l. est de la Guarda, r. de Ciudad-Rodrigo. Portug., prov. de Beyra.

Jonquières, en esp. La Junquera, vill. sur la frontière des Pyrénées-Orient. à 2 l. de Céret, et à 25 l. et d. nord de Barcelone. Catal.

Jorba, vill. à 93 l. et d. nord-est de Madrid, et à 33 l. est de Saragosse, r. de Barcelonne. Catal.

Jubera, p. b. avec un château, à 26 l. et 3 q. nord-est de Madrid, r. de Saragosse. N. Cast., prov. de Soria.

Jubia, vill. à 1 d. l. du Ferrol, r. de Betanzos, auprès de la riv. Jubia. Gal.

Juncal, vill. à 13 l. et d. ouest de la Guarda, r. de Lisbonne. Portug., prov. de Beyra.

Juneda, p. b. à 2 l. et d. sud de Lérida, r. de Tarragone. Catal.

Junqueira, vill. à 5 l. sud de Coïmbre, r. de Lisbonne. Portug., prov. de Beyra.

Junqueira, vill. à 11 l. sud de Bragance, r. de Viseu. Portug., prov. de Tras-os-M.

Junquera de Ambia, vill. sur la riv. d'Arnoya, à 3 l. et d. sud d'Orense, r. de Madrid. Gal.

Jumilla, gr. b. à 47 l. sud-ouest de Madrid, r. de Murcie. On y a trouvé des antiquités romaines, ainsi qu'un fossile très-rare, auquel on a donné le nom d'*Esparraquina*. Murc.

L.

Labajos, p. b. à 15 l. et 3 q. ouest de Madrid, r. de Ciudad-Rodrigo, prov. de Ségovie.

Ladoeiro, v. fortifiée, à 21 l. est d'Abrantès, r. de Placencia. Portug., prov. de Beyra.

Lagiosa, vill. à 26 l. et d. sud de la Guarda, r. de Lisbonne. Portug., prov. de Beyra.

Lagoa, vill. entre Portalègre et Abrantès, à 32 l. nord-est de Lisbonne. Pop. 3,000 hab. Portug., prov. d'Alent.

Lagona, vill. à 3 q. de l. sud-ouest de

Viseu, r. de Coïmbre. Portug., prov. de Beyra.

Lagos, v. forte, avec un aqueduc et un port sur l'Océan, à 40 l. et d. sud de Lisbonne, exporte du vin et des figues de son territoire. Pop. 6800 hab. Algarve.

Lagos, vill. à 3 l. sud de Lugo, r. de Madrid. Gal.

Lagunilla (la), vill. à 14 l. et d. sud de Salamanque, r. de Mérida. Léon, prov. de Salamanque.

Lamarosa, vill. à 20 l. nord de Lisbonne, r. de Coïmbre. Estram. portug.

Lamas, vill. à 4 l. nord de Viseu, r. de Bragance. Portug., prov. de Beyra.

Lamas, vill. à 76 l. et 1 q. nord de Madrid, r. de Lugo. Gal.

Lamas de Aguada, vill. à 3 l. et d. nord d'Orense, r. de Lugo. Gal.

Lamego, v. forte au pied du Lenude, à 1 l. sud du Douro, et à 14 l. est de Porto. Elle a un évêché, un séminaire et une citadelle, et elle commerce en vins, jambons et bétail. Populat. 8900 hab. Portug., prov. de Beyra.

Lameira, vill. à 3 l. nord de Porto, r. de Tuy. Portug., prov. d'Entre-D. et M.

Lamosa, vill. à 5 l. et 3 q. est de Lamego, r. d'Almeida. Portug., prov. de Beyra.

Landete, b. à 10 l. et 1 q. est de Cuença, r. de Valence. N. Cast., prov. de Cuença.

Lantueno, vill. sur la Besaya, à 20 l. et d. nord de Palencia, r. de Santander; prov. de Toro, district de Besaya.

Lanz, p. b. à 66 l. et 3 q. nord de Madrid, r. de Pampelune à la frontière du département français des Basses-Pyrénées. Nav.

Larano, vill. à 1 l. sud de Santiago, r. de Porto. Gal.

Lardosa, vill. à 2 l. nord de Castelbranco, r. de la Guarda. Portug., prov. de Beyra.

Larédo, b. à 6 l. est de Santander, avec un petit port sur l'Océan; on y pêche beaucoup de poissons, surtout du rousseau, qu'on expédie pour la capitale. Prov. de Burgos.

Larrasoana, pet. b. à 3 l. et d. nord de Pampelune, r. de St.-Jean-Pied-de-Port. Nav.

Larvaon, vill. à 3 l. nord de Porto, r. de Tuy. Portug., prov. d'Entre-D. et-M.

Lastres, b. avec un petit port sur l'Océan, à 6 l. est de Gijon, et 9 l. nord d'Oviédo. Astur.

Layas, vill. entre Orense et Vigo, à 83 l. et 1 q. nord de Madrid. Gal.

Laza, p. b. à 6 l. et 1 q. sud d'Orense, r. de Madrid. Gal.

Lébrija, v. de 6000 habitans, à 7 l. sud de Séville, r. de Xerès et Cadix. On y fait de la bonne huile d'olives, et les environs sont couverts d'oliviers. Sév.

Lebrilla, p. b. à 5 l. ouest de Murcie, r. de Grenade. Murc.

Lechago, vill. à 18 l. et 1 q. sud de Saragosse, r. de Valence. Arag.

Lechon, vill. à 15 l. et 3 q. sud de Saragosse, r. de Valence. Arag.

Ledesma, b. sur le Tormès, à 4 l. ouest de Salamanque, chef-lieu d'un comté qui possède des eaux thermales; elles coulent à 2 l. du bourg. Léon, prov. de Salamanque.

Ledicos, p. b. sur le ruisseau de los Templarios, à 25 l. et 3 q. ouest de Burgos, r. de Léon, prov. de Toro.

Léon, v. au confluent du Torio et de la Bernesga, à 58 l. nord de Madrid, ancienne résidence des rois de ce nom, a 7,500 habitans, un évêché, une belle cathédrale gothique, avec les tombeaux de plusieurs rois; des fabriques de fils, bas et toiles; le lin se cultive dans les environs où on récolte aussi beaucoup de blé et de fruits. L'ancien royaume de Léon s'étend depuis l'Estramadure jusqu'aux Asturies, et comprend les provinces de Palencia, Salamanque, Valladolid, Zamora et Toro, peuplées ensemble d'environ 915,000 âmes. Dans les pâturages, surtout dans ceux des montagnes, il nourrit beaucoup de chevaux, mulets, bœufs et moutons; il produit en abondance des grains, fruits, vins, légumes, lin et chanvre: ses mines donnent du fer et du cuivre.

Lequeytio, b. à l'embouchure d'une rivière du même nom, sur la côte du golfe de Gascogne, à 8 l. nord-est de Bilbao. Il a un petit port que la marée remplit. Bisc.

Lérida, v. forte sur la Sègre, à 77 l. et d. nord-est de Madrid, r. de Saragosse à Barcelonne. Deux forteresses défendent cette ville qui a été plusieurs fois assiégée, et qui n'est pas bien bâtie. Cependant un beau quai se prolonge sur le bord de la Sègre, que traverse un pont de 7 arches; siége d'un évêché, elle a une belle cathédrale. Sa population est de 18,000 âmes. Catal.

Lerma, gr. b. sur la riv. d'Arlanza, à 6 l. sud de Burgos, r. de Madrid. Les ducs de Lerme y ont un grand château avec un parc. V.-Cast., prov. de Burgos.

Lestedo, vill. à 2 l. et 1 q. sud de Santiago, r. d'Orense. Galice.

Leyria, v. forte sur le Liz, à 23 l. nord de Lisbonne, r. de Coïmbre. Elle a un évêché. Pop. 2,030 h. Estram. portug.

Liébana, district des montagnes de Santander, composé de rochers escarpés, de sommités couvertes de neige, de profonds précipices et de vallées étroites bien arrosées; prov. de Burgos.

Lija, vill. à 11 l. et d. ouest d'Amarante, r. de Braga. Portug., Prov d'Entre-D.-et-M.

Lindin, vill. à 93 l. nord de Madrid, et à 1 d.-l. de Mondoñedo. Galice.

Linnares, vill. à 74 l. et 1 q. nord de Madrid, r. de Lugo. Galice.

Linnola, p. b. à 81 l. et 1 q. nord-est de Madrid, r. de Lérida à Puycerda. Catal.

Liria, gr. b. à 7 l. nord de Valence, r. de Cuença. On y a trouvé des antiquités romaines; la plaine des environs est plantée de caroubiers et d'oliviers. Val.

Lisbonne, capitale du Portugal, sur la droite du Tage, auprès de son embouchure, à 95 l. de Madrid, avec un vaste port, capable de recevoir les grands vaisseaux, quoiqu'ils ne puissent entrer avec tous les vents. La ville est bâtie irrégulièrement sur des collines, et s'étend, avec les faubourgs, le long du fleuve, sur un espace d'environ trois lieues. Il n'y a de beau et de régulier que le quartier rebâti depuis le fameux tremblement de terre de 1755, qui détruisit, comme on sait, une grande partie de la capitale, et fit périr un nombre considérable d'habitans. On admire dans ce quartier la belle place du commerce entourée d'édifices publics, mais qui ne sont pas encore achevés. Ouverte du côté du quai, cette place présente, sur les trois autres côtés, la bourse, l'hôtel des Indes, la douane, l'hôtel des ministères, les tribunaux, la junte du commerce. La statue équestre en bronze du roi Joseph I de Portugal, en décore le milieu. A l'ouest de la place commence le grand arsenal, et au nord, trois rues larges et régulières conduisent à la place de Rocio, sur laquelle l'hôtel de l'Inquisition avec ses souterrains, attristait autrefois les regards. La nation a fait démolir ces prisons affreuses, et il est question d'embellir la place d'un monument de l'établissement de la constitution. La vieille ville, sombre, mal pavée et mal propre, n'est pas digne d'une capitale, et sous le régime absolu des rois, la négligence de la police était extrême. Cependant la ville est assez bien éclairée. Lisbonne est remplie d'églises et de couvens bâtis sans goût comme sans utilité; le couvent de Saint-François, quoique habité par des moines mendians, a presque l'étendue d'une ville, et en porte le nom (*Cidade de San-Francisco*), mais leur église n'est pas achevée. La plus grande église est celle de Saint-Dominique. La reine Marie a dépensé des millions pour bâtir l'église et le couvent d'Estrella; mais ces constructions dispendieuses n'ont pas été achevées plus que bien d'autres. Un monument vraiment utile et complet, c'est le bel aqueduc d'Alcantara, qui prend l'eau dans les montagnes, à quelques milles de la capitale, et la verse dans un immense réservoir bâti en pierre de taille; il est soutenu par de belles arcades. Lisbonne a une académie royale des sciences, une bibliothèque royale, un cabinet d'histoire-naturelle, un grand hôpital, un théâtre, un jardin de botanique, des colléges et écoles, etc. C'est à 4 lieues au-dessous de la ville que le Tage se jette dans l'Océan; des maisons de campagne sans nombre embellissent les bords du fleuve, que remontent des navires avec des productions et marchandises des diverses parties du monde. La population de Lisbonne se monte à 240,000 âmes; lorsque le Portugal possédait encore toutes ses colonies, le commerce de la capitale était immense; actuellement il est dans la décadence. Auprès de la ville, sur une hauteur, on voit le palais royal d'*Ajuda*, qui n'est pas achevé; la vieille tour de Belem, au bas de cet édifice, indique l'endroit le moins large du fleuve; cette tour contenait autrefois des prisons souterraines, humides et noires. Estram. portug.

Llanes, b. avec un petit port, à 20 l. ouest de Santander; au sud dominent les pics des montagnes, appelés *Pennas d'Europa*. Astur.

Llanillo, vill. à 20 l. sud de San

tander, r. de Burgos. Prov. de Burgos.

Llansa, p. b. à 1 l. et d. de la frontière des Pyrénées orientales, r. de Barcelonne. Catal.

Llerena, v. à 15 l. sud de Mérida, r. de Séville. Estram.

Llinas, vill. sur le Mogent, à 5 l. et 3 q. nord de Barcelonne, r. de Girone. Catal.

Llivia, p. b. sur la frontière des Pyrénées orientales; dans un petit territoire en quelque sorte neutre, à 1 l. et d. nord de Puycerda, et à 109 l. et 1 q. de Madrid.

Llodio, vill. sur la riv. de Nervian, à 65 l. nord de Madrid, r. de Bilbao. Prov. d'Alava.

Lloret, p. b. avec un mouillage, à 11 l. nord de Barcelonne, r. des Pyrénées orientales. Catal.

Llosa del Obispo, vill. à 8 l. nord de Valence, r. de Cuença. Val.

Lobon, p. b. auprès du Guadiana, entre Mérida et Badajoz, à 57 l. et 3 q. de Madrid. Estram.

Lodares, vill. à 26 l. nord de Madrid, r. de Pampelune. Prov. de Soria.

Logrezana, vill. à 11 l. et d. nord d'Oviédo, r. d'Aviles, et à 81 l. et d. de Madrid. Astur.

Logrono, v. forte sur l'Ebre, à 20 l. est de Burgos, r. de Saragosse, dans une plaine fertile; on y récolte des grains, olives, du vin et du miel: la ville renferme 7,000 habit. V.-Cast.

Loja, v. sur le Xenil, au bas des montagnes, à 8 l. ouest de Grenade, r. de Séville, entre des plantations d'oliviers. Sév.

Loires, vill. à 2 l. nord de Lisbonne, r. de Leyria. De belles plantations d'orangers l'entourent. Estram. portug.

Longares, p. b. à 6 l. et 3 q. ouest de Saragosse, r. de Madrid. Arag.

Lorango, vill. à 6 l. nord de Leyria, r. de Coïmbre. Estram. portug.

Lorca, v. sur la Sangonera, à 12 l. ouest de Murcie, r. de Grenade, dans un territoire fertile en grains et bons fruits, quoique aride. Lorca se livre à l'agriculture, et ne fabrique que de la poterie commune et du salpêtre. Population, 9,000 habitans. Murc.

Lorenzana, p. b. à 94 l. et d. nord de Madrid, et à 4 l. sud de Ribadeo. Gal.

Lorqui, p. b. à 3 l. nord de Murcie, r. d'Albacète. Murc.

Lousada, vill. à 77 l. et 3 q. nord de Madrid, r. de Lugo. Galice.

Lozoyuela, vill. à 11 l. et 3 q. nord de Madrid, r. de Burgos; prov. de Guadalaxara.

Luania, b. avec un petit port sur l'Océan, auprès du Cap de Peñas, à 11 l. nord d'Oviédo. Astur.

Luarca, b. sur une anse de la côte des Asturies, à 16 l. nord-ouest d'Oviédo.

Lubian, vill. à 62 l. nord de Madrid, r. d'Orense. Léon, prov. de Valladolid.

Lubian, vill. à 3 l. et d. nord de Bragance, r. d'Orense à Zamora. Portug., prov. de Tras-os-M.

Lucena, v. de 9,000 âmes, à 62 l. sud de Madrid, r. de Malaga. Aux environs il y a de bons pâturages. On y fait de bons vins et du savon. Cord.

Luceni, h. à 6 l. ouest de Saragosse, r. de Burgos. Arag.

Luco, vill. à 18 l. et 1 q. sud de Saragosse, r. de Valence. Arag.

Ludrio, vill. à 4 l. nord de Lugo, r. de Mondonedo. Galice.

Lugo, v. sur la rive gauche du Minho, à 84 l. et d. nord-ouest de Madrid. Elle a des tanneries et des fabriques de toiles et bas de fil; elle commerce aussi en fromages de Cebrero, et en fers forgés aux environs. Galice.

Lugones, vill. à 3 q. de l. nord d'Oviédo, r. de Gijon, et à 76 l. et 3 q. de Madrid. Astur.

Lumiar, vill. de 1630 hab. à 1 d.-l. nord de Lisbonne, r. de Leyria. Estram. portug.

Luisiana (la), vill. nouveau à 73 l. sud de Madrid, et à 3 l. d'Ecija, r. de Xerez. Sév.

Luvia, vill. à 3 l. sud de Soria, r. de Madrid. V.-Cast., prov. de Soria.

Luyando, vill. sur la riv. d'Izoria, à 64 l. nord de Madrid, r. de Bilbao, prov. d'Alava.

M.

Macaira, gr. b. à 10 l. ouest de la Guarda, r. de Coïmbre. Portug., province de Beyra.

Madarras, vill. à 4 l. ouest d'Orense, r. de Pontevedra. Galice.

Madrian, vill. à 6 l. et 1 q. nord de

Ségovie, r. de Valladolid. V.-Cast., prov. de Ségovie.

MADRID, capitale de l'Espagne, sur la gauche de la petite rivière de Manzanarès, presqu'au centre du royaume, sous 40° 25' 7" de latitude, dans un pays sec, découvert et dégarni d'arbres, à 2412 pieds au-dessus du niveau de l'Océan, et à 280 lieues de Paris. Cette ville est bâtie avec assez de régularité ; des rues larges et droites, pavées en cailloux et bordées de trottoirs, la traversent et aboutissent à de belles portes ; mais tous les quartiers n'ont pas cet air régulier et imposant ; il y en a de sombres et malpropres. C'est en granit que sont bâtis un grand nombre d'édifices ; et comme les églises et couvens ont pour la plupart des façades, l'étranger s'étonne à la vue de tant de grands monumens. Des fontaines publiques donnent de l'eau aux divers quartiers. Les maisons, loin d'être meublées avec la même recherche qu'en France, présentent dans leur intérieur souvent une apparence chétive. Quoique les costumes anciens aient été abandonnés en grande partie, les hommes ont conservé les amples manteaux, et les femmes les voiles, les *basquines* ou jupes de soie et les mantilles : la couleur noire est une couleur favorite pour l'habillement; autrefois les moines produisaient une grande bigarrure dans les costumes; on reconnait facilement les Asturiennes qui vendent des légumes, les portefaix Galiciens, coiffés de bonnets de feutre pointus, les charretiers Valenciens, les cochers Catalans, etc. La place de la *Puerta del sol* est depuis long-temps le rendez-vous des désœuvrés. Dans les dernières années, les lecteurs de journaux, et les politiques s'y sont rassemblés en foule : de même que les principaux cafés et auberges, tels que la fontaine d'or, la croix de Malte, etc., ont servi aux assemblées et débats populaires. Madrid a plusieurs théâtres ; les deux principaux sont le théâtre *del Principe* et celui de Cruz. On y joue l'ancienne et la nouvelle comédie espagnole, des tragédies imitées en partie du théâtre étranger, des opéras, etc. A l'extrémité occidentale de la ville, s'élève sur une éminence le palais du roi ; il est décoré de beaux tableaux, et dans son arsenal on voit des armes curieuses; un autre palais, résidence royale, le Buen-Retiro avec un jardin public, décore le quartier opposé, celui de l'est. Parmi les églises de Madrid, celles de Sainte-Isabelle, de Saint-Isidore ou de l'ancien collége des Jésuites, celle des Carmes-Deschaux, celles de las Salesas, de Saint-Martin, du couvent de Saint-Philippe, des Dominicains, etc., occupent le premier rang par leur architecture, les sculptures, dorures et tableaux. La place *Major* est digne d'une capitale : l'hôtel des postes, l'hospice des orphelins, le palais des conseils, celui du duc d'Albe, la douane, etc., méritent d'être visités. Outre un hôpital général, Madrid a divers hôpitaux et hospices. La ville possède plusieurs colléges où l'enseignement est jusqu'à présent fort arriéré, des académies savantes et littéraires : depuis le rétablissement de la constitution, il s'est formé dans la capitale plusieurs sociétés patriotiques qui discutent les intérêts nationaux. Il y a des bibliothèques, des collections d'objets d'arts et de sciences. Une belle promenade, le *Prado* ou *Pardo*, se prolonge sur le Manzanarès ; ce sont de grandes allées d'arbres ornées de fontaines. Madrid a des fabriques de soierie, draperie, bonneterie, chapellerie, coutellerie, etc. ; cependant les produits de ces fabriques ne sont point renommés pour leur bonne qualité, et ne s'exportent point à l'étranger. Le climat de cette capitale est tempéré et assez salubre ; les vents du nord y causent quelquefois du froid, et les chaleurs de l'été y soulèvent une poussière suffocante; l'automne passe pour la meilleure saison. La population se monte à 170,000 âmes.

MADRIDEJOS, b. à 16 l. et 1 q. sud de Madrid, r. de Cordoue. N.-Cast., prov. de Tolède.

MAFRA, b. avec un monastère, à 4 l. nord de Lisbonne, r. de Torres-Vedras. Le roi y a un château : une belle route y conduit de Lisbonne. Estram. portug.

MAGAZ, p. b. à 7 l. et 1 q. nord de Valladolid, r. de Burgos. Léon, prov. de Palencia

MAGDALENA, vill. à 3 l. et d. nord de Porto, r. de Viana. Portug., prov. d'Entre-D.-et-M.

MAHON ou PORT MAHON, v. forte et chef-lieu de l'ile de Minorque, située sur la Méditerranée, sous 39° 52' 20" de latitude, et 01° 57' 22" de longitude est ; elle a un beau port au fond d'un golfe. Au dernier siècle, Mahon fut pris par les Français sur les Anglais.

MAIRE DE CASTRO PONCE, p. b. à

49 l. nord de Madrid, r. d'Astorga. District de Léon.

MAJADAHONGA, vill. à 7 l. sud d'Ecija, r. de Gibraltar. Royaume de Séville.

MAJORQUE, en espagnol *Mallorca*, la plus grande des îles Baléares, située entre o et 1° de longitude et 39 et 40° de latitude, a 18 l. de long sur 14 ou 15 de large, 48 l. de tour et 112 l. carrées de surface. Une chaine de montagnes la traverse du sud-est au nord-ouest; la partie enveloppée par ce rideau de montagnes, et abritée contre le vent du nord, a un climat extrêmement doux, sous lequel prospèrent, dans un sol naturellement fertile, les oliviers, mûriers, figuiers, amandiers; les céréales, les dattiers, limoniers, citroniers, orangers, câpriers, les vignes, le lin, chanvre et safran; il y a en outre de belles forêts; mais les récoltes ne sont pas suffisantes pour les 140,700 habitans, qui d'ailleurs n'excellent ni dans les procédés de l'agriculture, ni dans l'industrie, ni dans le commerce : ils se livrent beaucoup à la pêche. Outre le chef-lieu Palma, elle renferme la ville d'Alcudia, et un assez grand nombre de villages. Elle a quatre Caps, situés presque aux quatre régions; ce sont ceux de Dragonera à l'ouest, Péra à l'est, Salinas au sud et Formentor au nord; un détroit de 8 lieues de large sépare le dernier de l'île de Minorque.

MALA (LA), vill. à 3 l. et d. sud de de Grenade, r. de Malaga. Royaume de Gren.

MALAGA, v. commerçante sur le Guadalmedina, avec un port sur la Méditerranée, à 77 l. et 3 q. sud de Madrid, et à 18 l. de Grenade. Une chaine de montagnes la cerne du côté de la terre, excepté le nord-ouest. Elle fait un commerce immense avec l'étranger en vins de son territoire, dont la récolte annuelle est de plus de 15 millions de pintes : les navires étrangers viennent aussi y charger des raisins, des huiles d'olive, amandes et limons. Malaga possède un évêché, beaucoup d'églises, des fabriques de soieries, et une population de 50,000 âmes. Gren.

MALGRAT, vill. à 9 l. et d. nord de Barcelonne, r. de Girone. Catal.

MALLEN, vill. à peu de distance de l'Ebre, et à 4 l. et d. est de Tudèle, r. de Saragosse. Arag.

MALLORQUINAS, b. à 4 l. et d. sud de Girone, r. de Barcelonne. Catal.

MALPARTIDA-DE-PLACENCIA, vill. à 40 l. et d. ouest de Madrid, et à 1 l. de Placencia. Estram.

MAMOROSA, vill. à 15 l. sud de Porto, r. de Lisbonne. Portug., prov. de Beyra.

MANCHE (LA), province située dans le midi de la Nouvelle-Castille, ayant 61 l. carrées de superficie, et 205,548 habitans. Elle pourrait être bien mieux peuplée, d'autant que le sol est naturellement fertile et ne demande qu'à être arrosé et légèrement cultivé; dans l'état actuel la récolte des grains ne suffit pas pour la population; en revanche on fait tant de vins qu'on peut en exporter une bonne partie pour la capitale. On récolte du safran et du kali; on fait de la soie et de la soude : en outre on élève beaucoup de mules et mulets destinés en partie pour l'exportation. Le Guadiana nait dans cette province, au marais de Ruidera.

MANCHA-REAL, vill. à 2 l. est de Jaen. Royaume de Jaen.

MANCO-NEGRO, vill. à 3 l. sud de Cordoue, r. de Séville. Royaume de Cord.

MANJARIN, vill. à 5 l. ouest d'Astorga, r. de Ponferrada. Léon, district de Ponferrada.

MANJOYA, vill. à 1 q. de l. sud d'Oviédo, r. de Léon. Astur.

MANRESA, v. à 10 l. ouest de Barcelonne, r. de Vique, au confluent du Llobregat et de la Cardener. Elle a des fabriques de soie et des moulins à poudre. Catal.

MANSILLA, vill. à 2 l. et d. nord de Burgos, r. de Santander. Prov. de Burg.

MANSILLA DE LAS MULAS, p. b. sur l'Esla, à 3 l. sud de Léon, r. de Benavente. District de Léon.

MANUEL, vill. à 8 l. et d. sud de Valence, r. de Murcie. Val.

MANZANAL, vill. à 60 l. de Madrid, et à 4 l. nord d'Astorga, r. de Lugo. Léon, distr. de Léon.

MANZANAL DE ARIBA, vill. à 55 l. nord de Madrid, r. de Vigo. Léon, prov. de Valladolid.

MANZANARÈS, p. v. à 26 l. et d. sud de Madrid, r. de Cordoue. N.-Cast., prov. de la Manche.

MANZANEDA, vill. à 3 q. de l. sud d'Oviédo, r. de Léon. Astur.

MANZANUR, vill. à 7 l. nord d'Astorga, r. de Villa-Franca, dans un territoire stérile, appelé pays des *Maragâtos*, à cause du grand nombre de muletiers qui en sortent. Léon, distr. de Ponferrada.

MAQUEDA, b. à 11 l. et 3 q. sud-ouest

de Madrid, r. de Talavera-la-Reyna. N.-Cast., prov. de Tolède.

Marancнon, vill. à 27 l. nord-est de Madrid, r. de Daroca. V.-Cast.

Marantès, vill. à 1 l. et d. nord de Santiago, r. de la Corogne. Galice.

Marateca, vill. 12 l. et 3 q. est de Lisbonne, r. de Béja. Portug., prov. d'Alent.

Marbella, b. auprès de la Méditerranée, à 8 l. et d. ouest de Malaga, r. de Gibraltar. Aux environs, il y a une mine de plombagine. Gren.

Marchamalo, vill. à 10 l. nord-est de Madrid, r. d'Almazan. N.-Cast., prov. de Guadalax.

Marchena, b. à 10 l. est de Séville, et au sud de Carmona. Sév.

Marey, à 2 l. et d. est de Lugo, r. d'Astorga. Galice.

Marialba, vill. à 1 l. et d. sud de Léon, r. de Benavente. Royaume de Léon, distr. de Léon.

Marialva, b. à 1 l. et 3 q. ouest de Ciudad-Rodrigo, r. d'Almeyda. Léon, prov. de Salamanque.

Marias-de-Pedredo, vill. sur la Juta, à 3 l. d'Astorga, r. de Madrid à Lugo. Distr. de Léon.

Martin-Amor, vill. à 32 l. nord-ouest de Madrid, r. de Ciudad-Rodrigo. Léon, prov. de Salamanque.

Martin-del-Rio, vill. à 11 l. et d. sud de Salamanque, r. de Ciudad-Rodrigo. Léon, prov. de Salamanque.

Martin-Munoz de la Dehesa, vill. à 20 l. et 3 q. nord de Madrid, r. de Zamora, prov. d'Avila.

Martin-Munoz de Posaderos, gr. b. à 19 l. et 1 q. nord de Madrid, r. de Zamora, prov. de Ségovie.

Martos, b. sur la pente d'une haute montagne, à 14 l. nord de Grenade, r. de Madrid. Au moyen âge il s'y est livré des combats entre les Castillans et les Maures. Jaen.

Martorell, vill. à 4 l. ouest de Barcelonne, r. de Saragosse. Catal.

Masalaves, vill. à 5 l. et 1 q. ouest de Valence, r. de Madrid. Val.

Masamagrell, h. à 2 l. nord de Valence, r. de Barcelonne. Val.

Masanasa, h. à 1 q. de l. sud de Valence, r. de Gandia. Val.

Masbru, vill. à 10 l. et 1 q. nord de Lérida, r. de Puycerda. Catal.

Mascarenhas, vill. à 10 l. sud-ouest de Bragance. Portug., prov. de Tras-os-M.

Maside, p. b. à 3 l. et d. ouest d'Orense, r. de Pontevedra. Galice.

Masnou, vill. à 2 l. et d. nord de Barcelonne, r. de Girone. Catal.

Masquera, vill. à 5 l. et 3 q. ouest de Barcelonne, r. de Saragosse. Catal.

Mata (la), b. à 5 l. et d. ouest de Tolède, r. de Talavera-la-Reyna. Prov. de Tolède.

Matallana-de-Valmadrigal, p. b. à 4 l. et 3 q. sud de Léon, r. de Madrid, distr. de Léon.

Mataro, v. de 3,000 âmes, sur le bord de la Méditerranée, à 4 l. et d. nord de Barcelonne, r. de Girone. Elle a des verreries, et des fabriques de coton et de dentelles; elle commerce aussi en vins du territoire. Catal.

Maynar, vill. à 11 l. et 3 q. sud de Saragosse, et à 2 l. de Daroca. Arag.

Mayorga, p. b. sur la Céa, à 44 l. et 1 q. nord de Madrid, r. de Léon. Léon, prov. de Valladolid.

Mayrena-del-Alcor, vill. à 20 l. nord de Cadix, r. de Cordoue. Roy. de Séville.

Mayta, b. à 3 l. sud de Lisbonne, r. de Sétubal. Estram. portug.

Mazanfrio, vill. à 1 l. et d. est de Lamego, r. d'Almeyda. Portug., prov. de Tras-os-M.

Mazaon, vill. à 3 l. est d'Abrantès, r. d'Alcantara. Estram. portug.

MealLada, vill. à 3 l. et 1 q. nord de Coïmbre, r. de Porto. Portug., prov. de Beyra.

Meda, vill. à 3 l. nord de Lugo, r. de Mondoñedo. Galice.

Medas, ilots de la Méditerranée, à l'embouchure du Ter. Catal.

Medellin, b. à 5 l. sud-est de Mérida, sur la gauche du Guadiana. Ferdinand Cortez y a pris naissance. Estr.

Medina, vill. à 1 l. nord de Girone, r. du Pertuis. Catal.

Medina-del-Campo, gr b. sur la riv. de Zapardiel, à 26 l. nord de Madrid, r. de Zamora. Quoique peuplée seulement de 2,500 habitans, elle est remplie de couvens et d'églises. Prov. de Valladolid.

Medina-de-Rio-Seco, gr. b. sur le Rio-Seco, à 37 l. et 1 q. nord de Madrid, r. de Léon. Royaume de Léon, prov. de Valladolid.

Medina-Sidonia, chef-lieu d'un duché, à 13 l. est de Cadix, r. de Gibraltar. Royaume de Séville.

Méjana, île charmante de l'Ebre, auprès de Tudèle; elle produit d'excellens fruits. Nav.

Melgazo, petite place forte, sur le Minho, à 12 l. nord de Braga. Portug., prov. d'Entre D.-et-M.

Melgosa (la), vill. à 1 l. sud de Cuença, r. de Valence. N.-Cast., prov. de Cuença.

Mellid, p. b. à 8 l. ouest de Lugo, r. de Santiago. Galice.

Melides, vill. à 15 l. sud de Lisbonne, auprès de l'Océan, r. de Lagos. Estram. portug.

Melon, vill. à 8 l. et 3 q. nord de Madrid, r. d'Orense à Vigo. Galice.

Memebrio, vill. à 6 l. sud-ouest d'Alcantara, r. de Badajoz. Estram.

Mencaon, place forte sur le Minho, à 10 l. nord de Braga. Portug., prov. d'Entre D.-et-M.

Mendivil, b. à 2 l. nord de Vittoria, r. d'Irun. Prov. d'Alava.

Mendo-Marrues, h. à 18 l. et 3 q. est de Lisbonne, r. d'Elvas. Portug., prov. d'Alent.

Mengibar, b. à 19 l. nord de Grenade, r. de Madrid; son élévation au-dessus du niveau de la mer, est de 1056 pieds. Jaen.

Mensanilla, vill. à 6 l. et 1 q. ouest de Séville, r. d'Ayamonte. Sév.

Meranda, vill. à 35 l. nord de Madrid, r. de Soria. V.-Cast., prov. de Soria.

Mérida, v. anc. sur le Guadiana, à 53 l. et 3 q. sud-ouest de Madrid, et à 15 l. de Badajoz; les Romains l'avaient ornée de beaux monumens dont on admire encore les restes, tels que ceux d'un cirque et d'un théâtre. Mérida possède un évêché, plusieurs églises et couvens, et un beau pont; les pâturages des environs nourrissent de grands troupeaux. Popul. 10,000 âmes. Estr.

Mertola, b. de 1800 hab sur le Guadiana, à 33 l. et 3 q. est de Lisbonne, r. de Séville. Portug., prov. d'Alent

Mesanza, vill. à 5 l. sud-est de Vittoria, r. de Saragosse. Prov. d'Alava.

Mesonfrio, vill. à 5 l. sud de Lugo, r. d'Orense. Galice.

Meyrran, vill. à 76 l. et d. nord de Madrid, r. de Lugo. Galice.

Miajadas, b. entre Truxillo et Mérida, à 46 l. sud-ouest de Madrid. Estram.

Mieres-del-Camino, p. b. à 2 l. sud d'Oviédo, r. de Léon; on y fore et polit des canons. Astur.

Miguel-Minos, vill. à 35 l. nord-ouest de Madrid, r. de Ciudad-Rodrigo. Léon, prov. de Salamanque.

Miguelturra, vill. à 1 l. de Ciudad-réal, et à 29 l. sud de Madrid. N. Cast., prov. de la Manche.

Milagros, vill. à 27 l. et 3 q. nord de Madrid, r. d'Irun. V.-Cast.

Millar, vill. à 6 l. et d. nord de Léon, r. d'Oviédo. Distr. de Léon.

Minaya, vill. au pied de la Sierra-Morena; à 28 l. et 1 q. sud-est de Madrid, r. de Valence. Prov. de la Manche.

Mindena, vill. à 3 l. et d. nord de Porto, auprès de l'Océan, r. de Viana. Portug., prov. d'Entre D.-et-M.

Mingrenilla (la), vill. à 35 l. et d. est de Madrid, et auprès de Cabriel, r. de Valence. On y trouve des mines de sel gemme. N.-Cast., prov. de Cuença.

Mino, vill. à 96 l. et d., nord de Madrid, entre Betanzos et Ferrol. Galice.

Minorque, la seconde des îles Baléares, située à l'est de Majorque, sous le 40e degré de latitude, a 8 lieues de long sur 3 ou 4 lieues de large; et nourrit, sur une surface de 20 lieues carrées, une population de 31,000 âmes. Les insulaires subsistent de l'agriculture, de la pêche qui est très-bonne autour de l'île, de l'entretien des chevaux, mulets et bêtes à laine. La terre végétale n'a que peu de profondeur, et repose sur le roc; aussi trouve-t-on peu de grands arbres; les campagnes produisent des grains, surtout du blé et de l'orge, de l'huile d'olive, du vin, des fruits et légumes; ces vivres ne sont pas assez abondants pour dispenser les insulaires d'en tirer du dehors; ils récoltent aussi du miel et font du sel; ils parlent l'ancien limousin. Au 18e siècle, Minorque fut occupée pendant quelque temps par les Anglais. Il y a deux villes, Mahon et Ciudadella, et plusieurs villages : le climat est moins doux à Minorque qu'à Majorque.

Mira, b. de 6,000 hab. avec un port à 14 l. et d. sud de Porto, r. de Leyria et Lisbonne. Portug., prov. de Beyra.

Miradlo, vill. sur la Géra, à 12 l. ouest d'Oviédo, r. de Cangas-de-Tineo. Astur.

Miraflores, b. avec un petit port sur le canal de l'Ebre. Nav.

Miranda do Duero, v. forte à 9 l. et d. sud-est de Bragance, et sur la frontière, r. de Zamora, siége d'un évêché. Portug., prov. de Tras-los-M.

Miranda del Ebro, v. sur l'Ebre, à 55 l. et d. nord de Madrid, et à 7 l. sud de Vittoria. Prov. de Burgos.

Miravalles, vill. à 4 l. et d. sud de Bilbao, r. de Burgos et Madrid. Bisc.

Moclin, vill. à 7 l. nord-ouest de Grenade. Royaume de Grenade.

Moedas, vill. entre les montagnes, à 31 l. et 3 q. sud-ouest de Madrid, r. de Guadalupe. N.-Cast., prov. de Tolède.

Mogent, vill. à 13 l. sud de Valence, r. de Murcie. Val.

Moguer, b. avec un petit port à l'embouchure du Tinto, à 12 l. ouest de Séville. Royaume de Séville.

Moimenta-da-Beyra, p. b. à 7 l. et 3 q. sud-est de Lamego, r. d'Almeida et de Ciudad-Rodrigo. Portug., prov. de Beyra.

Moino-novo, vill. à 8 l. et 1 q. nord de Lisbonne, r. de Leyria. Estram. portug.

Mojacar, vill. à 34 l. et d. sud-est de Grenade, sur le bord de la Méditerranée. Gren.

Moliano, vill. à 5 l. sud de Leyrra, r. de Lisbonne. Estram. portug.

Molina, b. sur la Ségura à 2 l. et d. nord de Murcie, r. de Madrid. Murc.

Molina de Aragon, b. sur la droite du Gallo, au bas des montagnes, à 13 l. est de Siguenza. Dans la colline de Platilla, on a trouvé du cuivre vert, jaune et bleu. Les montagnes de la Seigneurie de Molina donnent du bon bois de construction pour la marine, et offrent d'excellens pâturages. N.-Cast., prov. de Guadalaxara.

Molina-Seca, p. b. sur la rivière de ce nom, à 7 l. ouest d'Astorga, r. de Lugo. Léon, district de Ponferrada.

Molinell, vill. entre Gandia et Denia, sur le bord de la Méditerranée, à 11 l. sud de Valence. Val.

Molledo, vill. à 7 l. et d. sud de Santander, r. de Burgos. Prov. de Burgos, district de Laredo.

Mollorido, p. b. à 14 l. et 1 q. sud de Valladolid, r. de Salamanque. Léon, prov. de Salamanque.

Momblanch, vill. à 8 l. et 3 q. sud-est de Lérida, r. de Tarragone. Catal.

Mombuey, vill. à 54 l. et 1 q. nord de Madrid, r. de Vigo. Léon, prov. de Zamora.

Monasterio, b. à 15 l. sud de Mérida, r. de Séville. Royaume de Séville.

Monasterio, vill. auprès de Miranda, r. de Burgos. C'est un des lieux habités, les plus élevés de l'Espagne. V.-Cast., prov. de Burgos.

Moncaparacho, b. à 2 l. ouest de Tavira, r. de Lagos. Portug., prov. d'Algarve.

Monchique, b. à 6 l. nord de Lagos. Il donne son nom à une chaîne de montagnes; bains chauds aux environs. Pop. 2,750. Portug., prov. d'Algarve.

Moncorvo, b. de 1650 hab., dans un pays montagneux riche en soie, au près du Sabor et du Douro. Prov. de Tras-Os-M.

Monda, b. à 6 l. ouest de Malaga, r. de Gibraltar et Cadix. Royaume de Grenade.

Mondonnedo, v. à 93 l. et d. nord de Madrid, et à 11 l. de Lugo, sur la pente du Mont-Iniesta et sur le bord de la Masma. On y fabrique beaucoup de ruban de fil. Galice.

Mondragon, b. sur la Deva, à 6 l. et d. nord de Vittoria, r. d'Irun. On y exploite des mines de fer, et on y fabrique des armes. Prov. de Guipuscoa.

Monfalco-de-Agramunt, vill. à 6 l. et 3 q. nord de Lérida, r. de Puycerda. Catal.

Monfort, vill. à 24 l. sud de Valence, r. de Murcie, et à 2 l. nord d'Elche. Val.

Montforte-de-Lemos, gr. b. sur le Caba, chef-lieu d'un comté, à 9 l. et d. sud de Lugo, r. d'Orense. On y fabrique des tamis de soie et du biscuit de mer. Les environs sont fertiles. Gal.

Moncat, vill. à 2 l. nord de Barcelonne, r. de Girone. Catal.

Monjos, vill. à 10 l. et d. ouest de Barcelonne, r. de Valence. Catal.

Monmagastrell, vill. à 6 l. nord de Lérida, r. de Puycerda. Catal.

Monovar, vill. à 6 l. ouest d'Alicante, r. de Madrid. Val.

Monréal del Campo, vill. à 19 l. et 1 q. sud-est de Saragosse, r. de Valence. Arag.

Monsaras, b. avec un fort et 1500 habitans, sur un rocher de la droite du Guadiana, prov. d'Alent.

Monserrat, montagne isolée avec un fameux couvent de Bénédictins, à 1 l. du Llobregat, à 3 l. sud de Manresa, et à 9 l. de Barcelonne. La cime de ce mont est hérissée de pics en forme de quilles et entièrement stérile. Douze ermitages sont pratiqués à diverses hauteurs. Autrefois l'église de la Vierge avait de grands trésors. Catal.

Montalban, b. sur la rivière de Martin, à 22 l. sud de Saragosse, r. de Terruel. On exploite aux environs des mines de houille et de jayet, et on y fabrique de l'acier. Arag.

Montalvo, p. v. sur le Tage, à 14 l. est d'Abrantès, r. d'Alcantara. Portug., prov. d'Alent.

Monte agudo, vill. à 1 l. et d. est de Murcie, r. de Valence. Murc.

Monte agudo, vill. auprès de l'Ebre, à 5 l. est de Logroño, r. de Saragosse. V.-Cast., prov. de Soria.

Montégordo, b. auprès du Tage, à 11 l. est d'Abrantès, r. d'Alcantara. Estram. portug.

Montemayor, vill. à 6 l. sud de Valladolid, r. de Ségovie. V.-Cast., prov. de Ségovie.

Montemayor, p. b. sur la riv. de Cuerpo-de-Hombre, à 13 l. sud de Salamanque, r. de Mérida. Estram.

Montemor-o-Vello, gr. b. fortifié, auprès de l'embouchure du Mondego, à 7 l. ouest de Coïmbre. Popul. 2,500, Portug., prov. de Beyra.

Montemor, b. à 15 l. est de Lisbonne, d'Elvas. Portug., prov. d'Alent.

Monteneyran, vill. à 5 l. et d. nord de Gibraltar, r. de Cordoue. Royaume de Séville.

Monterrey, gr. b. fortifié, et chef-lieu d'un comté, à 10 l. sud d'Orense, r. de Benavente, sur la Tamaga. Aux environs il y a des mines d'étain, maintenant abandonnées. Galice.

Monte-Tezo, vill. à 9 l. sud de Lamego, r. de Lisbonne. Portug., prov. de Beyra.

Montijo de la Vega, vill. à 22 l. nord de Madrid, r. de Valladolid. Prov. de Valladolid.

Montilla, p. v. à 6 l. sud de Cordoue, auprès de la route d'Antequera. Elle fait commerce de vins de liqueur. Royaume de Cordoue.

Montuenga, vill. à 20 l. nord de Madrid, r. de Zamora. Prov. d'Avila.

Monzon, p. b. à 2 l. nord de Palencia, et à 42 l. et 1 q. de Madrid. Léon, prov. de Palencia.

Monzon, gr. b. sur la rive gauche de la Cinca, à 12 l. est de Saragosse. Il est défendu par un château fort : les environs produisent beaucoup de fruits. Arag.

Moraleja, vill. à 2 l. nord de Coria, r. de Ciudad-Rodrigo. Estram.

Moraleja de Huebra, vill. à 39 l. nord-ouest de Madrid, r. de Ciudad-Rodrigo. Léon, prov. de Salamanque.

Moralès, p. b. à 34 l. et d. nord de Madrid, r. de Zamora, et à 1 l. de Toro. N.-Cast., prov. de Tolède.

Moratalla, b. à 12 l. nord-ouest de Murcie. Royaume de Murcie.

Moratinos, p. b. à 9 l. et d. est de Léon, r. de Burgos. Léon, prov. de Palencia.

Moreira, couvent sur la riv. de Leza, à 2 l. nord de Porto. Portug., prov. d'Entre D.-et-M.

Morerinas, vill. à 7 l. nord-ouest d'Almeida, r. de Lamego. Portug., Prov. de Beyra.

Morella, v. bâtie en pente sur un rocher, entre des montagnes stériles, à 6 l. ouest de Peniscola, r. de Saragosse. On y fabrique des étoffes de laine. Catal.

Mores-Verdès, b. à 4 l. et d. nord de Ciudad-Rodrigo, r. de Madrid. Léon, prov. de Salamanq.

Morillas, vill. à 9 l. ouest d'Orense, r. de Pontevedra. Galice.

Morisco, vill. à 1 l. et d. est de Salamanque, r. de Valladolid. Léon, prov. de Salamanq.

Morte, vill. à 1 l. et d. sud de Cuença. r. de Valence. N.-Cast., prov. de Cuença.

Mos, p. b. à 92 l. et d. nord de Madrid, et à 2 l. est de Vigo. Galice.

Mosteyro, vill. à 2 l. sud de Lugo, r. d'Orense. Galice.

Mostolès, b. à 2 l. et 3 q. sud-ouest de Madrid, r. de Talavera-la-R. Prov. de Madrid.

Mota-del-Cuervo, vill. à 20 l. est de Madrid, r. de Valence. N.-Cast., prov. de Tolède.

Moya-del-marques (la), p. b. à 24 l. et 1 q. nord de Madrid, r. de Vigo. Léon, prov. de Valladolid.

Motilla-del-Palancar, vill. à 30 l. et 1 q. est de Madrid, r. de Valence. N.-Cast., prov. de Cuença.

Motrico, b. à 8 l. de Saint-Sébastien, sur la Déva et sur une anse de l'Océan, qui reçoit des bâteaux de pêche. Prov. de Guipuscoa.

Motril, b. avec un petit port sur la Méditerranée, à 6 l. est d'Almunecar, et à 10 l. sud de Grenade : on raffinait autrefois du sucre du territoire, on y cultive maintenant du coton. Gren.

Moura, b. sur le Guadiana, à 30

l. est de Lisbonne, r. de Lagos à Elvas. Portug., prov. d'Alent.

Mourao, b. sur le Guadiana, à 10 l. sud d'Elvas, r. de Séville et de Lagos. Pop. 1500. hab. Portug., prov. d'Alent.

Muel, vill. à 4 l. et 3 q. sud de Saragosse, r. de Daroca et Madrid. Arag.

Muela (la), vill. à 4 l. sud-ouest de Saragosse, r. de Calatayud. Arag.

Mugia-da-Balea, h. à 12 l. sud de Leyria, r. de Lisbonne. Estram. portug.

Muno-Galindo, vill. à 3 l. sud d'Avila, r. de Placencia. Léon, prov. d'Avila.

Muno-Sancho, vill. à 23 l. et 3 q. nord-ouest de Madrid, r. de Ciudad-Rodrigo. Léon, prov. d'Avila.

Murcie, v. sur la Ségura, à 85 l. sud-est de Madrid, et à 9 l. nord de Carthagène, dans une belle contrée où la température est constante, et qui fournit beaucoup de soie, d'oranges, citrons, grenades et d'autres fruits. Murcie a 35,000 habitans, et renferme quelques beaux édifices, tels que la cathédrale, le palais de l'évêque qui, avant le régime constitutionnel, était un des prélats les plus opulens de l'Espagne, l'hôtel du contrôle, la torderie de soie; Murcie a une grande raffinerie pour le salpêtre employé dans les moulins à poudre sur le canal de la Ségura auprès de la ville, et de petites fabriques de bas et étoffes de soie. Le royaume de Murcie, dont cette ville était autrefois la capitale, comprend une des plus belles parties de la péninsule, entre l'Andalousie et le royaume de Valence Il a 32 lieues de côtes, 659 lieues carrées de superficie, et 383,250 habitans. Sous le ciel délicieux de Murcie les pluies sont rares, ce qui rend nécessaire l'arrosage des campagnes. Dans l'est les montagnes portent de beaux bois propres à la marine, et d'excellens pâturages; les plaines bien arrosées produisent en abondance des grains, vins, fruits, de l'huile d'olive, un peu de riz, du chanvre, du sparte, de la soude, du kali, du safran; cependant l'agriculture est si négligée que la Murcie, au lieu de se suffire à elle-même, a besoin d'être approvisionnée du dehors: mais sa grande ressource et sa principale richesse, c'est la soie; elle en récolte pour environ sept millions de francs par an, et pourvoit de cette matière première les fabriques de Grenade et quelques villes de l'intérieur du royaume. Sur les côtes de Murcie la pêche est très-bonne.

Murias-de-Rechivaldo, vill. à 1 d.-l. ouest d'Astorga, r. de Ponferrada. Royaume de Léon, distr. de Ponferrada.

Murita, vill. à 59 l. et d. de Madrid, r. de Bilbao, et à 5 l. ouest de Vittoria. Prov. d'Alava.

Muros, b. avec mouillage sur une baie de la côte de Galice, à 12 l. ouest de Santiago. On y fait une saumure connue sous le nom d'Ecabèche.

Murviedro, v. ancienne au bas d'une montagne de marbre, à 4 l. nord de Valence, auprès de Palencia et de la Méditerranée. C'est là qu'était située la fameuse Sagunte, dont les habitans aimèrent mieux s'ensevelir sous ses ruines que de se rendre aux armes d'Annibal. Les Romains et les Maures y ont laissé quelques antiquités. On y admirait encore à la fin du dernier siècle un bel amphithéâtre bien conservé; aujourd'hui il n'en existe plus qu'une faible partie. La ville a un château fort. Val.

N.

Naharros, b. à 7 l. et d. sud de Salamanque, r. de Ciudad-Rodrigo. Léon, prov. de Salamanque.

Naharros, vill. à 7 l. et 1 q. nord de Valladolid, r. de Ségovie. V.-Cast., prov. de Ségovie.

Najera *ou* Naxera, b. à 3 l. ouest de Logronno et de l'Ebre, r. de Burgos. L'église renferme des tombeaux royaux. Dans la plaine de Valpierre fut livrée une bataille entre Pierre de Castille et Henri de Transtamare qui le détrôna. V.-Cast.

Navacerrada, gorge de montagnes, au nord de Madrid, entre cette capitale et St.-Ildefonse; elle est élevée de 6,612 pieds au-dessus du niveau de la mer. V.-Cast., prov. de Ségovie.

Nava de Pinarès, b. à 13 l. nord-ouest de Madrid, r. d'Avila. N.-Cast., prov. de Madrid.

NAVA-DEL-REY, p. b. à 5 l. et 1 q. est de Toro, r. de Madrid. Léon, prov. de Valladolid.

NAVA DE SETROVAL (la), b. à 28 l. et d. ouest de Madrid, r. de Salamanque. Léon, prov. de Salamanque.

NAVAJAS, vill. à 9 l. et 3 q. nord de Valence, r. de Saragosse. Val.

NAVAL-CARNERO, vill. à 4 l. et 3 q. sud de Madrid, r. de Truxillo. Prov. de Madrid.

NAVAL MANZANO, vill. à 5 l. et d. nord de Ségovie, r. de Valladolid. Prov. de Ségovie.

NAVALMORAL, b. à 30 l. et d. ouest de Madrid, r. de Truxillo. Estram.

NAVALON, vill. à 2 l. ouest de Cuença, r. de Madrid. N.-Cast., prov. de Cuença.

NAVARRE. Le royaume de Navarre, ayant à l'est et au sud l'Aragon, à l'ouest les provinces Basques, et étant séparé de la France par les Pyrénées, est traversé par des ramifications de cette chaîne, et a beaucoup de vallées: la partie montagneuse, qui est la plus considérable, donne peu de grains, vins et huile; mais les plaines en produisent beaucoup et d'une bonne qualité; les vins surtout sont excellens; il y a aussi de bons pâturages, et la laine est un article d'exportation assez important. On a des mines de fer et de cuivre et une mine de sel fossile, et on exporte une assez grande quantité de fer forgé dans le pays. Il y a aussi quelques salines et distilleries; du reste la Navarre a peu de fabriques et manufactures; ce qu'elle exporte consiste principalement en productions rurales: telles que légumes, laine brute, fer, peaux, froment, garance, agneaux, vin, fromages, porcs, fruits; le montant de ces importations est presque chaque année inférieure à la valeur des marchandises importées. Sur une surface de 205 lieues carrées, la Navarre renferme 221,800 habitans. Elle comprenait autrefois six mairies, celles de Pampelune, Estelle, Tudèle, Sanguesa, Olite et St.-Jean-Pied-de-Port; la dernière fut cédée à la France vers 1530. Elle avait anciennement ses rois particuliers; une maison française commença d'y régner au 13e siècle. Les rois de France réunirent pendant quelque temps la Navarre à leur couronne: la dynastie fut réduite enfin à la partie située au nord des Pyrénées et appelée *Navarre française*, tandis que le royaume de Navarre fut incorporé dans les états du roi d'Espagne. Toutefois celui-ci respecta une partie des anciens priviléges et de la liberté des habitans. Voici quelle était l'organisation de la province avant l'introduction de la constitution des cortès. Il y avait un capitaine général avec le titre de vice-roi, et ayant la présidence du conseil de Navarre, qui était le suprême tribunal de la province. Les Alcades des communes, tirés au sort ou élus par les habitans, avaient la double fonction de maires et juges de paix; aucun procès commencé dans la Navarre ne pouvait être terminé ailleurs. Les Cortès ou le corps des représentans de la nation était anéanti; la députation qui en était le simulacre, était réduite, quant à son pouvoir législatif, à faire des réglemens de commerce et de police. Il y avait une chambre des comptes ou des finances; l'instruction était dans un triste état, il y avait beaucoup de nobles et de prêtres, et la même apathie dans laquelle étaient tombées la plupart des provinces d'Espagne, se remarquait en Navarre.

NAVAS DEL MARQUES (LAS), b. à 11 l. nord-ouest de Madrid, r. d'Avila, et à 4 l. de l'Escurial. N.-Cast., prov. de Madrid.

NAVAS DE S. ANTONIO ou DE ZARZUELA, vill. à 12 l. et d. ouest de Madrid, r. de Ciudad-Rodrigo. N.-Cast., prov. de Tolède.

NAVAS-DE-TOLOSA, b. de la Sierra-Morena, non loin de la Carolina; les environs sont célèbres dans l'histoire d'Espagne par une victoire des Castillans sur les Maures. Jaen.

NAVIA, b. avec un petit port à l'embouchure de la Nava dans l'Océan, et à 10 l. nord de Mondonnedo. Astur.

NAVIANOS DE LA VEGA, p. b. à 51 l. nord de Madrid, r. d'Astorga. Royaume de Léon, district de Léon.

NEDA (San Nicolas de), p. b. sur la Jubia, à 1 l. et d. est du Ferrol. On y lamine le cuivre pour la marine, et on y bat de la petite monnaie. Galice.

NIARRA, b. à 3 l. sud d'Avila, r. de Placencia. Léon, prov. d'Avila.

NIEBLA, chef-lieu d'un comté sur le Tinto, à 9 l. et d. ouest de Séville, r. d'Ayamonte: aux environs, il y a des mines de cuivre. Séville.

NOAIN, vill. à 3 q. de l. sud de Pampelune, r. de Madrid.

NOALÈS, vill. à 1 d.-l. ouest de Cuença, r. de Madrid. N.-Cast., prov. de Cuença.

Noceda, vill. à 6 l. sud de Lugo, r. d'Orense. Galice.

Nora (la), vill. à 50 l. et d. nord de Madrid, r. d'Astorga. Royaume de Léon, distr. de Léon.

Nossa Senora de la Misericordia, ermitage à 10 l. nord de Lisbonne, r. de Leyria. Estram. portug.

Nossa Senora de Penalonga, ermitage à 3 q. de l. de Cintra. Estram. portug.

Novallo, vill. à 68 l. et 1 q. nord de Madrid, r. d'Orense. Galice.

Noya, gr. b. auprès de l'embouchure de la Tambre, avec un port sur l'Océan, à 7 l. ouest de Santiago. Gal.

Nuestra Senora de las Caldas, ermitage à 6 l. sud de Santander, r. de Burgos; prov. de Burgos, district de Larédo.

Nuestra Senora del Camino, ermitage à 1 l. ouest de Léon, r. d'Astorga. Distr. de Léon.

Nuestra-Senora de la Consolation, b. à 30 l. et 3 q. sud de Madrid, r. de Cordoue. N.-Cast., prov. de la Manche.

Nuestra-Senora de los Martirès, hameau à 26 l. et d. nord-est de Madrid, r. de Calatayud et Saragosse. V.-Cast., prov. de Soria.

Nuestra Senora del Henar, ermitage à 10 l. et d. nord de Ségovie, r. de Valladolid; prov. de Valladolid.

Nuestra Senora de la Zarza, vill. à 25 l. et 3 q. sud-est de Madrid, r. de Valence. N.-Cast., prov. de Cuença.

Nuestra Senora del Puerto, ermitage sur le Valderaduey, à 8 l. et d. est de Léon, r. de Burgos. Royaume de Léon.

Nuestra Senora de Paralès, b. à 6 l. est de Badajoz, r. de Mérida. Estram.

Nuestra Senora de la Rivera, b. à 3 l. et d. est de Badajoz, r. de Mérida. Estram.

Nulès, vill. auprès de la Méditerranée, à 7 l. et d. nord de Valence, r. de Barcelonne. Val.

O.

Obidos, gr. b. sur l'Arnoya, à 9 l. sud de Leyria, r. de Lisbonne. Il a un aqueduc et 2800 h. Estram. portug.

Ocana, b. à 9 l. sud de Madrid, r. de Cordoue, et à 2 l. sud-est d'Aranjuez. Prov. de Tolède.

Odeseijas, vill. à 7 l. nord du port de Lagos, r. de Lisbonne. Portug., prov. d'Algarve.

Odivor, vill. à 18 l. et 1 q. est de Lisbonne, r. de Badajoz. Estram. portug.

Ogla, vill. à 7 l. et d. ouest de Malaga, r. de Gibraltar. Gren.

Olague, vill. à 2 l. et 3 q. nord de Pampelune, r. de Bayonne. Nav.

Olaveaga, vill. à 1 l. nord de Bilbao; les navires qui ne peuvent remonter la rivière de Bilbao, y déchargent leurs marchandises. Bisc.

Oliana, b. entre Lérida et Urgel, à 92 l. de Madrid. Catal.

Olias, b. à 10 l. sud de Madrid, et à 2 l. de Tolède. Prov. de Tolède.

Olioba, b. à 10 l. nord-est de Lérida, r. d'Urgel. Catal.

Olite, p. v. sur le Cidacos, dans un territoire fertile, à 1 l. sud de Tafalla. Elle a un château-royal: Olite est une des cinq mairies de Navarre.

Oliva (la), p. b. à 17 l. sud de Salamanque, r. de Mérida. Estram.

Oliva, vill. sur la Méditerranée, entre Gandia et Denia, à 12 l. et 1 q. sud de Valence. Val.

Olivares, b. à 4 l. ouest de Séville et du Guadalquivir, chef-lieu d'un comté. Séville.

Oliveira de Azemeis, vill. de 1900 hab. à 6 l. et 1 q. sud de Porto, r. de Coïmbre. Portug., prov. de Beyra.

Olivenza, petit fort à 2 l. de la Guadiana, et à 5 l. sud de Badajoz. Il a été pendant quelque temps un sujet de contestation entre l'Espagne et le Portugal. D'après le congrès de Vienne, il a été rendu au Portugal. Estram.

Ollas-da-Agua, b. à 4 l. sud de Lisbonne, r. de Sétuval. Estram. portug.

Olloniego, vill. sur une petite rivière à 1 l. et d. sud d'Oviédo, r. de Léon. Astur.

Olmedilla (la), vill. à 22 l. et 1 q. nord de Madrid, r. de Zamora, prov. d'Avila.

Olmedilla de Alarcon, vill. à 27 l.

et d. est de Madrid, r. de Valence. V.-Cast., prov. de Cuença.

Olmedo, gr. b. au confluent de l'Eresma et de l'Adaja, à 6 l. sud de Valladolid, r. de Madrid. Prov. de Valladolid.

Oloriz (venta de), à 3 l. et 1 q. sud de Pampelune, r. de Tafalla. Nav.

Olot, b. industrieux, auprès de la Fluvia, à 5 l. nord de Vique, r. de Girone. Il fabrique des draps, papiers et de la bonneterie. Catal.

Onnate ou Ognate, chef-lieu d'un comté qui, quoique enclavé dans le Guipuscoa, n'était pas régi par les lois de la province. Le bourg, situé à l'est de Mondragon, auprès de l'Aranzazu, a un grand collége, un séminaire, des fabriques de lainages, de fer et d'acier, et 300 maisons. Autrefois ce bourg avait une université.

Onzomilla, vill. sur le Torio, à 1 l. sud de Léon, r. de Madrid. Distr. de Léon.

Oporto, voyez *Porto*.

Oquillas, vill. à 31 l. nord de Madrid, entre Aranda et Burgos. V.-Cast.

Orbada (la), vill. à 4 l. et 1 q. est de Salamanque, r. de Valladolid. Prov. de Salamanque.

Ordunna, p. v. entre Miranda et Bilbao, à 61 l. nord de Madrid. Elle est bâtie au bas d'un rocher et auprès de la source de la Nerva. Avant 1820 elle avait une douane. Prov. d'Alava.

Orense, v. sur le Minho dans une belle plaine, à 79 l. nord de Madrid. Elle a un évêché et un beau pont sur le fleuve. Aux environs il y a des eaux thermales. Population, 3,500 habitans. Gal.

Organna, b. à 4 l. et 1 q. sud d'Urgel, r. de Lérida. Catal.

Orihuela, v. sur la Ségura, dans un territoire fertile, à 4 l. nord-est de Murcie, r. d'Alicante. La ville et une vingtaine de villages et hameaux d'alentour renferment ensemble 12,000 habitans. On tire des environs beaucoup de blé, vin, huile d'olive, soie, fruits et légumes; du lin, chanvre, kali et de la soude. Val.

Orio, b. auprès de l'embouchure d'une petite rivière de ce nom, à 3 l. ouest de St.-Sébastien. Prov. de Guipuscoa.

Ormaiztegui, b. à 10 l. sud d'Irun, r. de Vittoria, et à 73 l. de Madrid. Prov. de Guipuscoa.

Oron, b. à une d. l. ouest de Miranda del Ebro, r. de Burgos. V.-Cast., prov. de Burgos.

Oropesa, gr. b. sur la côte de la Méditerranée, à 13 l. et 1 q. nord de Valence, r. de Peniscola. Val.

Orriols, b. à 2 l. et 3 q. nord de Girone, r. du Col de Pertuis. Catal.

Ortiguera, vill. bati sur une pointe au cap de ce nom, à 8 l. nord de Ferrol, et à l'extrémité septentrionale de la Galice. Gal.

Orvita, vill. à 19 l. et 1 q. nord de Madrid, r. de Zamora. Prov. d'Avila.

Osacain, vill. à 2 l. et 1 q. nord de Pampelune, r. de Bayonne. Nav.

Osera, b. à 5 l. et 1 q. est de Saragosse, auprès de l'Ebre, r. de Barcelonne. Arag.

Oserdaon, vill. à 10 l., nord du port de Lagos, r. de Lisbonne. Portug., prov. d'Algarve.

Osma, p. v. sur l'Ucero, entre Aranda et Soria, à 4 l. nord du Douro. V.-Cast., prov. de Soria.

Osma, b. entre Miranda et Bilbao, à 58 l. nord de Madrid. Bisc.

Ostalets de Puzol, vill. à 3 l. et d. nord de Valence, et à 1 l. de Murviedro. Val.

Ostiz, b. à 2 l. et 1 q. nord de Pampelune, r. de Bayonne. Nav.

Osuna, chef-lieu d'un duché, à 78 l. et d. sud de Madrid, r. de Gibraltar, et à 12 l. est de Séville. Sév.

Ota, vill. à 10 l. et 1 q. nord de Lisbonne, r. de Leyria. Estram. portug.

Otero de Rey, p. b. à 86 l. nord de Madrid, et à 1 l. et d. de Lugo, r. d'Orense. Galice.

O-Torraon, vill. à 20 l. sud-est de Lisbonne, r. de Béja. Portug., prov. d'Alent.

Ouquella, b. à 4 l. et 1 q. nord d'Elvas, sur la frontière portugaise, r. d'Alcantara. Prov. d'Alent.

Ourique, b. auprès des montagnes, à 8 l. sud du Béja, r. de Silves. Dans la plaine des environs les Portugais, sous le roi Alphonse I, remportèrent en 1139 une victoire sur les Maures. Portug., prov. d'Alent.

Outeiro, gr. b. fortifié à 3 l. sud de Bragance, r. de Miranda. Portug., prov. de Tras-os-M.

Ovar, b. sur l'Ovar à 4 l. et d. sud de Porto, r. de Leyria. Pop. 10,400 h. Pr. de Beyra.

Oviédo, chef-lieu des Asturies, à 76 l. nord de Madrid, sur une butte entre la Nora et le Nalon; siége d'un évêché et des autorités de la province. Oviédo possède une belle cathédrale gothique, une université, un hospice, un lazareth, et plusieurs couvens. Elle fabrique des cuirs, chapeaux, armes, peignes et boutons, et commerce en denrées coloniales. Aux environs il y a une fabrique de canons de fusil, boulets et bombes. Popul, 6,000 habitans.

Oyarzun, b. à 2 l. sud de la Bidassoa, et à 81 l. de Madrid. Prov. de Guipuscoa.

Oys, vill. à 1 l. et 3 q. du port de Betanzos, r. de Lugo. Galice.

P.

Pacheco, vill. à 4 l. nord de Carthagène, r. d'Alicante. Murc.

Pacios, vill. sur la Ladra, entre Lugo et la Corogne, à 87 l. et d. nord de Madrid. Galice.

Padilla, vill. à 14 l. et d. nord de Madrid, r. de Soria. Prov. de Guadalaxara.

Padron (el), gr. b. à 3 l. sud de Santiago, r. de Vigo. Galice.

Padornelo, vill. à 64 l. et 1 q. nord de Madrid, r. d'Orense. Prov. de Valladolid.

Padornelo, vill. à 75 l. et d. nord de Madrid, r. d'Astorga à Lugo. Galice.

Padul, gr. b. à 3 l. sud de Grenade, r. d'Almunecar. Grenade.

Pajarès, vill. à 18 l. et 1 q. nord de Madrid, r. de Zamora. Prov. d'Avila.

Pajaron, vill. à 6 l. est de Cuença, r. de Valence. N.-Cast., province de Cuença.

Pajaroncillo, vill. à 6 l. et d. est de Cuença, r. de Valence. Prov. de Cuença.

Palacios-de-Valduerma, p. b. à 2 l. et d. sud d'Astorga, r. de Madrid. District de Léon.

Palafurgèll, vill. à 19 l. nord de Barcelonne, r. de Roses. Catal.

Palamos, p. v. forte avec un port sur la Méditerranée, à l'embouchure du Ter, et à 4 l. est de Girone. Catal.

Palanquinos, p. b. à 2 l. et 3 q. sud de Léon, r. de Madrid. District de Léon.

Palencia, v. sur la Carrion, à 40 l. et 1 q. nord de Madrid, et à 14 l. et d. de Burgos, chef-lieu d'une province du royaume de Léon. Elle a un évêché, et des fabriques de chapeaux, couvertures de laine, espagnolettes, tapis, étamines, etc. Sa population est de 9,000 habitans.

Palenzuela, p. b. sur l'Arlanza, à 12 l. nord de Valladolid, r. de Burgos. Prov. de Valladolid.

Palma, chef-lieu de l'île de Majorque, avec un port sur une baie du sud-ouest de l'île. La ville est fortifiée; elle a une université, une grande bourse, un évêché, une académie de dessin, des fabriques de soieries, toiles, etc. Une plaine charmante s'étend auprès de la ville.

Palma (la), p. b. à 8 l. ouest de Séville, r. de Lagos. Sév.

Palma (la), b. à 6 l. et 1 q. sud de Barcelonne, r. de Valence. Catal.

Palma, vill. sur la rivière de ce nom, à 10 l. sud-est de Lisbonne, r. d'Alcaçar-do-sal. Estram. portug.

Palmella, b. sur une montagne avec un château, à 5 l. sud de Lisbonne, r. de Sétubal. Estram. portug.

Pallata, vill. à 17 l. nord-ouest de Béja, r. de Lisbonne. Estram. portug.

Pallata, vill. à 28 l. nord de Lisbonne, r. de la Guarda. Estram. portugaise.

Pallaza, vill. à 13 l. et d. sud de Porto, r. de Lisbonne. Portug., prov. de Beyra.

Palos, b. avec un port sur le golfe d'Huelva, auprès de Moguer, à 10 l. ouest de Séville. Colomb s'y embarqua pour la découverte de l'Amérique. Sév.

Pampelune, capitale de la Navarre, dans une plaine entourée de montagnes sur l'Arga, à 61 l. nord de Madrid, et à 10 l. de la frontière de France. Pampelune est une place forte, et protégée par une citadelle. Elle a un évêché, plusieurs couvens, des manufactures insignifiantes de draperie; on y trouve peu de beaux édifices; ce qui lui donne quelque mouvement, c'est qu'elle est le siége des autorités de la province. Sa population se monte à 14,000 âmes.

Pancorvo, gr. b. à 11 l. nord de Burgos, r. de Vittoria, et à 52 l. et d. de Madrid. Pour se rendre à Burgos, il faut traverser une gorge de montagnes. V.-Cast., prov. de Burgos.

Panjon, vill. à 2 l. sud de Vigo, r. de Brague. Galice.

Parada, vill. à 3 l. ouest d'Orense, r. de Pontevedra. Galice.

Parada, vill. à 77 l. et 3 q. nord de Madrid, r. d'Orense. Galice.

Parada de Rubiales, vill. à 5 l. est de Salamanque, r. de Valladolid. Prov. de Salamanque.

Paradès, b. à 14 l. et 1 q. est de Madrid, r. de Cuença. N.-Cast., prov. de Cuença.

Paradès-de-Siguenza, vill. à 22 l. nord de Madrid, r. de Soria. Prov. de Soria.

Paramos, vill. à 2 l. et d. sud de Porto, r. de Lisbonne. Portug., prov. de Beyra.

Pardieiros, vill. à 3 l. nord de Braga, r. de Chaves. Portug., prov. d'Entre-D.-et-M.

Paredès, vill. auprès du Douro, à 5 l. et 3 q. est de Porto, r. de Lamego. Portug., prov. de Beyra.

Paredès-Royas, vill. à 36 l. et 3 q. nord de Madrid, r. de Pampelune. Prov. de Soria.

Pareiros, vill. à 24 l. et 1 q nord-est de Lisbonne, r. de Piñel. Portug., prov. de Beyra.

Parrila (la), vill. à 4 l. sud de Valladolid, r. de Ségovie. Prov. de Valladolid.

Pasages, port fortifié sur l'Océan, auprès de l'embouchure de la rivière d'Oyarzun, entre Saint-Sébastien et la Bidassoa. On y construisait autrefois des vaisseaux. Prov. de Guipuscoa.

Paso, vill. à 2 l. et 3 q. sud de Bragance, r. de Miranda. Portug., prov. de Tras-os-M.

Pastrana, vill. à 7 l. et d. est de Madrid, r. de Cuença. N.-Cast., prov. de Cuença.

Paxarète, b. à 4 l. ouest de Ronda, dont les vignobles fournissent le fameux vin de Paccaret. Sév.

Payalvo, vill. à 13 l. et 3 q. sud de Coïmbre, r. de Lisbonne. Estram. portugaise.

Paymoco, vill. fortifié, à 22 l. ouest de Séville, r. de Lisbonne. Sév.

Pederneira, p. port sur l'Océan, à l'embouchure des rivières d'Alcoa et Baza, à 6 l. ouest de Leyria. Pop. 1900 h. presque tous pêcheurs. Estram. portug.

Pedernos (el), b. à 21 l. et 1 q. sud-est de Madrid, r. d'Almanza et Valence. On y fait beaucoup de salpêtre. N.-Cast., prov. de la Manche.

Pedraza, p. b. à 3 l. et 3 q. nord de Ciudad-Rodrigo, r. de Salamanque. Léon, prov. de Salamanq.

Pedreira, vill. à 4 l. et 1 q. nord de Coïmbre, r. de Porto. Portug., prov. de Beyra.

Pedregal, vill. à 9 l. ouest d'Oviédo, r. de Cangas-de-Tineo. Astur.

Pedroches (los), nom qui comprend les bourgs de la Sierra-Morena, avec des mines d'argent, dans le nord du royaume de Cordoue.

Pedrola, vill. auprès de l'Ebre, entre Tudèle et Saragosse, à 6 l. et d. ouest de la dernière. Arag.

Pedrola, vill. à 6 l. nord de Logroño, r. de Vittoria. Prov. d'Alava.

Pedroneras, vill. à 22 l. et d. sud de Madrid, r. de Valence. Prov. de la Manche.

Pedrosa, vill. à 2 l. et 1 q. nord de Viseu, r. de Bragance. Portug., prov. de Beyra.

Pedrosa del Rey, p. b. à 34 l. et 1 q. de Madrid, r. de Zamora. Prov. de Tolède.

Pedrosilloralo, vill. à 3 l. est de Salamanque, r. de Valladolid. Prov. de Salamanq.

Pedro-Toro, vill. à 1 l. nord de Ciudad-Rodrigo, r. de Madrid. Léon, prov. de Salamanq.

Pedruzo, vill. à 4 l. sud de Vittoria, r. de Saragosse. Prov. d'Alava.

Pejarès, vill. à 18 l. et 1 q. nord de Madrid, r. de Valladolid. Prov. d'Avila.

Penafiel, chef-lieu d'un marquisat, auprès du confluent du Douro et du Durato, à 40 l. sud-est de Léon, et à 7 l. nord-est de Valladolid; la v. fait commerce de fromages renommés. Léon, prov. de Salamanq.

Penafiel, v. de 2,300 h. sur une pente dans une belle vallée. Portug., prov. d'Entre D.-et-M.

Penaflor, p. b. sur le Nalon, à 3 l. ouest d'Oviédo, r. de Canjas de Tineo. Astur.

Penalba, b. à 12 l. et 3 q. est de Saragosse, r. de Lérida. Arag.

Penamacor, petite place forte, dans une contrée stérile, à 8 l. ouest de Ciudad-Rodrigo. Sa population est de 2,300 habitans. Portug., prov. de Beyra.

Penaranda-de-Bracamonte, gr. b. à 26 l. et d. nord de Madrid, r. de Salamanque. Léon, prov. de Salamanq.

Peñaranda-de-Bracamonte, gr. b. à 26 l. et d. ouest de Madrid, r. de Ciudad-Rodrigo. Léon, prov. d'Avila.

Peñascoso, vill. à 3 l. est d'Abrantès, r. de Placencia. Estram. portug.

Penedo, vill. à 4 l. nord de Braga, r. d'Orense. Portug., prov. d'Entre-D.-et-M.

Penedono, vill. à 9 l. nord de Viseu, r. de Bragance. Portug., prov. de Beyra.

Penellas, vill. à 16 l. et 1 q. nord de Lérida, r. d'Urgel. Catal.

Peniche, gr. b. à 14 l. nord de Lisbonne, sur une pointe de terre, avec un port sur l'Océan et une citadelle qui communique par une arche avec un rocher isolé et fortifié. Popul. 2,520 hab. Estram. portug.

Peniscola, forteresse assise sur un rocher, baignée sur 3 côtés par la mer, à 30 l. nord de Valence, r. de Tortose. Une langue de terre, facile à défendre, joint le rocher à la côte; la ville renferme 2,400 habitans. Val.

Pera, vill. à 10 l. ouest de Tavira, r. de Lagos. Portug., prov. d'Algarve.

Peraboa, vill. à 5 l. et d. sud de la Guarda, r. de Lisbonne. Portug., prov. de Beyra.

Peralbillo, h. à 26 l. et 1 q. sud de Madrid, r. de Ciudad-Réal. Prov. de la Manche.

Peralès de Tajuña, b. à 6 l. et 3 q. est de Madrid, r. de Cuença. Prov. de Madrid.

Peralte, gr. b. sur l'Arga, à 8 l. sud de Pampelune, r. de Madrid; il fait commerce de l'excellent vin de liqueur de son territoire, que l'on fait avec l'espèce de raisins appelée *berbès*. Nav.

Perbes, vill. entre les ports de Betanzos et Ferrol, à 97 l. et 1 q. nord de Madrid. Galice.

Perdigaon, vill. à 9 l. nord-est d'Abrantès, r. de Palencia. Portug., prov. de Beyra.

Peredilla, vill. à 6 l. et 1 q. nord de Léon, r. d'Oviédo. Léon.

Pereda (la), vill. à 8 l. et d. ouest d'Oviédo, r. de Cangas-de-Tineo. Astur.

Perege, vill. à 69 l. et d. nord de Madrid, r. d'Astorga à Lugo. Léon, distr. de Ponferrada.

Pereira, p. b. à 1 l. et d. nord de Coïmbre, r. de Porto. Portug., prov. de Beyra.

Pereiro, vill. à 1 l. sud-est du fort de Piñel, Portug., prov. de Beyra.

Pereiro, vill. à 65 l. nord de Madrid, r. d'Orense. Galice.

Perucha, vill. à 9 l. et 1 q. sud de Coïmbre, r. de Lisbonne. Estram. portug.

Petrola, b. à 41 l. sud-est de Madrid, r. d'Alicante. Murc.

Pezzo da Regoa, vill. sur le Douro, à 1 l. nord de Lamego, r. de Porto. Il a 1630 habitans, et contient de grands magasins de vins. Tous les ans, au mois de février, il y a dans Pezzo une foire fameuse pour les vins; il s'y fait des affaires pour plus d'un million de francs. Pezzo est le chef-lieu du district du haut Douro, où la culture de la vigne a été portée à un haut degré de perfection par une compagnie privilégiée. Portug., prov. de Tras-os-M.

Picamoxon, vill. à 3 l. et d. ouest de Tarragone, r. de Lérida. Catal.

Picazo, b. à 18 l. nord de Madrid, r. de Trillo. Prov. de Guadalax.

Pichaon, vill. à 3 l. ouest de Tavira, r. de Lagos. Portug., prov. d'Algarve.

Piedrahita, gr. b. à 9 l. et d. sud d'Avila, r. de Placencia. Léon, prov. d'Avila.

Pinna de Campos, p. b. à 3 l. nord de Palencia, r. de Santander. Prov. de Palencia.

Pinnanzos, vill. à 10 l. ouest du fort de Piñel, r. de Coïmbre. Portug., prov. de Beyra.

Pineda, b. à 8 l. et 3 q. nord de Barcelonne, r. de Girone. Catal.

Pinneira de Bemposta, vill. à 7 l. sud de Porto, r. de Coïmbre. Portug., prov. de Beyra.

Pinneiro, vill. à 2 l. nord de Braga, r. de Chaves. Portug., prov. d'Entre-D.-et-M.

Pinneiro de Seiceira, vill. à 4 l. et d. nord de Lisbonne, r. de Mafra. Estram. portug.

Pinnel *ou* Pinhel, gr. b. fortifié sur la rivière de ce nom, à 10 l. et 1 q. ouest de Ciudad-Rodrigo. Il a un évêché et 1670 hab. Portug., prov. de Beyra.

Pinneyra, vill. à 75 l. nord de Madrid, r. d'Orense. Galice.

Pinneyra, vill. à 6 l. et d. nord d'Orense, r. de Lugo. Galice.

Pino (el), vill. à 1 l. et d. ouest de Santiago, r. de Lugo. Galice.

Pinos del Valle, vill. à 6 l. sud de Grenade, r. d'Almunecar. Gren.

Pinospuente, b. à 3 l. nord-ouest de Grenade, r. de Cuença. Gren.

Pinto, b. à 3 l. sud de Madrid, r. d'Aranjuez. Prov. de Madrid.

Pipaon, vill. à 6 l. et d. sud de Vittoria, r. de Logroño. Prov. d'Alava.

Pitiegua, vill. à 4 l. est de Salamanque, r. de Valladolid. Prov. de Salamanque.

Pla, vill. à 9 l. et d. sud de Puycerda, r. de Lérida. Catal.

Placencia, v. dans une plaine fertile entre deux montagnes sur la rivière de Xeres, à 42 l. et 3 q. ouest de Madrid. Les environs fournissent de bons raisins et d'autres fruits. Estram.

Placencia, b. sur la côte de l'Océan, à 4 l. nord de Bilbao; il a une manufacture royale d'armes, des fabriques d'outils en fer, de pendules, etc. Bisc.

Plana *ou* Plane, petite île rocailleuse, auprès d'une pointe de terre, à 4 l. sud d'Alicante : on n'en peut tirer que du beau marbre. Val.

Plana (la), district fertile de la côte de Valence, dont le chef-lieu est Castellon.

Pobeda, vill. à 6 l. sud d'Avila, r. de Plasencia. Léon, prov. d'Avila.

Pobla de Claramon, vill. à 9 l. et 1 q. ouest de Barcelonne, r. de Lérida. Catal.

Pobla larga, b. à 7 l. et d. sud de Valence, r. d'Alicante. Val.

Pocinno, vill. sur le Douro, à 17 l. sud de Bragance, r. de Viseu. Portug., prov. de Tras-os-M.

Podoa, vill. à 3 l. nord de Lisbonne, r. de Santarem. Estram. portug.

Poedo, vill. à 75 l. et 1 q. nord de Madrid, r. d'Orense. Galice.

Pola de Gordon (la), vill. sur la rivière de Bernesga, à 6 l. et 3 q. nord de Léon, r. d'Oviédo. Léon.

Pola de Lena, gr. b. à 5 l. sud d'Oviédo, r. de Léon. Astur.

Polanco, vill. à 3 l. et d. sud de Santander, r. de Palencia. Prov. de Burgos, distr. de Larédo.

Pollenza, gr. b. sur une langue de terre dans le nord-est de l'île de Majorque.

Pollos, p. b. à 31 l. et d. nord de Madrid, r. de Toro et Zamora. Prov. de Valladolid.

Pombal, gr. b. avec 4,850 habitans, sur la Soure, à 5 l. et d. nord de Leyria, r. de Coïmbre. Il a un beau palais, et des fabriques de chapeaux. Estram. Portug.

Pombeiro, vill. à 2 l. et d. ouest d'Amarante, r. de Braga. Portug., prov. d'Entre-D.-et-M.

Ponferrada, b. au confluent du Sil et de la Boeza, à 8 l. ouest d'Astorga, r. de Lugo. Léon, district de Ponferrada.

Pons, vill. à 11 l. et d. nord de Lérida, r. d'Urgel. Catal.

Pontellas, vill. à 2 l. et 3 q. sud de la Corogne, r. de Lugo. Galice.

Pont de Marine, b. à 5 l. et d. nord de Pampelune, r. de France. Navarre.

Pont de la Murcella, vill. à 5 l. et d est de Coïmbre, r. de Pinnel. Portug., prov. de Beyra.

Pont-de-la-Reyna, b. à 8 l. et 1 q. ouest de Barcelonne, r. de Lérida. Catalogne.

Ponte-de-Lima, v. de 2000 habitans, sur la Lima, à 6 l. nord de Braga, r. de Tuy. Elle a un port, un château, un grand pont et des hôpitaux. Portug., prov. d'Entre-D. et-M.

Ponte de Pedra, vill. à 19 l. nord de Lisbonne, r. d'Almeyda. Estram. portug.

Ponta-Febreira, vill. sur la riv. de Sousa, à 2 l. et 3 q. est de Porto. Portug., prov. de Beyra.

Pontefora, vill. à 11 l. et 3 q. sud de Lamego, r. de Lisbonne. Portug., prov. de Beyra.

Pontenova, vill. à 4 l. sud de Porto, r. de Lisbonne. Portug., prov. de Beyra.

Pontevedra, gr. b. avec un port sur un golfe de l'Océan, à l'embouchure du Lerez, à 13 l. ouest d'Orense. Les grands bâtimens s'arrêtent au port Marin. On fabrique à Pontevedra du velours de coton et des armes à feu. Les jardins et vergers des environs fournissent beaucoup de fruits et légumes. Les habitans font aussi du vin, et pêchent dans le Lerez des saumons et anguilles. Galice.

Porcevo, vill. à 3 l. et d. nord d'Oviédo, r. de Gijon. Astur.

Porches, vill. à 4 l. est de Lagos, r. de Tavira. Portug., prov. d'Algarve.

Porcuna, gr. b. sur la riv. de Salado, à 54 l. sud de Madrid, r. de Malaga. Jaen.

Porquera, vill. à 6 l. nord de Monterrey, r. d'Orense. Galice.

Porrinno, p. b. à 91 l. et 3 q. nord de Madrid, entre Orense et Vigo. Galice.

Portacamba, vill. à 70 l. et d. nord de Madrid, r. d'Orense. Galice.

Portaceli, b. sur une hauteur dans un pays à vignobles, à 2 l. sud-est de Liria, r. de Valence. Val.

Portalègre, v. forte entre les montagnes, à 11 l. nord d'Elvas, et 73 l. de Madrid. Elle fabrique des draps et lainages; et elle a des carrières de beaux marbres. Il y a un évêché, et une population de 6,150 âmes. Portug., prov. d'Alent.

Portel, b. de 1760 hab. sur une hauteur, dans le district de Villa-Viçosa. Il a un palais où résidaient autrefois les ducs de Bragance, et un grand haras. Portug., prov. d'Alent.

Portela de Valcarce (la), vill. à 71 l. nord de Madrid, r. d'Astorga à Lugo. Royaume de Léon, district de Ponferrada.

Portella, vill. à 15 l. sud de Bragance, r. de Viseu. Portug., prov. de Tras-os-M.

Portillo, gr. b. à 5 l. sud de Valladolid, r. de Ségovie. Prov. de Valladolid.

Portizo, vill. à 4 l. et 1 q. nord d'Orense, r. de Lugo. Galice.

Porto *ou* Oporto, gr. v. et port de mer, sur l'Océan, à 50 l. nord de Lisbonne, et à 13 l. sud de Braga, à l'embouchure du Douro, sur la pente d'une montagne : c'est après Lisbonne la place la plus commerçante du Portugal; pour le commerce des vins c'est même le premier port du royaume. On en exporte annuellement environ 20,000 pipes, dont la plus grande partie se consomme en Angleterre : aussi compte-t-on beaucoup d'Anglais parmi les négocians de la ville. Tous les environs sont plantés de vignes; et parmi les artisans, les tonnelliers sont très-nombreux. Porto a des quais superbes, quelques belles rues, un théâtre, un chantier de construction, un évêché, un grand hôpital, des fabriques de chapeaux, et une population de 70,000 âmes. Le port communique avec l'Océan par la barre de S. Joao da Foz; de jolies gondoles naviguent sur le fleuve. Portug., prov. d'Entre-D.-et-M.

Porto Carvallo, vill. à 12 l. nord de Béja, r. de Lisbonne. Estram. portugaise

Portocailleiro, vill. à 8 l. et d. nord de Leyria, r. de Coïmbre. Estram. portug.

Porto del Rey, vill. à 14 l. sud-est de Lisbonne, r. de Béja. Estram. portug.

Porto de Moz, b. de 2,230 hab. dans le district d'Ourem. Estram. portug.

Portugalete, petit port auprès de l'embouchure de la rivière de Bilbao, à 2 l. et d. nord de cette ville, et à 71 l. de Madrid, sous 43 degrés 19 min. 47 sec. de latitude, et 05 degrés 23 min. 42 sec. de longitutude. Bisc.

Possino, vill. sur la rivière d'Almonda, à 6 l. ouest d'Abrantès, r. de Lisbonne. Estram. portug.

Potès, chef-lieu du district montagneux de Liébana, dans une vallée à quelques lieues de Santander, prov. de Burgos.

Povoa, vill. à 4 l. nord de Lisbonne, r. de Torres-Vedras. Estram. portug.

Povoa de Varzim, b. avec un petit port sur l'Océan. Ses 5,680 habitans se livrent pour la plupart à la pêche. Portug., Entre D.-et-M.

Povos, p. b. à 7 l. nord de Lisbonne, r. de Leyria. Estram., portug.

Povalès, b. auprès de Soria, à 35 l. et 1 q. nord de Madrid. V.-Cast., prov. de Soria.

Poyo de Padornelo, vill. à 75 l. nord de Madrid, entre Astorga et Lugo. Galice.

Pozo (el), b. à 9 l. nord de Madrid, r. de Trillo, prov. de Guadalax.

Pozo-Blanco, vill. dans la Sierra-Morena, à 12 l. nord de Cordoue. Les mines des environs contiennent de l'argent.

Pozo de la Canada, b. à 39 l. et d. sud-est de Madrid, r. de Murcie. Murc.

Pozo de la Penna, b. à 20 l. nord de Murcie, r. d'Albacete. Murcie.

Pozo Estrecho, b. à 2 l. nord de Carthagène, r. d'Alicante. Murc.

Pradano, vill. à 6 l. nord de Burgos, r. de Miranda. V.-Cast., prov. de Burgos.

Prado, vill. avec 6,450 habitans, aux environs de Braga. Portug., prov. d'Entre D-et-M.

Pravia, petit port sur une baie de l'Océan, à 3 l. ouest d'Avilès. Astur.

Prendes, vill. entre Gijon et Aviles, à 81 l. et 3 q. nord de Madrid. Astur.

Présides. L'Espagne possède sur la côte d'Afrique, vis-à-vis de la côte de l'Andalousie, des établissemens qui d'abord servaient à contenir les pirates des états barbaresques, aujourd'hui ce ne sont plus que des forts où l'Espagne entretient de très-faibles garnisons, et qui ne servent plus que de prisons aux exilés et déportés; après 1814 les membres les plus distingués des cortès, furent punis par cet exil, d'avoir sauvé leur patrie par le régime constitutionnel. Ces présides sont au nombre de 4, Mélille, Alhuzémas, et Peñon de Valez à l'est, Ceuta à l'ouest, vis-à-vis de Gibraltar; ils sont habités par environ 4,250 individus, indépendamment des condamnés. *Ceuta*, le plus considérable des 4 Présides, qui appartint d'abord aux Portugais, est bâti sur une presqu'île montagneuse, et renferme 3,000 âmes. La ville a un évêché suffragant de celui de Séville, un faubourg avec de beanx jardins, et une citadelle très-forte. Une maison de gardes établie sur le mont Acho, sert à surveiller les tribus maures qui infestent souvent la contrée. *Alhuzémas* est un fort bâti dans un ilot tout rond, situé au nord de Vélez; il a un mouillage pour les bâtimens royaux d'Espagne. Le *Penon de Vélez* surnommé *de la Goméra*, est également un ilot fortifié, avec un mouillage, sous 35 degrés, 11 minutes, 45 secondes de latitude; il manque d'eau potable et la tire d'au-delà de la mer, de Malaga. Sur un rocher baigné par les eaux de la Méditerranée, sous 35 degr. 18 minutes, 15 secondes, est situé le fort de *Melille*, pourvu de citernes et de jardins potagers; les marais des environs y rendent le climat malsain dans les grandes chaleurs. Cette place fut prise par les Espagnols en 1497, et elle leur est restée depuis ce temps, quoique les Maures aient tenté à plusieurs reprises, entr'autres en 1774, de s'en emparer.

Priego, b. à 2 l. est de Lucena, et à 10 l. de Grenade. On récolte de très-bons fruits. Cord.

Provencio, vill. à 24 l. et d. sud-est de Madrid, r. de Valence. Nouv.-Cast.

Puebla de Argenzon, vill. à 2 l. et d. sud de Vittoria, r. de Burgos, prov. d'Alava.

Puebla de Cazalla, p. b. à 10 l. est de Séville, r de Malaga. Sév.

Puebla de Guadalupe, gr. b. à 37 l. et 3 q. sud-ouest de Madrid; le monastère de Guadalupe possède une prétendue image miraculeuse, qui autrefois était l'objet d'une grande vénération. Prov. de Tolède.

Puebla de Guzman, vill. à 7 l. et 3 q. nord du port d'Ayamonte, r. de Béja. Royaume de Séville.

Puebla de la Calzada, p. b. entre Mérida et Badajoz, à 57 l. et 3 q. ouest de Madrid. Estram.

Puebla de Manilla, h. à 13 l. et d. ouest de Malaga, r. de Gibraltar. Gren.

Puebla de Sanabria, gr. b. fortifié sur la Tera, à 59 l. et 3 q. nord de Madrid, r. d'Orense. Prov. de Valladolid.

Puebla de Valverde (la), vill. à 30 l. et 3 q. sud de Saragosse, et à 2 l. et 3 q. de Teruel, r. de Valence. Aragon.

Puebla de Yeltes, vill. sur la rivière de Yeltes, à 6 l. et 1 q. nord de Ciudad-Rodrigo, r. de Madrid. Léon, prov. de Salamanque.

Puente-Areas, p. b. sur la Tea, à 5 l. et 1 q. est de Vigo, r. d'Orense. Galice.

Puente de Alba, vill. à 5 l. et 3 q. nord de Léon, r. d'Oviédo. Royaume de Léon, district de Léon.

Puente-de-Arce, vill. sur la rivière de Pas, à 2 l. et 1 q. sud de Santander, r. de Palencia. Prov. de Burgos, distr. de Laredo.

Puente del Arzobispo, p. b. sur le Tage, à 25 l. et 3 q. ouest de Madrid, r. de Talavera à Guadalupe. Prov. de Tolède.

Puente de Castro, vill. à 1 q. de l. sud de Léon, r. de Madrid. District de Léon.

Puente de Duero, vill. sur le Douro, à 1 l. et 3 q. sud de Valladolid, et à 28 l. et 1 q. de Madrid. Prov. de Valladolid.

Puente de la Reyna, b. sur l'Arga, à 4 l. sud de Pampelune, r. de Madrid. Nav.

Puente de Orbigo, vill. sur l'Orbigo, à 4 l. et 3 q. ouest de Léon, r. d'Astorga. Léon.

Puente de Rabade, vill. sur le Minho, entre Lugo et la Corogne, à 86 l. et d. de Madrid. Galice.

Puente de San Payo, vill. sur la rivière de Caldelas, à 1 l. et 3 q. sud de Pontevedra, r. de Tuy. Galice.

Puente de Ume, p. b. sur la rivière de Gestido, entre les ports de Betanzos et Ferrol, à 97 l. et 3 q. nord de Madrid. Galice.

Puentedura, vill. à 12 l. et 3 q. sud de Bilbao, r. de Burgos, et à 6 l ouest de Vittoria. Prov. d'Alava.

Puentes de Hume, p. port à l'embouchure d'une rivière qui fournit des truites saumonées, entre Betanzos et le Ferrol, sur la côte de Galice.

Puentes de los Fierros, vill. sur la Lena, à 7 l. sud d'Oviédo, r. de Léon. Astur.

Puerto de la Mala Muger, b. à 9 l. et d. sud de Murcie, r. de Madrid. Murc.

Puerto de Lumbreras, b. à 15 l. sud-ouest de Murcie, r. de Grenade. Murc.

Puerto de Santa-Maria, ou port de Sainte-Marie, sur l'Océan, à 2 l. nord de Cadix, et à 103 l. de Madrid. La ville est bien bâtie et a de belles promenades. Sév.

Puerto de San Vicente, vill. à 32 l. sud-ouest de Madrid, r. de Talavera à Guadalupe. Prov. de Tolède.

Puerto-Loep, vill. à 5 l. nord de Grenade, r d'Alcala-la-Réal. Gren.

Puerto-Marin, p. b. sur le Minho, à 4 l. sud de Lugo, r. d'Orense. Galice.

Puertollano, vill. renommée pour ses eaux minérales, entre Almaden et Ciudad-Réal, au bas de la Sierra Morena. Prov. de la Manche.

Puerto-Real, p. port sur la baie de Cadix, à 3 l. de cette ville. On y trouve un grand bassin pour le carénage des vaisseaux, et de vastes magasins. Sév.

Puigdelfi, b. à 1 l. et d. ouest de Tarragone, r. de Lerida. Catal.

Punneta, p. b. sur la Zezere, à 2 l. ouest d'Abrantès, r. de Lisbonne. Estram. portug.

Puras, vill. à 22 l. et 3 q. nord de Madrid, r. de Valladolid. Prov. de Valladolid.

Purchena, vill. sur l'Amanzora, à 26 l. et d. est de Grenade, r. de Vera, Gren.

Purullena, vill. à 7 l. et 3 q. est de Grenade, r. de Guadix. Gren.

Puycerda, p. v. auprès de la Sègre, à 1 l. et d. de la frontière de France, r. de Lérida, et à 108 l. nord de Madrid; chef-lieu de la Cerdagne espagnole : sa population est de 5,000 habitans. Aux environs on trouve des carrières de jaspe. Catal.

Q.

Queluz, château royal, à 1 l. et 1 q. de Lisbonne, auprès de la route de Cintra; ses édifices sont irrégulièrement construits. Il y a des jardins et un parc. Estram. portug.

Quinta de D. Rodrigo, vill. à 16 l. sud de Lisbonne, entre Alcaçar et Béja. Portug., prov. d'Alent.

Quinta de los Padres Geronimos de Lupiana, vill. à 11 l. et d. nord de Madrid, et à 1 l. de Guadalaxara. Prov. de Guadalax.

Quinta de Velacha, b. à 31 l. nord de Madrid, r. de Soria. Prov. de Soria.

Quintana de la Puente, p. b. à 8 l. et 1 q. nord de Valladolid, r. de Burgos. Prov. de Valladolid.

Quintanaduennas, vill. à 3 q. nord de Burgos, r. de Santander. V.-Cast., prov. de Burgos.

Quintanapalla, vill. à 2 l. et 3 q. nord de Burgos, r. de Vittoria. V.-Cast., prov. de Burgos.

Quintañar de la Orden, b. à 17 l. et d. sud-est de Madrid, r. de Valence. N.-Cast.

Quintanavides, b. à 5 l. nord de Burgos, r. de Vittoria. V.-Cast., prov. de Burgos.

Quintanilla de las Torres, vill. sur la Lamesa, à 15 l. nord de Palencia, r. de Santander. Léon, prov. de Palencia.

Quintanillas, vill. à 2 l. et 3 q. d'Aguilar de Campo, r. de Reynosa. Léon, prov. de Toro.

Quintanilleja, vill. à une d.-l. sud de Burgos, r. de Valladolid. Prov. de Burgos.

Quintela, b. à 3 l. est de Viseu, r. de la Guarda. Portug., prov. de Beyra.

Quintela, vill. à 71 l. et 3 q. nord-ouest de Madrid, r. de Lugo. Léon, distr. de Ponferrada. Un autre Quintela est situé sur le Luacès, entre Lugo et Mondoñego, en Galice.

Quintella de Lampaces, vill. à 3 l. et d. ouest de Bragance, r. de Lisbonne. Portug., prov. de Tras-os-M.

R.

Rabal, vill. à 20 l. et 3 q. sud-est de Vigo, r. de Madrid. Galice.

Rabal de Abajo *ou* el Nuevo, vill. à 70 l. et 1 q. nord-ouest de Madrid, r. de la Corogne. Léon.

Rabanera del Campo, b. à 32 l. et d. nord de Madrid, r. de Soria. Prov. de Soria.

Rabanos (los), b. à 34 l. et 3 q. nord de Madrid, et à 1 l. sud de Soria. Prov. de Soria.

Rabazal, p. b. à 4 l. et 1 q. sud de Coïmbre, r. de Lisbonne. Portug., prov. de Beyra.

Rabé de las Calzadas, p. b. sur la rivière d'Urbel, à 2 l. et 3 q. ouest de Burgos, r. de Léon. Prov. de Palencia.

Rad (la), vill. à 7 l. nord de Burgos, r. de Santander. Prov. de Burgos.

Radona, vill. à 27 l. et 3 q. nord de Madrid, r. de Pampelune. Prov. de Soria.

Raliegos, vill. à 3 l. et 1 q. est de Léon, r. de Burgos. Prov. de Valladolid.

Ramallal, vill. à 8 l. nord de Lisbonne, r. de Porto. Estram. portug.

Ramallosa, vill. sur la petite rivière du même nom à 7 l. et 3 q. sud de Pontevedra, r. de Porto. Galice.

Rannados, p. b. à 10 l. nord-ouest de Viseu, r. de la Puebla de Sanabria. Port., prov. de Beyra.

Ranera, b. à 15 l. et d. est de Madrid, r. de Cuença. N.-Cast.

Rapaiegos, vill. à 21 l. nord de Madrid, r. de Valladolid. Prov. d'Avila.

Rates, p. b. sur la petite rivière d'Aino, à 6 l. nord de Porto, r. de Pontevedra. Portug., prov. d'Entre-D.-et-M.

Readegos, vill. à 13 l. sud de Lugo, r. d'Orense. Galice.

Réal de Jara (el), b. à 6 l. et d. des mines d'Almaden, et à 10 l. nord de Séville, r. de Mérida. Sév.

Réal fuerte de la Concepcion (el), b. à 1 l. et d. ouest du fort d'Almeyda, r. de Piñel. Portug., prov. de Beyra.

Rebolleda, vill. à 73 l. et 3 q. sud de Madrid, r. d'Aviles. Astur.

Rebollosa de Jadraque, b. à 18 l. et 3 q. nord de Madrid, r. de Soria. Prov. de Soria.

Reboreda, vill. à 10 l. et 3 q. sud de Pontevedra, r. de Porto. Portug., prov. d'Entre D.-et-M.

Redemoinos, vill. à 8 l. et 1 q. nord de Porto, r. de Pontevedra. Portug., prov. d'Entre-D.-et-M.

Redina, pet. b. à 18 l. et 3 q. sud de Coïmbre, r. de Lisbonne. Estram. portug.

Redondela, gr. b. avec un port sur la baie de Vigo, entre cette ville et Pontevedra, et protégé par un château fort; on en exporte des huîtres et des poissons salés. Galice.

Reje, vill. sur le Duero, à 2 l. ouest de Lamego, r. de Porto. Prov. de Tras-os-M.

Remesal, vill. à 37 l. et d. nord-est de Madrid, r. de Vigo. Prov. de Valladolid.

Remondon, vill. sur la riv. de Piron, à 8 l. et 1 q. nord-ouest de Ségovie, r. de Valladolid. Prov. de Ségovie.

Renteria, b. à 4 l. et d. sud de la Bidassoa, r. d'Irun à Saint-Sébastien. Prov. de Guipuscoa.

Requejo, vill. à 60 l. et d. nord-ouest de Madrid, r. de Vigo. Prov. de Valladolid.

Requena, b. sur l'Oliana, à 43 l. et d. est de Madrid, r. de Valence; il a des fabriques de soieries; les environs fournissent des grains, vins et safran. Ce bourg renferme 6,000 âmes. N.-Cast., prov. de Cuença.

Retascon, b. à 41 l. nord-est de Madrid, et à d.-l. de la Daroca, r. de Saragosse Arag.

Reuss, p. v. à 2 l. et d. ouest de Tarragone, r. de Lérida, et à 3 l. de la mer; elle a des distilleries, et fait un grand commerce de vins et liqueurs; on en exporte beaucoup par le port de Salon. Catal.

Reycosa, vill. à 2 l. et d. sud-est de Mondoñedo, r. de Madrid. Galice.

Reynosa, gr. b. à 59 l. nord de Madrid, r. de Santander, à 1 l. des sources de l'Èbre; des montagnes entrecoupées de précipices se prolongent auprès du bourg. Léon, prov. de Toro.

Rialobos, b. à 3 l. et d. nord-est de Coria, r. de Salamanque. Prov. d'Estram.

Rianzares, b. à 12 l. et d. sud-est de

Madrid, r. de Valence. N.-Cast., prov. de Cuença.

Riba de Louro, sur la riv. de Louro, à 8 l. sud de Pontevedra, r. de Porto. Galice.

Ribadeo, gr. b. fort. et port de mer, à l'embouch. de la riv. d'Eo, à 3 l. et 1 q. nord de Mondoñedo. Les habitans fabriquent de la clouterie et des toiles. Galice.

Riba de Sella, b. avec un pet. port, à l'embouch. de la Sella, à 9 l. est de Gijon, et à 16 l. nord d'Oviédo; on y pêche beaucoup de saumons. Astur.

Ribagorza, ancien comté sur la Cinca dans les Pyrénées d'Aragon; Benavarre en était le chef-lieu; les montagnes du pays sont couvertes de forêts.

Riego de Ambrox, vill. à 53 l. et d. nord-ouest de Madrid, r. de la Corogne. Léon.

Riégo del Monte, vill. à 55 l. et d. sud de Madrid, r. d'Aviles. Léon.

Rilvas, b. à 6 l. est de Lisbonne, r. d'Elvas. Estram. portug.

Riobolas, b. entre Plasencia et Coria, à 46 l. et d. ouest de Madrid. Estram.

Rio de Couros, vill. à 10 l. et d. sud de Coïmbre, r. de Lisbonne. Estram. portug.

Riofrio, b. à 19 l. et 1 q. nord de Madrid, r. de Soria. Prov. de Soria.

Rioja, pays fertile sur l'Ebre, dont une partie, appelée la Haute Rioja est de la province de Burgos, tandis que la Basse Rioja est de la province de Soria. La *Rioja alavesa* comprend la partie la plus fertile de la province d'Alava.

Rio Mourino, b. à 10 l. nord-ouest de Béja, r. de Lisbonne. Portug., prov. d'Alent.

Rio Negro del Puente, pet. b. sur l'Oterino ou Negro, à 52 l. et d. nord-ouest de Madrid, r. de Vigo. Prov. de Zamora.

Riopar, b. de 4,500 habitans, dans les montagnes, à 4 l. d'Alcaraz, et à 32 l. est de Ciudad-Réal, auprès des sources du Mundo; il a de belles mines de calamine, et une fabrique royale de laiton. Prov. de la Manche.

Rio S. Pedro, vill. entre Xerez et Cadix, à 100 l. sud de Madrid. Sév.

Rio S. Petri, vill. entre le port Sainte-Marie et Cadix, à 102 l. et d. sud de Madrid. Sév.

Rioseco, p. v. sur le Sequillo, dans une vallée fertile en grains, à 4 l. ouest de Valladolid; on y fabrique de la verrerie, draperie, des cordages, toiles et étamines; sa foire était autrefois très-fréquentée. Léon, prov. de Valladolid.

Ripoll, b. sur le Ter, à 5 l. nord de Vique, r. de Puycerda; son monastère était autrefois riche et très-peuplé; on fabrique à Ripoll des fusils et baïonnettes. Population, 2,400 habitans. Catal.

Rivadavia, gr. b. au confluent du Minho et de l'Avia, à 9 l. et 3 q. est de Vigo, r. de Madrid. On récolte du bon vin dans les environs. Galice.

Robla (la), vill. à 60 l. et d. sud de Madrid, r. d'Aviles. Léon.

Robledo, vill. à 57 l. nord-ouest de Madrid, r. de Vigo. Prov. de Valladolid.

Robregordo, b. à 16 l. nord de Madrid, r. de Burgos. N.-Cast., prov. de Guadalax.

Rocaverti, b. à 9 l. nord-est de Lérida, r. de Puycerda. Catal.

Roces, vill. à 3 l. et d. sud d'Aviles, r. de Madrid. Astur.

Roda, vill. à 1 l. et 1 q. nord-ouest de Ségovie, r. de Valladolid. Prov. de Ségovie.

Roda (la), b. à 30 l. sud-est de Madrid, non loin du Xucar, r. de Murcie. N.-Cast., prov. de Cuença.

Rodillana, p. b. à 6 l. et d. sud de Valladolid, r. de Madrid. Prov. de Valladolid.

Roliza *ou* Roriza, vill. à 11 l. sud de Leyria, r. de Lisbonne. Estram. portug.

Romanones, vill. à 14 l. nord-est de Madrid, r. de Trillo. Prov. de Guadalaxara.

Romera (la), b. à 6 l. sud-ouest de Saragosse, r. de Calatayud. Arag.

Roncal, vallée des Pyrénées de Navarre, où les neiges séjournent pendant 5 mois, et qui, outre le bois, a de bons pâturages; on y élève des chevaux, et on y conduit dans la belle saison des troupeaux de bêtes à laine; les habitans font du beurre et du fromage, et récoltent un peu de grains et des châtaignes; ils occupent 5 bourgs qui forment ensemble une communauté en quelque sorte indépendante.

Roncevaux, *en esp.* Roncevalles, vill. à 8 l. et d. nord de Pampelune, r. de Saint-Jean-Pied-de-Port; il a une église desservie par des chanoines, et un hôpital pour les voyageurs. La vallée est célèbre par les romans du moyen âge, d'après lesquels ce fut là que les Léonais défirent l'armée de Charlemagne et ses paladins, et le forcèrent de borner son empire au nord des Pyrénées. Nav.

Ronda, v. sur une hauteur auprès du Guadiaro, à 10 l. nord de Gibraltar, r. de Cordoue. Un pont de 276 pieds d'élévation y unit deux rochers à pic, entre lesquels se précipite le Guadiaro; un escalier de 400 marches, taillé dans le roc, conduit au bas de ces rochers; le Guadiaro fait mouvoir les roues de plusieurs moulins; la chaîne de montagnes qui longe le lit de la rivière jusqu'à la mer, présente des sommets arides et des crêtes aiguës, tandis que dans la région inférieure, elle est couverte de pins, chênes verts, cistes, terébinthes, etc. Les vallées sont labourées ou ombragées de vignes, oliviers et orangers. Sév.

Ronquillo (el), b. à 6 l. et d. nord de Séville, r. de Mérida. Sév.

Roo, vill. à 7 l. et d. ouest de Santiago, r. de Noya. Galice.

Ros, vill. à 3 l. nord de Burgos, r. de Santander. Prov. de Burgos.

Roses, v. forte, avec un port sur une baie de la Méditerranée, à 31 l. et d. nord de Barcelonne, et à 5 l. de la frontière des Pyrénées Orientales. Population, 2,600 habitans. Son port peut recevoir de grands vaisseaux; mais ils n'y sont abrités que contre les vents de l'est et du nord. Catal.

Rosmarinhal, petit fort de la frontière de Portugal, à 3 l. ouest d'Alcantara, r. d'Abrantès. Prov. de Beyra.

Rota, b. à 4 l. nord de Cadix, auprès de la côte; il fait une grande exportation des vins estimés de son territoire, produits par le raisin noir appelé *morillon*. Sév.

Rosamonde, vill. à 11 l. et 3 q. sud-est de Vigo, r. de Madrid. Galice.

Rozas (las), vill. à 2 l. et d. nord de Madrid, r. de Ségovie. Prov. de Guadalajara.

Rube de Bracamonte, p. b. à 16 l. et 3 q. sud de Toro, r. de Madrid. Prov. de Valladolid.

Rubena, b. à 2 l. nord de Burgos, r. de Vittoria. Prov. de Burgos.

Rubian, vill. à 22 l. sud de Lugo, r. d'Orense. Galice.

Rubian de Arriba, vill. à 21 l. sud de Lugo, r. d'Orense. Galice.

Rueda, p. b. à 9 l. sud-est de Toro, r. de Madrid. Les environs fournissent du bon vin. Prov. de Valladolid.

Ruivaens, p. b. à 20 l. et 3 q. sud d'Orense. Portug., prov. de Tras-os-M.

Rumoroso, vill. à 3 l. et 1 q. sud de Santander, r. de Madrid. Prov. de Burgos.

Ruyales del paramo, vill. à 3 l. et d. nord de Burgos, r. de Santander. Prov. de Burgos.

S.

Sabugosa, p. b. sur l'Imontorio, à 2 l. sud de Viseu, r. de Coïmbre. Portug. prov. de Beyra.

Sacavem, b. sur la rivière de Frielas, et auprès du Tage, à 1 l. et d. nord de Lisbonne. Il y a des magasins de vins, et une population de 1,020 habitaans. Au mois d'août il s'y tient une foire franche de trois jours. Une belle route conduit le long du Tage, à Lisbonne: on passe successivement auprès des magasins de poudre de Beirolas, par les villes d'Olivaes et Braço de Prata, qui ont des magasins de vins, et par Marvilla, où l'on voit l'ancien palais du patriarche et une savonnerie. Estram. portug.

Sacedon, b. renommé pour ses eaux minérales, à 17 l. et q. est de Madrid, r. d'Albaracin. N.-Cast., prov. de Guadalaxara.

Sadao, port sur l'Océan, et au bord de la rivière de Sado, auprès de Sétubal: les marais salans le long de la rivière, donnent lieu à une grande exportation de sel. Estram. portug.

Saelices, b. à 16 l. et d. sud-est de Madrid, r. de Valence. N.-Cast., prov. de Cuença.

Sagres, petit port avec une forteresse, entre Lagos et le Cap St.-Vincent. Portug., prov. d'Algarve.

Sahagun, gr. b. de 4,000 habitans, sur la Sea, à 8 l. est de Léon, r. de

Burgos. Son couvent de Bénédictins était autrefois très-riche ; les environs du bourg sont fertiles. Prov. de Léon.

Sajamonde, vill. à 12 l. et 3 q. ouest d'Orense, entre Vigo et Redondela. Galice.

Salamanque, v. sur le Tormes, à 34 l. ouest de Madrid, entre deux vallées, siége d'une grande université et d'un évêché. Elle a une belle cathédrale, une place publique entourée de grands édifices, et un pont très-long sur le Tormes. Parmi ses colléges, celui des *Ecoles* est remarquable pour ses grandes salles, ses cours entourées d'un portique, la bibliothèque et l'église ; l'université avait autrefois de grands priviléges. Population, 14,000 habitans. Le territoire montagneux de Salamanque a de bons pâturages et produit beaucoup de légumes, grains, fruits et lin. Léon, prov. de Salamanque.

Salamonde, vill. à 8 l. et d. sud de Chaves, r. de Brague. Portug. prov. d'Entre-D.-et-M.

Salas, p. b. à 7 l. ouest d'Oviédo, r. de Cangas de Tineo. Astur.

Salazar, vallée des Pyrénées navarroises, traversée par la rivière poissonneuse de ce nom ; elle est peuplée d'une quinzaine de villages.

Saldana, gr. b. sur le Carrion, à 8 l. nord de Palencia. Léon, prov. de Palencia.

Salgueiro, vill. à 12 l. et d. de Porto, r. de Leyria. Portug., prov. de Beyra.

Salinas, b. à 3 l. et d. nord de Vittoria, r. d'Irun, et élevé de 1800 pieds au-dessus du niveau de l'Océan. Ses sources d'eau salée fournissent une grande quantité de sel. Prov. d'Alava.

Salir-do-Mato, vill. à 11 l. nord de Lisbonne, r. de Leyria. Estram., portug.

Sallen, b. de la vallée de Tena, dans les Pyrénées d'Aragon, à la source du Gallego, et auprès des sources thermales de Panticosa.

Salobrena, petite ville avec un château fort, sur un rocher à l'embouchure d'une petite rivière, auprès de la Méditerranée, à 1 d. l. ouest de Madrid. Elle se livre à la pêche. Gren.

Salteu, vill. à 7 l. et 3 q. sud de Porto, r. de Leyria. Portug., prov. de Beyra.

Salvaterra de Magos, b. de 2,140 habitans, district de Santarem. Il y a un château royal, où les rois demeuraient autrefois, suivant un vieil usage, depuis le 18 janvier jusqu'au mardi gras : ce château renferme un théâtre. Estram. portug.

Salvaterra do Extremo, b. fortifié sur la frontière d'Espagne et de Portugal, à 9 l. et d. est de Castelbranco, r. d'Alcantara. Portug., prov. de Beyra.

Salvatierra, gr. b. fortifié à 7 l. et d. sud-ouest d'Orense. Galice.

Salvatierra de Francia *ou* Mores Verdes, b. à 4 l. et d. nord de Ciudad-Rodrigo, r. de Salamanque. Léon, prov. de Salamanque.

Samiano, vill. à 4 l. sud de Vittoria, r. de Saragosse. Prov. d'Alava.

Sampayo, b. à 16 l. est de Coïmbre, r. d'Almeyda. Portug., prov. de Beyra.

S. Adria de Bassos, vill. à 1 l. nord de Barcelonne, r. de Gironne. Catal.

San Amaro, à 1 l. et d. est de Pontevedra, r. de Santiago. Galice.

S. André, b. à 17 l. et d. sud de Lisbonne, r. du Cap de St.-Vincent. Estram. Portug.

S. André, b. à 4 l. et d. est de Coïmbre, r. de la Guarda. Portug., prov. de Beyra.

San-Andres, vill. à 1 d. l. nord de Léon, r. d'Oviédo. District de Léon.

S. Andres de la Barca, vill. à 3 l. ouest de Barcelonne, r. de Lérida. Catal.

S. Andres de Palomar, vill. à 1 l. nord de Barcelonne, r. de Gironne. Catal.

S. Antonio, b. à 42 l. et d. est de Madrid, r. de Valence. N.-Cast., prov. de Cuença.

San-Antonio, vill. à 5 l. sud de Porto, r. de Lisbonne. Portug. prov. de Beyra.

S. Antonio de Guartaira, b. auprès de l'Océan, à 3 l. ouest de Faro, r. de Lagos. Portug. prov. d'Algarve.

S. Antonio de Vergara, b. à 8 l. nord de Vittoria, r. d'Irun, prov. de Guipuscoa.

S. Antonio do Cantaro, vill. à 4 l. et 3 q. nord-est de Coïmbre, r. de Viseu. Portug., prov. de Beyra.

S. Augustin, b. à 6 l. nord de Madrid, r. d'Aranda. Prov. de Gradalax.

S. Blas, b. à 2 l. nord de Faro, r. de Lisbonne. Portug., prov. d'Alent.

S. Braz, b. à 19 l. est de Lisbonne,

r. de Séville. Portug., prov. d'Alent.

S. Carlos, b. à 18 l. sud de Tarragone, r. de Valence. Catal.

Sancheira, vill. à 15 l. et d. nord de Lisbonne, r. de Leyria. Estram. portug.

S. Chidrian, vill. à 17 l. et 3 q. nord de Madrid, r. de Valladolid. Prov. d'Avila.

Sancho-Nuño, vill. à 7 l. nord-ouest de Ségovie, r. de Valladolid. Prov. de Ségovie.

S. Clemente, gr. b. sur le Rus, à 25 l. est de Madrid, r. de Valence. Prov. de Cuença.

S. Cristoval, vill. à 47 l. et 3 q. nord-ouest de Madrid, entre Benavente et Léon. Prov. de Valladolid.

S. Cristoval, vill. à 69 l. et 1 q. nord-ouest de Madrid, r. d'Orense. Galice.

S. Cristoval de la Cuesta, vill. à 1 l. et d. nord de Salamanque, r. de Toro, prov. de Salamanque.

S. Cristoval de la Vega, vill. à 21 l. et 1 q. nord de Madrid, r. de Valladolid. Prov. d'Avila.

S. Domingo, vill. à 3 l. nord d'Abrantès, r. de la Guarda. Estram. portug.

S. Domingo de la Calzada, p. v. à 12 l. nord-est de Burgos; on y fabrique des draps. Prov. de Burgos.

S. Estevan, b. sur la Bidassoa. Nav.

S. Estevan del Molar, p. b. à 45 l. et 1 q. nord de Madrid, r. d'Orense. Léon, prov. de Valladolid.

S. Estevan de Ribas de Sil, monastère sur le Sil, à 3 l. nord d'Orense, r. de Lugo. Galice.

S. Felipe *ou* Xativa, v. de 8,000 âmes, à 9 l sud de Valence, dans une jolie contrée; l'ancien bourg de Xativa fut rasé après la bataille d'Almansa; la ville neuve est bien bâtie. Sur une pente auprès de la vallée de Montesa, on voit les restes de l'ancien château des Maures. S. Felipe a une papeterie. Val.

S. Felix de Guinols, vill. à 15 l. nord de Barcelonne, r. d'Ampurias. Catal.

S. Felix de Llobregat, vill. sur le Llobregat, à 2 l. ouest de Barcelonne et de la mer. Catal.

S. Friz, vill. à 1 l. est de Lugo, r. de Ponferrada. Galice.

S. Giaon, vill. à 9 l. nord de Lisbonne, r. de Leyria. Estram. portug.

San Giraldo, b. à 16 l. nord de Lagos, r. de Lisbonne. Estram. portug.

S. Gregorio, vill. à 1 l. nord de Saragosse, r. d'Urdos en France. Arag.

Sanguesa, p. v. sur la rivière d'Aragon, à 6 l. est de Pampelune, et l'une des 5 *mairies* de Navarre. Sa population est de 3,000 habitans.

S. Ildefonse, château et résidence royale, à 13 l. nord de Madrid, et à 2 l. est de Ségovie, sur le versant septentrional de la Sierra de Guadarrama. Les jardins y sont ornés de cascades, de bassins et de fontaines. La ville, peuplée de 4,500 habitans, a des fabriques de verrerie, étain, acier, toiles, etc. Le château royal de la *Grange* a des appartemens superbes, ornés de statues. Prov. de Ségovie.

S. Joanino, vill. à 4 l. sud de Viseu, r. de Coïmbre. Portug., prov. de Beyra.

San-Joao de Areas, vill. avec 2450 habitans, dans le district de Viseu. Portug., prov. de Beyra.

San-Joao das Lampas, b. de 2,620 habitans du district d'Alemquer. Estram. portug.

S. Joaon, b. à 16 l. nord de Tavira, r. de Lisbonne. Portug., prov. d'Alent.

S. Jorge, b. à 1 d.-l. est de Coïmbre, r. de Guarda. Portug., prov. de Beyra.

S. Jorge, vill. à 2 l. sud de Leyria, r. de Lisbonne. Estram. portug.

S. Juan-de Puerto, b. entre Huelva et Ayamonte, auprès de l'Océan, à 12 l. et 3 q. ouest de Séville. Sév.

S. Juan de Sines, b auprès de l'Océan, à 15 l. de Lagos, r. de Lisbonne. Estram. portug.

S. Juan de Torres, vill. à 58 l. nord de Madrid, r. d'Astorga. Léon, district de Léon.

S. Julian, vill. à 6 l. et q. sud de Vigo, r. de Porto. Galice.

S. Justo de la Vega, vill. sur le Tuerto, à 1 d.l. est d'Astorga, r. de Léon. District de Léon.

S. Lorenzo, vill. à 67 l. et 3 q. nord-ouest de Madrid, r. d'Orense. Galice.

S. Lorenzo, vill. à 15 l. ouest d'Avila, r. de Plasencia; prov. de Plasencia.

S. Lorenzo de Almaneil, b. à 1 l. ouest de Faro, auprès de l'Océan, r. de Lagos. Portug., prov. d'Algarve.

S. Lourenzo, vill. à 12 l. et 1 q. sud de Coïmbre, r. de Lisbonne. Estram.

S. Lucar de Barrameda, v. avec un port à l'embouchure du Gualdaquivir.

Les environs fournissent de bons fruits, vins et légumes. La ville a une filature de coton, et de joliés promenades. Sév.

S. Lucar de Guadiana, p. v. fortifiée, à 35 l. sud-est de Lisbonne, r. de Séville, sur une montagne de la rive gauche du Guardiana; trois forts protégent la place. Port., prov. d'Alent.

S. Lucar la Mayor, p. v. à 2 l. et 1 q. ouest de Séville, r. de Béja en Portug. Sév.

S. Marcos, b. à 18 l. nord de Tavira, r. de Lisbonne. Portug., prov. d'Alent.

S. Marti de Provensals, vill. à 3 q. l. nord de Barcelonne, r. de Girone. Catal.

San-Martin del Camino, vill. à 4 l. et 3 q. ouest de Léon, r. d'Astorga. Prov. de Léon.

San-Mateo, vill. à 1 d.-l. sud d'Avila, r. de Plasencia. Prov. d'Avila.

San-Mateo, vill. sur le Rebujes, à 4 l. et d. sud de Santander, r. de Palencia. Prov. de Burgos.

San-Miguel de Agostedo, vill. à 6 l. et 1 q. ouest d'Astorga, r. de Lugo. District de Léon.

San-Miguel de Corneja, b. à 11 l. ouest d'Avila, r. de Plasencia. Prov. d'Avila.

San-Miguel del Camino, vill. à 2 l. ouest de Léon, r. d'Astorga. District de Léon.

San-Miguel dos Poyares, b. à 28 l. et 3 q. sud-ouest de Ciudad-Rodrigo, r. de Lisbonne. Portug., prov. de Beyra.

San-Millan de los Caballeros *ou* de Valencia, p. b. à 52 l. et 1 q. nord-ouest de Madrid, entre Benavente et Léon. Prov. de Léon.

San-Millan de la Cogulla, monastère auprès de S. Domingo de la Calzada. Il avait autrefois de grands biens. Prov. de Soria.

San-Nicolas del Camino, vill. à 9 l. est de Léon, r de Burgos. Prov. de Toro.

San-Pascual, b. à 17 l. et 1 q. nord-ouest de Madrid, r. de Salamanque. Prov de Salamanque.

San-Payo, b. et monastère à 3 l. et 1 q. ouest d'Orense, r. de Vigo. Galice.

San-Pedro de Alcaria, b. à 4 l. nord du port de Castromarin, r. de Lisbonne. Portug., prov. d'Algarve.

San-Pedro de Sul, p. b. sur la Vouga, à 7 l. sud de Lamego, r. de Lisbonne. Portug., prov. de Beyra.

San-Pedro de Cova, vill. du district de Porto, possédant une grande houillère. Portug., prov. d'Entre-D.-et-M.

San-Pelayo, h. à 34 l. et 1 q. nord-ouest de Madrid, r. de Léon. Prov. de Valladolid.

San-Rafael, vill. à 10 l. et d. nord-ouest de Madrid, r. de Salamanque. Prov. de Madrid.

Sam-Roman de Bembibre, vill. à 7 l. ouest d'Astorga, r. de Lugo. District de Ponferrada.

San-Roque ou Saint-Roch, p. v. à 1 l. nord de Gibraltar, et à 23 l. de Cadix. Du côté de Gibraltar elle est défendue par une forte muraille qui aboutit des deux côtés à la mer.

San-Sebastian, p. v. forte et commerçante, au bas d'une hauteur sur laquelle est situé le château de la Mota, et au bord de l'Océan, à 4 l. de l'embouchure de la Bidassoa. Son petit port est muni de môles et d'un beau fanal. En 1813 cette place fut prisę d'assaut et ruinée en partie; mais elle fut promptement restaurée, et soutint, en 1823, un siége contre l'armée française. Son commerce de laine, et son chantier de construction sont tombés; elle a encore des tanneries, des forges pour la marine, quelques petits couvens et un hôpital. Le commandant du Guipuscoa y réside. Prov. de Guipuscoa.

San-Sebastian, b. à 15 l. nord de Tavira, r. de Lisbonne. Portug., prov. d'Alent.

San-Silvestre de Guzman, b. à 3 l. et d. nord d'Ayamonte, r. de Béja. Sév.

Santa-Barbara, vill. à 1 l. ouest de Saragosse, r. de Calatayud. Arag.

Santa-Barbara, vill. à 20 l. ouest de Séville, r. de Béja en. Portug. Sév.

Santa-Barbara de Neje, b. auprès de l'Océan, à 3 l. sud-ouest de Tavira, r. de Faro. Portug., prov. d'Algarve.

Santa-Catalina, vill. à 1 l. ouest d'Astorga, r. de Ponferrada. District de Léon.

Santa-Comba, vill. à 9 l. et 3 q. sud de Bragance, r. de Torre de Moncorvo. Portug., prov. de Tras-os-M.

Santa-Cristina, vill. sur l'Orbigo, à 47 l. et 1 q. nord de Madrid, r. d'Orense. Léon, prov. de Valladolid.

Santa-Cruz, vill. de la Sierra-Morena, à 7 l. sud de la ville de Manzanarès, r. de Cordoue; aux environs il y a une mine d'antimoine. Prov. de la Manche.

Santa-Cruz de Arrabaldo, vill. à

1 l. ouest d'Orense, r. de Vigo. Galice.

Santa-Elena, vill. et colonie de la Sierra-Morena, à 6 l. nord de Baylen, r. de Tolède. C'est auprès de ce village que commence la gorge de *Despena-perros*, mot qui signifie *écrase-chien*; la route y passe entre un rocher escarpé de schiste et un abîme dans lequel coule l'Almadiel; une énorme fissure produite peut-être par un tremblement de terre y sépare deux rochers très-élevés.

Santa-Eufemia, p. b. à 41 l. et 1 q. nord de Madrid, r. d'Orense. Prov. de Valladolid.

Santa-Eufemia, vill. sur le Lamegal, à 2 l. ouest du fort de Pinhel, r. de Lamego. Portug., prov. de Beyra.

Santa-Eugenia, b. à 3 l. et 3 q. nord d'Urgel, r. de Puycerda. Catal.

Santa-Eulalia, vill. à 9 l. et d. ouest d'Oviédo, r. de Cangas de Tinéo. Astur.

Santa-Fe, vill. à 1 l. sud de Saragosse, r. de Daroca. Arag.

Santa-Fé, v. sur le Xenil, entre Loxa et Grenade; en 1807 elle fut presqu'entièrement détruite par le tremblement de terre. Gren.

Santa-Gadea, b. à 14 l. et d. nord-est de Burgos, r. de Bilbao, et à 3 l. ouest de Miranda. Prov. de Burgos.

Santa-Lucia, vill. sur la Bernesga, à 6 l nord de Léon, r. d'Oviédo, prov. de Léon.

Santa-Maria, port sur la baie de Cadix; la ville est bâtie régulièrement, et a de belles promenades. Sév.

Santa-Maria de Arent, b. de la côte de Catalogne avec une rade, un chantier de construction, des forges d'ancres, des fabriques de toiles et bonneterie.

Santa-Maria del Caballeros, b. à 14 l. et 1 q. sud-ouest d'Avila. Prov. de Salamanque.

Santa-Maria del Cami, vill. à 14 l. est de Lérida, r. de Barcelonne. Catalogne.

Santa-Maria de Palau Tordera, vill à 6 l. et 3 q. nord de Barcelonne, r. de Girone. Catal.

Santa-Maria de Ribaredonda *ou* del Cubo, vill. à 6 l. sud-ouest de Miranda, r. de Burgos. V.-Cast., prov. de Burgos.

Santa-Maria el Arroyo, b. à 4 l. ouest d'Avila, r. de Placencia. Prov. d'Avila.

Santa-Marta, b. à 6 l. sud de Badajoz, r. de Séville. Estram.

Santa-Marta, vill. à 9 l. et 3 q. sud de Chaves, r. de Lamego. Portug., prov. de Tras-os-M.

Santa-Marta de Fera, pet. b. sur la Fera, à 50 l. et d. nord-ouest de Madrid, r. d'Orense. Léon, prov. de Valladolid.

Santa-Martha do Bouro, vill. du district de Viana, peuplée de 2350 habitans: sur une montagne des environs est bâti le sanctuaire de *Nossa Senhora da Abbadia*, fréquenté annuellement par une foule de dévots. Portug., prov. d'Entre-D.-et M.

Santander, v. forte sur une rivière, avec un bon port sur l'Océan, à 71 l. et 3 q. nord de Madrid; on en exporte beaucoup de laine et de morues. La ville a un évêché et plusieurs églises; une belle route conduit de Santander à Reynosa: le chantier de construction est à Guarnizo, auprès de l'embouchure de la rivière de Santander; à la Cavada et à Liergancs il y a des fonderies. Prov. de Burgos.

Santa-Alajo de la Ribera, vill. à 1 l. sud de Léon, r. de Benavente. District de Léon.

Santa-Olalla, b. à 12 l. et 3 q. sud-ouest de Madrid, r. de Talavera-la-Reyna, et à 5 l. ouest de Tolède. N.-Cast., prov. de Tolède.

Santa-Olalla, b. à 11 l. nord de Séville, r. de Mérida. Sév.

Santa-Olalla, vill. à 23 l. nord de Palencia, r. de Santander. Prov. de Burgos, distr. de Larédo.

Santa-Olaria, vill. à 2 l. et d. sud de Tudèle, r. de Tarazona. Arag.

Santarem, v. commerçante de 8,000 âmes, sur le Tage, à 14 l. nord de Lisbonne; elle a une citadelle, une académie, des hôpitaux, et elle tire de son territoire beaucoup de vins, de grains et d'olives. Estram. portug.

Santas, vill. à 6 l. et d. ouest d'Orense, r. de Pontevedra. Galice.

Santas-Martas, vill. à 3 l. et 1 q. sud de Léon, r. de Medina de Rio-Seco. Prov. de Valladolid.

Sante-Vicente del Palacio, sur le Zapardiel, à 25 l. nord-ouest de Madrid, r. de Zamora. Prov. de Valladolid.

Santiaens, vill, à 6 l. et 3 q. sud de Porto, r. de Leyria. Portug., prov. de Beyra.

Santiago de Cacem, b. de 2040 habitans, avec un petit port sur l'Océan. Portug., prov. d'Alent.

Santiago *ou* Saint-Jacques de Compostelle, v. de 25,000 âmes, à 96 l. et 1 q. nord-ouest de Madrid, et à 6 l. de l'Océan, chef-lieu de la Galice. Sa cathédrale où, autrefois, le tombeau de Saint-Jacques attirait des pèlerins de toute la chrétienté, possédait de grandes richesses. L'archévêque était un des mieux dotés de l'Espagne : la ville était pleine d'églises et de couvens. Santiago a un grand hôpital et un bon hospice, une université, et des manufactures de rubans, dentelles et toiles; les environs sont de peu de rapport.

Santiago, b. à 12 l. et d. sud de Lisbonne, r. de Lagos. Estram. portug.

Santiago, vill. sur la Besaya, à 4 l. sud de Santander, r. de Palencia. Prov. de Burgos.

Santiago de Aravelle, b. à 8 l. et d. est de Plasencia, r. d'Avila. Estram.

Santiago de Cacem, b. auprès de l'Océan, à 18 l. et d. sud de Lisbonne, r. du Cap Saint-Vincent. Estram. portug.

Santiago de Escorial, vill. à 17 l. et d. est de Lisbonne, r. d'Evora. Portug., prov. d'Alent.

Santiago del Collado, b. à 12 l. et d. ouest d'Avila, r. de Plasencia. Prov. d'Avila.

Santiago de Paramo, vill. à 3 l. est de Lugo, r. d'Astorga. Galice.

Santiaguino, vill. à 1 l. ouest de Lamego, r. de Porto. Portug., prov. de Beyra.

Santibanez de Zarzaguda, gr. b. à 5 l. nord du Burgos, r. de Santander. Prov. de Burgos.

Santi-Spiritus, vill. sur le Gavilanes, à 3 l. sud de Ciudad-Rodrigo. Léon, prov. de Salamanq.

Santillana, p. b. à 6 l. nord de Palencia, r. de Santander. Prov. de Palenc.

Santillane, b. sur une petite baie, avec un petit port, à 3 l. ouest de Santander, dans un territoire fertile, appelé *Asturies de Santillana*. Prov. de Burgos.

Santi-Petri, îlot avec un château, auprès de l'île de Léon et de Cadix. Sév.

Santiponce, b. à 1 l. nord de Séville, r. de Mérida, auprès des ruines de l'ancienne ville d'Italica, où l'on a trouvé des restes d'un cirque, des mosaïques et d'autres antiquités romaines. Sév.

Santona, b. fortifié dans une presqu'île, avec un petit port sur l'Océan, à 8 l. de Santander; les habitans exportent des citrons et des châtaignes. Prov. de Burgos.

Santos de Maymona (los), b. à 9 l. sud de Mérida, r. de Séville. Estram.

San-Vicente de la Barquera, b. à 28 l. nord de Burgos, avec un petit port sur l'Océan, qui n'est rempli qu'à la marée. Prov. de Burgos.

Saracho, b. à 1 d.-l. nord d'Orduna, r. de Bilboa. Bisc.

Saragosse, v. grande et ancienne, dans une belle plaine, sur l'Ebre, capitale de l'Aragon. C'était une colonie romaine sous le nom de *César-Auguste*, d'où est dérivé le nom actuel. Elle est à 50 lieues nord-est de Madrid, 50 lieues de Valence, et à 19 lieues de Tudela ; à l'exception du *Coso*, elle n'a que des rues étroites, sombres et mal pavées. Au milieu d'une foule de vieilles maisons, on trouve quelques beaux édifices : parmi les églises, celle de la Seu et de Notre-Dame du Pilier, où une image de la Vierge est l'objet d'une grande vénération, se distinguent par leur grandeur et leur architecture; il y a un archevêché, une université, plusieurs couvens, hôpitaux et hospices, une académie des beaux-arts, une société économique, des fabriques de cuirs, soieries et lainages. Saragosse était autrefois le siége des cortès d'Aragon : en 1706, elle se soumit à l'archiduc d'Autriche; l'année suivante, elle fut prise par l'armée de Philippe V; mais en 1710, l'archiduc défit cette armée sous les murs de la ville. C'est surtout dans la guerre d'insurrection contre Bonaparte, que Saragosse s'est illustrée par un héroïsme dont l'Espagne a donné plusieurs exemples dans les temps anciens. Pendant que l'Aragon était déjà soumis aux troupes françaises, Saragosse appela, pour la commander, le général espagnol Palafox, et résista au premier siége des Français, en mai et juin 1808 ; mais en octobre suivant, les assiégeans plus nombreux investirent de nouveau la place. Palafox avait mis tout en œuvre pour se défendre jusqu'à la dernière extrêmité, et les habitans y étaient si déterminés, qu'ils mirent à mort ceux qu'ils soupçonnèrent de vouloir se rendre. Tous les habitans, les moines, les femmes mêmes furent soldats; les couvens, les édifices publics furent convertis en forts. Pendant près d'un mois, les Français devenus maîtres de tous les dehors de la place, et obligés de prendre une maison après l'autre, se battirent corps à corps avec les habitans dans les chambres, les caves et les greniers. On faisait sauter des maisons ou des murs pour s'ensevelir mutuellement; les assauts furent repoussés avec un courage opiniâtre et désespéré; une grande partie de Saragosse était déjà en ruine; les mines des Français allaient faire sauter un quartier entier, et les hôpitaux étaient encombrés de malades, lorsque les autorités jugèrent enfin nécessaire de capituler, le 21 février 1809. Dans cette défense meurtrière de leurs habitations, il avait péri environ 30,000 individus. On créa plus tard un ordre de mérite, en commémoration de ce patriotisme extraordinaire. Depuis ce temps Saragosse s'est repeuplée: elle renferme maintenant 55,000 âmes. Des maisons de plaisance, de belles plantations, des monastères, des champs bien arrosés, entourent la ville qui, située sur la rive droite du fleuve, communique par un beau pont avec le faubourg. On voit auprès de la ville les restes du vieux château d'Aljuferia; à une demi-lieue de Saragosse passe le canal d'Aragon, qui entretient la communication avec la Méditerranée.

Sarceda, vill. à 6 l. ouest du fort du Piñel, r. de Lamego. Portug., prov. de Beyra.

Sarcedas, b. de 2,450 hab. sur la Liça à 15 l. sud de la Guarda, et à 3 l. de Castel-Branco, r. d'Abrantès. Port., prov. de Beyra.

Sardaon, vill. sur l'Agueda, à 10 l. et d. sud de Porto, r. de Coïmbre. Portug., prov. de Beyra.

Sarragia, b. à 1 l. sud de Burgos, r. de Madrid. V.-Cast., prov. de Burgos.

Sarria, p. b. sur la rivière de ce nom, à 7 l. et d. est de Lugo, r. d'Astorgo. Galice.

Sarrion, b. à 33 l. est de Madrid, r. de Teruel à Valence. Arag.

Sastago, b. auprès du confluent de l'Ebre et de la riviere de Martin, à 10 l. sud-est de Saragosse: le canal d'Aragon est destiné à y aboutir. Arag.

Sauquillo de Bonices, b. à 34 l. nord-est de Madrid, r. de Pampelune. Prov. de Soria.

Sedavelle, vill. à 11 l. nord de Viseu, r. de Torre de Moncorvo. Portug., prov. de Beyra.

Segoens, vill. à 5 l. nord de Viseu, r. de Torre de Moncorvo. Portug., prov. de Beyra.

Segorbe, v. sur la riv. du même nom, auprès de Palencia, à 9 l. nord de Valence, r. de Teruel. Sa population se monte à 6,000 habitans. Val.

Ségovie, v. sur l'Eresma, et à l'extrémité d'un canal, à 15 l. nord de Madrid; siége d'un évêché. Elle a une cathédrale, ainsi qu'un château ou alcazar occupé par les cadets du corps d'artillerie, et un aqueduc en pierres de taille, qui est soutenu, dans la vallée auprès de la ville, par un double rang d'arcades. Il y a plusieurs églises, couvens et hôpitaux. Les laines du territoire de Ségovie sont renommées. Prov. de Ségovie.

Segura, b. fortifié de la frontière, à 6 l. ouest du fort espagnol de Coria. Portug., prov. de Beyra.

Segura de Léon, b. à 16 l. et 3 q. nord de Séville, r. de Xerez et Badajoz. Sév.

Séjalbo, vill. à 1 d.-l. sud d'Orense, r. de Monterrey. Galice.

Selva, p. b. à 3 l. nord de Tarragone, r. de Barcelonne. Catal.

Sembrana, b. à 10 l. et d. nord de Faro, r. de Lisbonne. Portug., prov. d'Alent.

Senhor Jesus do Monte, fameux sanctuaire sur une colline, à 1 l. est de Braga. Les pélerins y affluent. Portug, Prov. d'Entre-M.-et-D.

Senova, b. à 1 l. et 1 q. sud de Soria, r. de Madrid. V.-Cast., prov. de Soria.

Seoane de Laje, vill. à 5 l. nord d'Orense, r. de Lugo. Galice.

Serna (la), vill. à 23 l. et d. nord de Palencia, r. de Santander. Prov. de Burgos, district de Larédo.

Serpa, place forte à 1 l. du Guadiana, et à 6 l. est de Béja, r. de Séville. Entre Serpa et Mertola, le Guadiana forme une belle cascade, connue sous le nom de *Saut du loup*. Popul. 4,600 hab. Portug., prov. d'Alent.

Sesma, b. entre l'Ega et l'Ebre, à quelques lieues nord de Logrono. Nav.

Setubal, v. à l'est du Cap Espichel, sur une baie de l'Océan, à 6 l. sud de Lisbonne. On exporte de son port, protégé par une citadelle, une grande quantité de sel, provenant des salines de Sadao, du vin, des citrons et oranges. Sa population se monte à 11,000 habitans. Estram. portugaise.

Séville, capitale de l'ancien royaume de ce nom, sur la rive gauche du Guadalquivir, sous 37° 24' 26" de latitude, et 08° 9' 32" de longitude, à 80 l. sud de Madrid, et à 25 l. de Cadix. Séville est une des plus grandes villes de la péninsule, ayant 100,000 habitans; autrefois c'en était la plus riche à cause du commerce immense qu'elle faisait avec l'Amérique, et qui faisait refluer dans cette cité les trésors du Potosi et du Mexique; les navires remontant le fleuve jusqu'à la ville, y déposaient leurs riches cargaisons. Les Colonies ne fournissent presque plus rien à l'Espagne, et la navigation est devenue impraticable pour les navires, à cause des sables amoncelés dans le lit du fleuve. L'intérieur de la ville n'est pas beau; on ne voit que des rues étroites, mal pavées, et bordées de maisons sans façades, et qui n'ont qu'une ou deux fenêtres sur la rue. A Séville, les habitations forment pour la plupart, comme dans toute l'Andalousie, un carré, renfermant un espace ouvert, où la famille passe la journée et la soirée pendant l'été. Cet espace ou *pacio* recouvert d'une toile, est pavé de briques de couleur, couvertes de nattes; par une porte grillée, il est séparé de l'allée qui conduit droit sur la rue; une fontaine et un jet d'eau, au milieu du *pacio*, est un objet très-rafraîchissant pendant les grandes chaleurs. En hiver, on habite le premier étage; les rues voisines de la place de la Constitution ont des trottoirs, et offrent de part et d'autre de belles boutiques. Cette place régulière est ornée de l'Hôtel-de-Ville muni d'un portique. Une petite rue, occupée surtout par des libraires, conduit delà à la cathédrale, magnifique édifice décoré de vitraux colorés, et de beaux tableaux ainsi que la plupart des autres églises de cette cité; elle a une belle bibliothéque, et renferme le tombeau de Saint-Ferdinand et du fils de Colomb. D'autres grands édifices se groupent auprès de celui-ci; ce sont la bourse, bel ouvrage de l'architecte Herrera, le palais de l'archevêché, l'Alcazar ou palais du roi, qui y demeure depuis l'invasion des Français, en avril 1823, et qui était autrefois la demeure des rois Maures; l'hôtel des monnaies; enfin la manufacture de vif-argent. La place où se donnent les combats des taureaux, se trouve également dans le voisinage de la cathédrale. Les *Atarazanas*, ou voûtes pour les chantiers de construction sont tombées en ruines. Ce qu'on appelle maison de Pilate, est un grand et vieux édifice, appartenant aux ducs de Médinacéli, et renfermant de grandes salles et une cour entourée d'un portique et ornée de statues. L'hôpital de la Sangra, situé devant la porte de Macarena, ressemble à un palais; un portail de marbre blanc avec des bas reliefs en décore l'église. La manufacture royale de tabac, établissement immense, construit comme une forteresse, occupe beaucoup d'ouvriers. La tour de la Giralda, monument des Maures, haut de 250 pieds et entourée d'une rampe, par laquelle on peut monter, même à cheval, domine la ville. A la tour dite *de l'Or*, les barques déchargent leurs marchandises sur le quai. Plusieurs couvens ayant été supprimés depuis le rétablissement de la Constitution, les tableaux qu'ils possédaient ont servi à former un musée provincial dans une ancienne église. Séville a une vingtaine de paroisses, un théâtre, une université, une société économique, une académie des belles lettres, des fabriques de soie, d'orfévrerie, une fonderie, etc. Par un pont de bateaux, la cité communique avec le faubourg appelé *Triana*: les boulangers d'Alcala de Guadayra pourvoient Séville de bon pain blanc: une belle avenue conduit à ce bourg: des jardins ombragés d'orangers, et fermés par des haies de figuiers d'Inde se voient auprès de la ville. Séville fut le siége de la junte centrale qui précéda les Cortès de 1812.

Sierra-Horta, vill. sur le Cruciel, à 7 l. et 3 q. est de Lugo, r. d'Astorga. Galice.

Sierra-Morena ou montagne noire, une des principales chaînes de montagnes dans la péninsule, se prolonge entre le Guadiana et le Guadalquivir, depuis les frontières septentrionales de la Murcie, jusqu'au Cap St. Vincent, en formant une courbure semblable à celle des deux fleuves; elle atteint une hauteur de 2640 pieds, auprès d'Almiradiel; elle s'abaisse à mesure qu'elle approche de la Méditerranée; la route de Madrid en Andalousie la traverse; cette partie de la route était autrefois un désert; par le moyen des colonies on l'a rendue plus commode et plus sûre. Les roches de ces montagnes, sont des schistes et ardoises séparés par des ravins, et ombragés en partie de chênes verts, de pins, et plus bas de vignes.

Sierra-Nevada, *ou* montagne de neige, à l'est de Grenade, le long de la côte est la chaîne la plus élevée de la péninsule; peut-être a-t-elle servi, dans la plus haute antiquité, de barrière à la Méditerranée qui ne baigne plus que les plaines étendues au pied de cette chaîne; à une hauteur de 9905 pieds, la neige y séjourne constamment; le Mulhacen s'élève au-delà de cette ligne, puisqu'il a 12,762 pieds de hauteur; le Picacho de Valeta en a 12,459. La plus belle végétation des pays méridionaux se déploie au pied de ces cimes glacées. La Sierra-Nevada se compose de roches d'ardoise argilleuse.

Siguenza, v. sur le Henarès, à 21 l. nord de Madrid, r. de Soria. Elle avait autrefois une université: il lui reste un évêché; parmi ses édifices on remarque le château. Sa population est de 4,000 habitans. Prov. de Guadalaxara.

Silba, vill. à 4 l. et 1 q. nord de Lugo, r. de Mondoñedo. Galice.

Silveiras Vendas, b. à 13 l. est de Lisbonne, r. d'Elvas. Portug., prov. d'Alent.

Silves, p. v. de 2,100 habitans, sur le Portimao dans une contrée charmante, à 7 l. nord-est du port de Lagos, r. de Béja. Elle est entourée de jardins et vergers. Portug., prov. d'Algarve.

Simancas, gr. b. à 2 l. sud de Valladolid, r. de Madrid. On y conserve les anciennes archives de Castille. Prov. de Valladolid.

Sindin, vill. à 55 l. nord-ouest de Madrid, r. d'Orense. Léon, prov. de Valladolid.

Sines, b. avec une citadelle et une rade, sur une pointe de terre baignée par l'Océan, à 23 l. sud de Lisbonne, r. de Lagos. Il est habité par des pêcheurs. C'est la patrie de Vasco de Gama. Popul. 1650 hab. Estram. portug.

Sistrama de Tera, vill. sur le Tera, à 49 l. et d. nord de Madrid, r. de Tera. Léon, prov. de Valladolid.

Sitjes, b. entre Tarragone et Barcelonne; ses vignobles produisent de très-bons vins. Catal.

Soalleira, b. à 10 l. et d. sud de la Guarda, r. de Lisbonne. Portug., prov. de Beyra.

Sobariz, vill. à 4 l. et d. nord-ouest de Monterrey, r. d'Orense. Galice.

Sobrada, vill. sur la droite du Minho, à 3 q. de l. de Tuy, r. de la Guardia. Galice.

Sobrepenna, vill. à 18 l. et d. nord de Palencia, r. de Santander. Prov. de Toro, district de Reynosa.

Sobrozo, vill. à 3 l. sud de Chaves, r. de Lamego. Portug., prov. de Tras-os-M.

Sobreira Formosa, vill. à 32 l. nord-est de Lisbonne, et à 9 l. nord d'Abrantès, r. de Castelbranco. Estram. portug.

Solanillos del Extremo, b. à 17 l. et 1 q. nord-est de Madrid, r. de Trillo. N.-Cast., prov. de Guadalaxara.

Soller, b. dans une belle vallée couverte d'orangers et d'oliviers dans la partie septentrionale de l'île de Majorque.

Solsona, vill. de 3,000 habitans, à 3 l. sud d'Urgel, r. de Manresa. Elle a des manufactures de soieries, coton et quincaillerie. Aux environs il y a des forges. Catal.

Somahoz, vill. à 5 l. sud de Santander, r. de Palencia. Prov. de Burgos, district de Larédo.

Somorrostro, vill. à l'ouest de Portugalète, remarquable par son abondante mine de fer, d'où l'on extrait environ 80,000 quintaux de ce métal par an, pour alimenter les forges et usines du pays. Bisc.

Somosierra, b. entre les montagnes, à 16 l. et d. nord de Madrid, r. d'Aranda. V.-Cast., prov. de Ségovie.

Sopetran, b. à 13 l. nord de Madrid, r. de Soria. Prov. de Guadalax.

Soria, v. sur la rive droite du Douro, à 35 l. et 3 q. de Madrid, r. de Pampelune. On entretient dans la province de nombreux troupeaux de moutons qui donnent une belle laine; on en exporte plus de 20 mille quintaux par an. Aux environs de Soria paraît avoir été située la célèbre Numance. V.-Cast., prov. de Soria.

Sortelha, p. b. sur une montagne du district de Castelbranco. Il y a un petit fort. Portug., prov. de Beyra.

Sortes, vill. à 1 l. et d. sud de Bragance, r. de Torre de Moncorvo. Portug., prov. de Tras-os-M.

Sotocochinos, b. à 16 l. et 3 q. sud-ouest de Madrid, r. de Talavera-la-Reyna. Prov. de Tolède.

Soucel, b. de 1630 hab. à 26 l. est de Lisbonne, r. de Portalègre. Portug., prov. d'Alent.

Souro-Pires, b. à 1 l. ouest du fort

de Piñel, r. de Lamego. Portug., prov. de Beyra.

Souto-Redondo, vill. à 4 l. et 1 q. sud de Porto, r. de Lisbonne. Portug., prov. de Beyra.

Spalung, vill. à 3 l. et d. nord de Jaca, r. d'Oléron (Basses-Pyrénées.) Arag.

T.

Tabanera la Luenga, vill. à 3 l. et 3 q. nord de Ségovie, r. de Valladolid, prov. de Ségovie.

Tabernas Blancas, vill. à 3 q. de l. nord de Valence, r. de Murviedro. Val.

Taboza, vill. à 6 l. 3 q. nord de Porto, r. de Bragua. Portug., prov. d'Entre-D.-et-M.

Tafalla, p. v. entre Tudèle et Pampelune, à 56 l et d. nord de Madrid; sous un climat salubre, et dans un territoire fertile. Navarre.

Tacarro, à 11 l. et 3 q. nord de Lisbonne, r. de Leyria. Estram. portug.

Tajude, vill. à 1 l. et d. est de Viseu, r. de la Guarda. Portug., prov. de Beyra.

Tajuna, b. à 12 l. nord de Madrid, prov. de Guadalax.

Talavera-la-Réal, p. v. à 2 l. et 3. q. est de Badajoz, r. de Mérida. Estram.

Talavera-la-Reyna, v. de 7,000 âmes, sur le Tage, à 18 l. et 3 q. ouest de Madrid, et à 10 l. de Tolède, dans une contrée fertile. On y fabrique de la faïence, et de belles étoffes de soie. Les troupes anglaises obtinrent en 1809 des succès auprès de cette ville. Prov. de Tolède.

Talayuelas, b. à 12 l. est de Cuença, r. de Valence. N.-Cast., prov. de Cuença.

Talltorta, vill. à 1 l. sud de Puycerda, r. d'Urgel. Catal.

Taly, vill. à 9 l. ouest de Santiago, entre les ports de Noya et Muros. Galice.

Tamames, b. à 39 l. ouest de Madrid, r. de Ciudad-Rodrigo. Léon, prov. de Salamanque.

Tancos, vill. à 1 d.-l. ouest d'Abrantès, r. de Lisbonne. Estram. portug.

Taracena, b. à 10 l. nord de Madrid, r. d'Almazan. N.-Cast., prov. de Guadalaxara.

Tarancon, b. à 11 l. et 1 q. sud-est de Madrid, r. de Valence. N.-Cast.

Tarazona, v. à 3 l. sud de Tudèle, r. de Madrid, sur la pente du Mont-Cayo, auprès de la rivière de Queiles. On y fabrique de la draperie commune. Les environs fournissent du bon vin et beaucoup d'huile. Arag.

Tardajos, b. à 33 l. nord de Madrid, r. de Soria. Prov. de Soria.

Tardajos, p. b. sur l'Arlanzon, à 2 l. et 1 q. sud de Burgos, r. de Valladolid. Prov. de Burgos.

Tarifa, petite place forte, bâtie à l'extrémité méridionale de la péninsule, sur le détroit de Gibraltar, à 102 l. de Madrid, et à 3 l. et 1 q. ouest de Gibraltar. Parmi les 1,800 habitans, il y a beaucoup de pêcheurs. Dans les pâturages d'alentour on élève du bétail. Sév.

Tarragone, v. ancienne, sur une hauteur escarpée du bord de la Méditerranée, à l'embouchure du Francoli; à 91 l. et d. est de Madrid, et à 19 l. et 1 q. sud de Barcelonne, siége d'un archevêché. C'était du temps des Romains la capitale de l'Espagne-Tarragonaise, qui comprenait une partie considérable du royaume. Un aquéduc qui a eu six lieues de long, les restes d'un arc de triomphe et d'un amphithéâtre, rappellent encore le règne de ce peuple. La cathédrale soutenue par de grosses colonnes, et quelques autres édifices, embellissent la ville actuelle, peuplée de 7,000 habitans. Catal.

Tarrasa, v. de 4,000 habitans, à 9 l. nord-ouest de Barcelonne. On y fabrique des draps fins. Catal.

Tarrega, b. avec 2,000 habitans, à 8 l. est de Lérida, r. de Barcelonne, dans une plaine qui fournit abondamment des vins, grains, fruits, huiles, légumes et chanvres. Catal.

Tarros, b. à 4 l. et 3 q. nord-est de Lérida, r. de Puycerda. Catal.

Tartanedo, b. à 31 l. et d. nord-est de Madrid, r. de Daroca. Arag.

Tauste, b. à 4 l. sud-ouest de Jaca, faisant partie des *cinco-villas*, ou cinq bourgs dont le territoire nourrit beaucoup de bœufs, et fournit une grande quantité de grains. Tauste donne son nom à un canal qui, commençant à l'Ebre, traverse ce territoire. Arag.

Taveiro, vill. à 1 l. nord de Coïmbre, r. de Porto. Portug., prov. de Beyra.

Tavira, v. à l'embouchure de la Seca, auprès de l'Océan, à 40 l. sud de Lisbonne, à 16 l. est de Lagos, et à 24 l. ouest de Séville. Elle a un palais, un beau pont et un port d'où l'on exporte du thon et des sardines. Tavira renferme 8,600 habit. Portug., prov. d'Algarve.

Teis, vill. sur la côte de l'Océan, à 1 d.-l. nord de Vigo, r. de Pontevedra. Galice.

Teijera, vill. à 3 l. et 1 q. ouest de Lamego, r. de Porto. Portug., prov. de Beyra.

Tejado, b. à 35 l. et 1 q. nord de Madrid, r. de Tarazona. V.-Cast., prov. de Soria.

Tejares, p. b. à 1 d.-l. sud de Salamanque, r. de Ciudad-Rodrigo. Léon, prov. de Salamanque.

Temblèque, b. avec une grande salpétrière, à 76 l. et d. sud d'Aranjuez, r. de la Sierra-Morena. Il avait autrefois un riche prieuré de l'ordre de Malte. N.-Cast., prov. de Tolède.

Tena, vallée des Pyrénées de l'Aragon : le Gallego y prend sa source; on y trouve le bourg de Sallen et les eaux minérales de Panticosa.

Tendilla, b. à 12 l. et d. est de Madrid, r. de Sacedon. N.-Cast., prov. de Guadalax.

Tenebron, b. à 43 l. ouest de Madrid, r. de Ciudad-Rodrigo. Léon, prov. de Salamanque.

Tentugal, gr. b. à 19 l. sud de Porto, r. Leyria. Portug., prov. de Beyra.

Terradillos, p. b. à 9 l. et 1 q. est de Léon, r. de Burgos. Prov. de Toro.

Terrados, b. à 32 l. ouest de Madrid, r. de Ciudad-Rodrigo. Léon, prov. de Salamanque.

Terra-Negra, vill. à 11 l. sud de Tuy, r. de Porto. Portug., prov. d'Entre D.-et-M.

Terren, b. à 26 l. nord-est de Madrid, r. de Calatayud. Arag.

Teruel, v. auprès du confluent du Guadalaviar et de l'Alhambra, à 28 l. sud de Saragosse, r. de Valence; un bel aqueduc y amène de l'eau : elle a un évêché, et des dépôts de laines provenant des campagnes d'alentour. Arag.

Teulada, b. à 11 l. et 3 q. nord-est d'Alicante, r. de Valence. Val.

Thomar, gr. b. fortifié, sur le Nabao, à 21 l. et 1 q. nord de Lisbonne. Les anciens cortès de Portugal y ont tenu plusieurs fois leurs sessions. Il y a une filature de coton, des fabriq. de soie et une popul. de 4,000 âmes. Estram. portug.

Tinallas, b. à 15 l. nord d'Abrantès, r. de la Guarda. Portug., prov. de Beyra.

Tineo, gr. b. sur la Géra, à 10 l. et d. ouest d'Oviédo, r. de Cangas de Tineo. Astur.

Tinta-Stela, vill. à 4 l. et 1 q. sud de Viana, r. de Porto. Portug., prov. d'Entre-D.-et-M.

Tiona (la), vill. à 14 l. et 1 q. nord de Barcelonne, entre Mataro et Girone. Catal.

Tiurana, b. à 12 l. et d. nord-est de Lérida, r. d'Urgel. Catal.

Tobarra, b. à 15 l. nord de Murcie, r. d'Albacète. Murc.

Toboso, gr. b. à 16 l. nord-est de Ciudad-Réal. N.-Cast., prov. de la Manche.

Tolède, ville ancienne sur le Tage, à 13 l. sud de Madrid, et à 7 l. d'Aranjuez, bâtie sur un rocher très-escarpé. La ville a des rues difficiles à gravir; elle est d'ailleurs vieille, et avait, avant 1820, un clergé excessivement nombreux; l'archevêché de Tolède était le plus riche du royaume. La cathédrale présente un aspect très-imposant, ainsi que l'Alcazar ou le palais-royal; on remarque encore le palais de Vargas, l'hôpital, l'église des carmes, et les restes de l'aqueduc romain. Outre des manufactures royales d'armes blanches, et quelques fabriques de soie, Tolède a peu d'industrie; dans la province on fabrique de la sparterie, des lainages, cuirs, papiers, chapeaux. N.-Cast.

Tolosa, b. entre Abrantès et Portalègre, à 50 l. nord-est de Lisbonne. Portug., prov. d'Alent.

Tolosa, p. v. sur l'Oria, à 6 l. sud d'Irun, r. de Vittoria. Elle fabrique des ouvrages en fer battu et étamé, des armes, du cuir; une tour défend le pont de cette ville, peuplée de 4,000 âmes. Guipuscoa. — *Navas de Tolosa*, Voy. *Navas*.

TORAL DE LOS GUSMANES, p. b. à 51 l. et 1 q. nord-ouest de Madrid, entre Benavente et Léon. Prov. de Léon.

TORDERA, b. à 10 l. et 1 q. nord de Barcelonne, r. de Girone. Catal.

TORDÉSILLAS, gr. b. avec 4,000 âmes, sur le Douro, à 31 l. et 1 q. nord-ouest de Madrid, r. de Zamora. Un beau pont traverse le fleuve. Prov. de Valladolid.

TORELLA DE MONGRI, b. à 22 l. nord de Barcelonne, r. d'Ampurias. Catal.

TORIOA, b. à 12 l. et 1 q. nord-est de Madrid, r. de Medinacéli. Prov. de Guadalaxara.

TORIL, b. à 35 l. et d. ouest de Madrid, r. de Plasencia. Estram.

TORNADIZOS DE AVILA, b. à 14 l. et d. ouest de Madrid, r. d'Avila. Prov. d'Avila.

TORNEYROS, vill. à 3 l. sud de Vigo, r. de Tuy. Galice.

TORO, v. de 7,500 habitans, sur le Douro, à 36 l. nord-ouest de Madrid, r. de Zamora, dans une campagne fertile en fruits, surtout en cérises. Léon, prov. de Toro.

TOROTE, b. à 4 l. et d. nord de Madrid, r. d'Alcala de Henarès. Prov. de Madrid.

TORQUEMADA, p. b. sur la Pisuerga, à 9 l. et 3 q. nord de Valladolid, r. de Burgos. Prov. de Palencia.

TORRALBA, b. à 24 l. et 3 q. ouest de Madrid, r. de Truxillo. Prov. de Tolède.

TORRE, vill. à 5 l. et d. ouest d'Astorga, r. de Lugo. Léon, distr. de Ponferrada.

TORRE, vill. à 5 l. et 3 q. sud de Lugo, r. d'Orense. Galice.

TORREBLANCA, b. auprès de la Méditerranée, à 25 l. sud de Tarragone, r. de Valence, entre Oropesa et Peniscola. Val.

TORRE-CAMPO, b. entre les montagnes, dans un territoire fertile, à 25 l. est de Cordoue, et à 4 l. ouest de Jaen, r. d'Andujar à Grenade. Jaen.

TORRECELLO, b. à 14 l. ouest du fort d'Almeyda, r. de Coïmbre. Portug., prov. de Beyra.

TORRE DE ESPIOCA, b. à 2 l. et d. sud de Valence, r. d'Almanza. Val.

TORRE DE LA CAMARERA, b. à 5 l. nord de Saragosse, r. de Jaca. Arag.

TORREDEMBARRA, b. à 2 l. et 1 q. nord de Tarragone, r. de Barcelonne. Catal.

TORRE-DE-MONCORVO, gr. b. fortifié sur le Sabor, à 14 l. sud de Bragance, r. de Viseu. Il a des fabriq. de soie. Portug., prov. de Tras-os-M.

TORREJON DE ARDOZ, b. à 3 l. et d. nord de Madrid, r. d'Alcala de Henarès. Prov. de Madrid.

TORRE-LA-CARCEL, b. à 23 l. et 1 q. sud de Saragosse, r. de Teruel. Arag.

TORRE-LAGUNA, p. v. à 6 l. nord de Madrid, r. de Saint-Ildefonse; les environs sont couverts de vignobles. N.-Cast.

TORRELAMORA ou TORLAMORA, b. à 30 l. et d. sud-ouest de Madrid, et à 5 l. est de Truxillo. Estram.

TORRE-LA-VEGA, gr. b. sur la Besaya, à 5 l. et d. sud de Santander, r. de Palencia. Il fabrique des tissus de coton. Prov. de Burgos.

TORRELOBATON, p. b. sur l'Hornija, à 33 l. et 3 q. nord-ouest de Madrid, r. de Léon. Prov. de Valladolid.

TORREMEGIA, vill. à 2 l. sud de Merida, et à 55 l. et 3 q. sud-ouest de Madrid. Estram.

TORREMOCHA, b. à 22 l. et d. sud de Saragosse, r. de Teruel. Arag.

TORREMOCHA DEL CAMPO, b. à 20 l. et 1 q. nord de Madrid, r. de Médinacéli. Prov. de Guadalaxara.

TORRES, b. à 1 l. et d. est de Coïmbre, r. de la Guarda. Portug., prov. de Beyra.

TORRES, vill. à 1 l. nord d'Urgel, r. de Puycerda. Catal.

TORRES-TORRES, b. à 5 l. nord de Valence, entre Murviédro et Ségovie. Val.

TORRES-VEDRAS, gr. b. avec un château fort, à 7 l. nord de Lisbonne, r. de Peniche. En 1810 le duc de Wellington établit, sur les hauteurs des environs, un habile système de défense par des forts et batteries, appelés *lignes de Torres-Vedras*. Estram. portug.

TORRIJO, b. à 19 l. et d. sud de Saragosse, r. de Teruel. Arag.

TORRINHA, vill. à 5 l. ouest du fort de Pinnel, r. de Lamego. Portug., prov. de Beyra.

TORTOLAS, b. à 2 l. et 3 q. sud de Tudèle, r. de Tarazona. Arag.

TORTOSE, v. de 16,000 habitans, sur l'Ebre, à 14 l. sud-ouest de Tarragone, r. de Valence; un beau pont de bateaux traverse le fleuve qui, à 4 l. au-dessous de la ville, se jette dans la Méditerranée ; un château et quelques fortifications défendent la place. Les campagnes d'alentour, arrosées par le moyen d'une centaine de puits, fournissent jusqu'à 32 mille quintaux de soude par an. On y exploite des carrières de jaspe, et l'on y apprête beaucoup de sel. Tortose a un évêché et une belle cathédrale. Catal.

TORTUERA, b. à 33 l. et d. nord-est de Madrid, r. de Daroca. Arag.

TOSA, b. auprès de la Méditerranée, à 12 l. nord de Barcelonne, r. d'Ampurias. Catal.

TOTANA, b. à 8 l. et d. sud-ouest de Murcie, r. de Grenade. Murc.

TRABADELOS, vill. à 13 l. et 3 q. ouest d'Astorga, r. de Lugo. Léon, district de Ponferrada.

TRAFALGAR, Cap à 8 l. sud de Cadix, sur la côte de Séville. En 1806 la flotte anglaise, commandée par l'amiral Nelson, y livra un combat opiniâtre à la flotte espagnole et française, et fut victorieuse, mais en perdant son amiral qui fut tué par un boulet de canon.

TRANCOSO, b. de 1,250 habitans sur une montagne munie de deux anciens forts ; chef-lieu d'un district. Portug., prov. de Beyra.

TRANQUEIRA, vill. à 7 l. ouest d'Orense, r. de Tuy. Galice.

TRAS-OS-MONTES, *ou* entre les montagnes ; nom d'une province portugaise qui, du côté du nord et de l'est, touche à la Galice et au Léon, et qui est séparée de la province d'Entre-D.-et-M. par les montagnes de Geres et Maraon. Son territoire montagneux, suffisamment défendu par la nature du sol, n'est fertile que dans les vallées ; on y récolte d'excellens fruits, des grains, du chanvre, lin, vin, huile. La province fournit aussi de la soie, le vin s'exporte en grande partie pour Porto, où il est embarqué sous le nom de ce port. Sur une superficie de 340 lieues carrées, cette province a 280,200 habitans.

TREMBLEQUE. Voyez *Tembleque*.

TREVINO, b. sur l'Ayuda, à 3 l. sud de Vittoria, r. de Tudèle. Il dépendait du comté d'Oñate. Prov. d'Alava.

TREYA, vill. sur l'Océan à 6 l. et 3 q. sud de Lisbonne, et à 3 q. de l. de Sétubal. Estram. portug.

TRIACASTELA, vill. à 6 l. est de Lugo, r. d'Astorga. Galice.

TRIANA. Voyez *Séville*.

TRIGUEROS, b. à 11 l. et 1 q. ouest de Séville, r. d'Ayamonte. Sév.

TRIJUEQUE, vill. à 13 l. et 1 q. nord-est de Madrid, r. de Médinacéli. Prov. de Guadalaxara.

TRILLO, gr. b. sur le Tage, auprès du confluent de ce fleuve et de la rivière de Guadiela, à 19 l. est de Madrid. Ses eaux minérales sont renommées et presque aussi fréquentées que celles de Sacédon qu'on trouve dans le voisinage. Prov. de Cuença.

TROBAJO DEL CAMINO, vill. à 1 q. de l. ouest de Léon, r. d'Astorga. District de Léon.

TRONJO, vill. à 5 l. et 3 q. de la frontière des Pyrénées-Orientales, entre Urgel et Puycerda. Catal.

TRUBIA, vill. sur la rivière de ce nom, à 3 l. nord d'Oviédo, r. de Gijon. On y fabrique des boulets et des canons de fusil. Astur.

TRUGILLANOS, vill. à 3 q. de l. nord de Mérida, r. de Truxillo. Estram.

TRUXILLO, v. de 4000 habitans, à 40 l. sud-ouest de Madrid, r. de Mérida, sur la pente d'une colline. Elle est la patrie de Pizarre. Estram.

TUDELA DE DUERO, gr. b. sur le Douro, à 3 l. sud de Valladolid, r. de Ségovie. Prov. de Valladolid.

TUDÈLE, v. sur l'Ebre, à 49 l. nord de Madrid, à 14 l. sud de Pampelune, dans une contrée fertile en bons vins de liqueurs, en légumes, graines, fruits et chanvre. Un pont de 17 arches traverse le fleuve. Tudèle a un évêché, un palais et une population de 8000 habitans. Elle fabrique du savon et de la poterie. Le canal de l'Aragon passe à une petite lieue de la ville. Nav.

TUEJAR, b. à 16 l. et d. de Cuença, r. de Valence. Val.

TUY, v. sur une hauteur auprès du Minho, à 5 l. sud de Vigo ; siége d'un évêché. On y fabrique de la toile et des conserves de pommes ; des vergers, des plantations de peupliers, et des bosquets d'orangers et de limoniers entourent la ville. Sa population se monte à 4,000 habitans. Galice.

U.

Ubeda, vill. à 2 l. et d. sud de Mondoñedo, r. de Lugo. Galice.

Ubeda, v. bien bâtie, à 5 l. nord de Jaen; elle fabrique des lainages, et renferme 8,000 habitans. Jaen.

Ujo, vill. auprès de la Luna, à 3 l. sud d'Oviédo, r. de Léon. Astur.

Uldecona, gr. b. à 3 l. et 3 q. sud de Tortosa, r. de Valence. Catal.

Ullibari, b. à 2 l. nord de Vittoria, r. d'Irun. Prov. d'Alava.

Uraga-Miguel, vill. à 3 l. est d'Avila, r. de Madrid. V.-Cast., prov. d'Avila.

Urbel del Castillo, vill. à 5 l. et d. nord de Burgos, r. de Santander. Prov. de Burgos.

Urdax, vill. à 3 q. de l. de la frontière des Basses-Pyrénées, r. de Pampelune. Nav.

Urdilde, vill. à 4 l. ouest de Santiago, r. de Noya. Galice.

Urdos, vill. à 1 l. et d. de la frontière des Basses-Pyrénées, r. d'Oléron à Jaca. Arag.

Urgel *ou* Seu d'Urgel, sur la Sère, petite place forte à 8 l. et 1 q. de la frontière du département de l'Arriége, et à 6 l. et 1 q. sud de Puycerda; en 1822, les insurgés y avaient formé une prétendue régence, tendant à renverser le régime constitutionnel; mais la place fut reprise par les troupes espagnoles. Elle a 3,000 habitans; les environs produisent du vin. Catal.

Urgueira, vill. à 10 l. sud de Lamégo, r. de Lisbonne. Portug., Prov. de Beyra.

Uribe, la plus considérable des cinq mairies de la Biscaye: cette mairie comprenait, avant 1820, trente-deux *anteiglésias*, ou communes ayant voix dans l'assemblée générale.

Urnieta, b. à 4 l. et 1 q. sud d'Irun, r. de Vittoria. Prov. de Guipuscoa.

Used, vill. à 37 l. et d. nord-est de Madrid, r. de Daroca. Arag.

Utrera, p. v. à 5 l. sud-est de Séville, r. de Cadix. Sév.

V.

Vacia-Madrid, p. b. à 2 l. et 3 q. est de Madrid, r. de Cuença. Prov. de Madrid.

Valbemfeito, vill. à 6 l. et d. sud de Bragance, r. de Viseu. Portug., prov. de Tras-os-M.

Valbom, vill. à 1 l. ouest du fort de Piñel. Portug., prov. de Beyra.

Valbon, vill. à 6 l. sud de Leyria, r. de Lisbonne. Estram. portug.

Valcarlos, p. b. à 2 l. et 1 q. de Saint-Jean-Pied-de-Port, r. de Pampelune; il donne son nom à un ermitage et à un col de montagnes voisines. Nav.

Vallogo, vill. à 5 l. et d. est de Béja, r. de Séville. Portug., prov. d'Alent.

Val de colmenas de Abajo, p. b. à 20 l. et 3 q. est de Madrid, entre Huète et Cuença. Prov. de Cuença.

Valdefigueira, vill. à 8 l. ouest d'Abrantès, r. de Lisbonne. Estram. portug.

Val de-la-Casa, vill. à 9 l. et 1 q. sud de Salamanque, r. de Mérida. Léon, prov. de Salamanq.

Val de la fuente, vill. à une d.-l. sud de Léon, r. de Médina de Rio-Seco, district de Léon.

Val de la Mula, vill. à 1 l. et d. est d'Almeyda, r. de Ciudad-Rodrigo. Portug., prov. de Beyra.

Val de mierque, vill. à 31 l. et d. ouest de Madrid, r. de Ciudad-Rodrigo. Prov. de Salamanq.

Valdemoro, b. de 2,800 habitans, à 4 l. sud de Madrid, r. d'Aranjuez, dans un vallon fertile; on y fabrique de la bonneterie, ganterie, draperie, des galons des rubans, et cotonnades. Prov. de Madrid.

Val de Noches, p. b. à 11 l. et d. nord de Madrid, r. d'Almazan, N.-Cast., prov. de Guadalaxara.

Val de Penas, gr. b. à 32 l. sud de Madrid, r. d'Alcala-la-Réal; ses coteaux sont couverts de vignobles. Val de Peñas est à 2319 pieds au-dessus du niveau de la mer. Prov. de la Manche.

Val de prados, p. b. à 5 l. sud de Bragance, r. de Viseu. Portug., prov. de Tras-os-M.

Val de reis, vill. à 11 l. est de Lisbonne, r. d'Alcaçar. Estram. portug.

Valdestillas, h. à 3 l. et 1 q. nord de Placencia, r. d'Avila. Estram.

Valdestillas, vill. sur l'Adaja, à 4 l. sud de Valladolid, r. de Madrid. Prov. de Valladolid.

Valdetangos, vill. à 20 l. nord-est de Lisbonne, r. d'Almeyda. Estram. portug.

Valdeviejas, vill. à 1 q. de l. ouest d'Astorga, r. de Ponferrada. District de Léon.

Valence, *en espagnol* Valencia, capitale de l'ancien royaume de ce nom, grande ville sur le Guadalaviar, à 50 l. est de Madrid, à 56 l. et 3 q. de Barcelonne, et à une d.-l. de la mer. Cette ville, ainsi que le royaume dont elle est le chef-lieu, sont situés sous le climat le plus délicieux qui favorise les végétaux des pays chauds, tels que les palmiers, les orangers, les cédrats, ainsi que la culture de la soie, principale branche d'industrie de cette contrée. La ville de Valence, quoiqu'ayant une population de cent mille âmes, et quoique florissante par son commerce, n'offre que des rues généralement étroites et tortueuses, traversées par des ruelles. Au lieu de pavés on couvre les rues de sable dont on fait ensuite du fumier; il y a pourtant quelques beaux édifices : on distingue surtout la cathédrale, l'hôtel-de-ville, la douane, l'hôtel de la députation; il y a un grand nombre d'anciens couvens et d'églises, des hôpitaux, une université, un collége, un théâtre. L'intérieur des maisons est peu meublé et décoré; plusieurs églises sont ornées de tableaux; Valence a d'ailleurs une académie des beaux-arts. La ville se distingue dans les arts mécaniques par la fabrication des carreaux de fayence coloriée, qu'on emploie pour revêtir les murs et paver les appartemens, et dont l'usage est général et le débit très-considérable; la sparterie occupe aussi beaucoup de mains : on confectionne dans ce genre beaucoup de nattes et de cordes; les sandales de sparte sont la chaussure commune du peuple. Avant les dernières guerres, les métiers de soie occupaient à Valence jusqu'à vingt-cinq mille personnes; ils produisent encore des taffetas, satins, damas, velours et autres soieries; les fabriques de Valence fournissent aussi des agrès de vaisseaux, cuirs, toiles, dentelles, galons; on fait beaucoup de sucrerie et de confitures pour la consommation des habitans qui est considérable, ainsi que celle du riz, aliment habituel des Valençais. Avant les réformes de 1820, cette ville était renommée pour la multitude et le luxe de ses fêtes d'églises, et surtout de ses processions qui étaient entremêlées d'une espèce de représentations théâtrales, et même d'une sorte de mascarade. Au goût des actes éclatans de dévotion, les Valençais joignent celui de la danse, et l'on dit qu'ils y excellent. Peu de villes possèdent de plus belles promenades que Valence : l'Alaméda consiste en une grande allée bordée de trottoirs en pierre de taille, traversée par des canaux avec des parterres de fleurs; des peupliers, orangers, grenadiers, cyprès et palmiers, ombragent cette belle promenade munie de siéges en marbre et en pierre. Des plantations de mûriers, entremêlées de vignobles, dont les grappes pèsent quelquefois plusieurs livres, et des bosquets d'orangers et de citronniers couvrent la vallée charmante dans laquelle la ville est située, et sur laquelle on peut jeter un coup d'œil enchanteur en montant sur le Miquelet ou la tour de la cathédrale. Environ 6,000 habitans occupent les hameaux et villages d'alentour, qui sont presque cachés sous la verdure de ce jardin continuel. Tout le royaume présente à peu près ce bel aspect. On y voit de grandes rizières dont le riz, sans être aussi blanc que celui du Levant, passe pourtant pour être aussi nourrissant. Les récoltes de blé ne sont pas assez abondantes pour la population, évaluée à 825 mille habitans qui occupent une surface de 643 lieues carrées; en revanche, les produits des vignes sont si abondans, qu'outre le vin que l'on consomme, on fait beaucoup d'eau-de-vie, et l'on exporte une grande quantité de raisin sec. Les vins de Valence, surtout ceux d'Alicante, sont assez connus partout. Dans toutes les campagnes on élève des vers à soie, et l'on fait une grande exportation de soie brute et de soieries; mais on est obligé de tirer du dehors les laines qui manquent, ainsi que le bétail. La culture du coton ne fait que commencer : elle pourrait être d'un meilleur rapport; l'huile d'olive abonde, les fruits sont aussi variés qu'exquis ; sur les côtes on fait du sel. Les laboureurs Valençais s'entendent bien au labourage et au nivellement de terres dans les montagnes; cependant, avant le régime de la constitution, la richesse excessive des nobles, qui avaient accaparé presque toutes les terres, et un goût excessif pour la dévotion qui faisait perdre un temps précieux, nuisaient à l'agriculture et à l'industrie. Le royaume de Valence ayant 69 lieues de côtes et quelques ports, pourrait faire un commerce maritime important, et il est à regretter que la ville de Valence même soit bâtie auprès d'une plage, privée de l'avantage d'un port. Presque tout le commerce d'exportation se fait par Alicante. D'après la division établie par les cortès, en 1822, le royaume de Valence se compose maintenant des provinces d'Alicante, Valence et Castellon de la Plana. Ce royaume a presque toujours suivi le sort des contrées voisines, et à l'exception de quelques chefs ou roitelets maures, il n'a point eu de prince indépendant.

Valencia de Alcantara, gr. b. sur le Tage, à 69 l. ouest de Madrid, r. de Portalègre.

Valencia de don Juan, gr. b. sur l'Esla, à 53 l. nord-ouest de Madrid, entre Benavente et Léon. Prov. de Léon.

Valenza do Minho, gr. b. fortifié sur le Minho, à 1 q. de l. sud de Tuy. Portug., prov. d'Entre-D.-et-M.

Valenzuela, vill. à 56 l. et d. sud de Madrid, entre Andujar et Lucena. Cordoue.

Vallada, p. b. à 12 l. sud de Valence, r. de Murcie. Val.

Valladolid, v. de 30,000 habitans, au confluent de l'Egueva et de la Pisuerga, à 35 l. nord-ouest de Madrid. Elle a un évêché et une université très-fréquentée, des écoles de dessins et de mathématiques; un grand marché, une belle cathédrale, une promenade agréable, un ancien palais et des couvens. Avant 1820, elle était le siége d'une chancellerie, dont le ressort s'étendait sur un espace de plus de 3,450 lieues carrées. Léon.

Vallbona, vill. sur la Noya, à 7 l. et 3 q. ouest de Barcelonne, r. de Lérida. Catal.

Val-longo, vill à 1 l. et 3 q. est de Porto, r. de Lamégo. Portug., prov. d'Entre-D -et-M.

Valmaseda, b. très-ancien sur le Salcedon. Bisc.

Valmojado, p. b. à 6 l. et 3 q. ouest de Madrid, r. de Talavera. Prov. de Madrid.

Valoria del Alcor, vill. à 14 l. nord de Palencia, r. de Santander. Prov. de Palencia.

Valtierra, b. à 51 l. nord de Madrid, r. de Pampelune. Il y a aux environs une mine de sel gemme, dont la principale galerie, ayant plus de 1200 pieds de longeur, communique de part et d'autre à des galeries secondaires de 240 à 300 pieds de long, étayées par des piliers de sel. Nav.

Valverde, h. à 36 l. et d. nord-ouest de Madrid, r. de Léon. Prov. de Valladolid.

Valverde, à 4 l. et 3 q. ouest de Valladolid, r. de Léon. Prov. de Valladolid.

Valverde, p. b. à 23 l. et 1 q. est de Madrid, r. de Valence. N.-Cast., prov. de Cuença.

Valverde, vill. sur le Sangusin, à 10 l. sud de Salamanque, r. de Mérida. Léon, prov. de Salamanque.

Valverde de Burguillos, h. à 10 l. et d. sud de Mérida, r. de Xerez. Estramadure.

Valverde del Camino, p. b. à 12 l. et 1 q. ouest de Séville, r. de Béja. Sév.

Valverde del Camino, vill. à 1 l. et d. ouest de Léon, r. d'Asturga. District de Léon.

Valverde Enriquez, p. b. à 6 l. sud de Léon, r. de Madrid. Léon.

Valverdinno, vill. entre les forts d'Almeyda et Pinhel. Portug., prov. de Beyra.

Vanca, vill. à 5 l. et 3 q. sud de Porto, r. de Leyria. Portug., prov. de Beyra.

Varea, vill. sur l'Iregua, entre Logronno et Calahorra. Prov. de Soria.

Vargens (los), vill. sur le Carciras, à 10 l. nord de Tavira, r. de Lisbonne. Portug., prov. d'Alent.

Veas, vill. à 11 l. ouest de Séville, r. d'Ayamonte. Sév.

Vecilla, p. b. sur le Valderaduey, à 43 l. nord-ouest de Madrid, r. de Léon. Léon.

Vecmil, vill. à 6 l. sud de Santiago, r. de Pontevedra. Galice.

Vega (la), vill. à 5 l. et 3 q. nord de Léon, r. d'Oviédo. Prov. de Léon.

Vega de Granada. Sous ce nom on comprend la belle campagne arrosée par le Xenil et le Darro, dans laquelle est située la ville de Grenade (Voyez *Grenade*), et que couvre une végétation superbe.

Vega de Tera, vill. à 51 l. et d. nord-ouest de Madrid, r. d'Orense. Prov. de Valladolid.

Vega de Valcarce, vill. à 71 l. et 1 q. nord-ouest de Madrid, r. d'Astorga à Lugo. Léon, district de Ponferrada.

Vega de Valdetronco, h. sur l'Hornija, à 33 l. et 1 q. nord-ouest de Madrid, r. d'Orense. Prov. de Valladolid.

Vega Lamosa, vill. à 9 l. nord de Léon, r. d'Oviédo. Prov. de Léon.

Vegas *ou* Veguda alta, h. à 4 l. et 3 q. ouest de Barcelonne, r. de Lérida. Catal.

Vejer de la Frontera, p. b. à 9 l. est de Cadix, r. de Gibraltar. Sév.

Velez de Benaudalla, vill. auprès du Rio-Grande, à 8 l. et d. sud de Grenade, r. du port de Motril. Gren.

Velez-Malaga, v. de 8000 habitans, à 5 l. est de Malaga, et à 13 l. de Grenade. Elle fait une grande exportation des vins, olives et limons de son territoire qui a aussi des plantations considérables de mûriers. Gren.

Velez Rubio, gr. b. à 20 l. ouest de Murcie, r. de Grenade. Gren.

Vellinna, vill. à 4 l. et 1 q. nord de Lamego, r. d'Amarante. Portug., prov. d'Entre-D.-et-M.

Venalvergue, vill. à 3 l. sud d'Evora. Portug., prov. d'Alent.

Venasque, vill. situé sur l'Essera, dans une vallée des Pyrénées d'Aragon. Il a un château fort et une douane.

Vendas Novas, vill. à 11 l. est de Lisbonne, r. d'Elvas. Portug., prov. d'Alent.

Vendrell, p. b. à 4 l. et d. nord-est de Tarragone, r. de Barcelonne. Catal.

Venta de Cruz, h. à 1 l. sud de Pombel, r. de Leyria. Estram. portug.

Venta de Giesta, h. à 14 l. et 1 q. ouest de Lamego, r. de Porto. Portug., prov. d'Entre-D.-et-M.

Venta de Pesadilla, h. à 4 l. et d. nord de Madrid, r. de Burgos. Prov. de Madrid.

Venta do Cego, h. à 1 l. sud de Coïmbre, r. de Lisbonne. Portug., prov. de Beyra.

Venta do Gallego, h. à 2 l. et d. nord de Leyria, r. de Pombal. Estram. portug.

Venta dos Carvalos, h. à 3 l. sud de Leyria, r. de Lisbonne. Estram. portug.

Venta Nova, à 1 l. est de Porto, r. de Lamego. Portug., prov. d'Entre-D.-et-M.

Ventas del Puerto Lapiche, h. à 20 l. et 3 q. sud de Madrid, r. d'Alcala-la-Réal. Prov. de Tolède.

Ventas de Retamosa, p. b. à 7 l. ouest de Madrid, r. de Talavera. Prov. de Madrid.

Ventas de Torrejon, vill. à 1 l. sud de Madrid, r. de Tolède. Prov. de Madrid.

Ventorrillo de Torregorda, h. à 1 l. et d. nord de Cadix, r. de Xerez. Sév.

Ventosa de la Guesta, p. b. à 5 l. et d. sud de Valladolid, r. de Madrid. Prov. de Valladolid.

Venturada, vill. à 8 l. et d. nord de Madrid, r. d'Aranda. N.-Cast., prov. de Madrid.

Vera, v. ancienne avec un port sur la Méditerranée, à 37 l. et d. de Grenade. A 1 l. ouest de Vera, le Mont Cabez de Maria s'élève à 6,851 pieds au-dessus du niveau de la mer. Gren.

Verdelpino, p. b. à 17 l. et d. est de Madrid, r. de Cuença. Prov. de Cuença.

Vergara, v. de 4,000 habitans, sur la Deva, à 12 l. nord de Vittoria, r. d'Irun. Elle a une école pour les jeunes nobles Biscayens, et une société économique. Guipuscoa.

Verin, gr. b. à 10 l. et 1 q. sud d'Orense, r. de Benavente. Galice.

Veltu, b. à 5 l. est de Lérida; il s'y tient une grande foire pour la vente des mulets. Catal.

Viana, gr. b. bien bâti et fortifié, avec un port sur l'Océan, à l'embouchure de la Lima, à 10 l. et d. nord de Porto, r. de Tuy. Sa population est de 8,000 habitans. Portug., prov. d'Entre D.-et-M.

Viana, gr. b. sur le Moinos, à 21 l. sud-est de Lisbonne, r. de Séville. Portug., prov. d'Alent.

Viana, vill. à 33 l. nord de Madrid, entre Almazan et Agreda. N.-Cast., prov. de Soria.

Viana, v. auprès de l'Ebre, à 3 l. nord de Logroño, dans un territoire riche en pâturages où l'on engraisse beaucoup de bétail et de moutons; on y entretient aussi des plantations de mûriers. Viana renferme 5,000 habitans. Nav.

Vidigueira, gr. b. à 5 l. sud d'Evora. Portug., prov. d'Alent.

Vidreras, p. b. à 5 l. et d. sud de Girone, r. de Barcelonne. Catal.

Vierzo (el), petit district boisé du nord-est de Léon, arrosé par la rivière de Sil. On y trouve les bourgs de Ponferrada, Bembibre et Villa-Franca. *Voyez* ces mots.

Vigo, gr. b. sur un rocher, avec un port sur une baie de l'Océan, à 5 l. et 1 q. nord de Tuy. Son port est un des plus beaux de l'Espagne; il a deux entrées devant lesquelles sont situées les îles Bayonas. On en exporte beaucoup de sardines, que des Catalans salent sur la côte. Les habitans, au nombre de 3,000, ont aussi des fabriques de chapeaux, savon et cuir. Gal.

Vilagrassa, p. b. entre Lérida et Cervera. Catal.

Vila de Muls, vill. à 2 l. nord de Girone, r. du Col de Pertuis. Catal.

Vilasar de Mar, vill. sur le bord de la Méditerranée, à 3 l. et d. nord de Barcelonne, r. de Mataro. Catal.

Villablanca, p. b. à 1 l. et 1 q. nord d'Ayamonte. Sév.

Villabona, p. b. à 16 l. nord de Vittoria, r. d'Irun. Prov. de Guipuscoa.

Villabrasaro, vill. à 47 l. et 3 q. nord-ouest de Madrid, entre Benavente et Astorga. Prov. de Valladolid.

Villabuena, vill. à 38 l. et 3 q. nord de Madrid, entre Toro et Salamanque, prov. de Toro.

Villacastin, p. b. à 13 l. et 3 q. nord-ouest de Madrid, r. de Ciudad-Rodrigo. Prov. de Ségovie.

Villachaon, vill. à 3 l. et d. nord de Porto, r. de Viana. Portug., prov. d'Entre-D.-et-M.

Villacid de Campos, p. à 42 l. nord-ouest de Madrid, r. de Léon. Léon.

Villacortès, vill. à 7 l. et d. du fort de Piñel, r. de Coïmbre. Portug., prov. de Beyra.

Villadangos, vill. à 3 l. ouest de Léon, r. d'Astorga. District de Léon.

Villa-da-Rua, vill. à 8 l. et d. est de Lamégo, r. de Piñel. Portug., prov. de Beyra.

Villa del Rey, p. b. entre Caceres et Alcantara. Estram.

Villa de Rey, vill. à 7 l. et d. sud d'Orense, r. de Madrid. Galice.

Villa do Bispo, p. b. entre Lagos et Sagres. Portug., prov. d'Algarve.

Villa do Conde, gr. b. fortifié avec 3,100 hab. et un port à l'embouchure de l'Ave, à 5 l. nord de Porto, r. de Viana. Portug., prov. d'Entre-D.-et-M.

Villa-do-Ponte, p. b. à 7 l. et d. ouest du fort de Piñel, r. de Lamégo. Portug., prov. de Beyra.

Villafeliche, b. sur la Giloca, au nord de Daroca; il a des fabriques de poudre à canon. Arag.

Villafer, vill. à 50 l. et d. nord-ouest de Madrid, entre Benavente et Léon. Prov. de Valladolid.

Villa-Franca, gr. b. à 12 l. et d. nord de Vittoria, r. d'Irun. Prov. de Guipuscoa.

Villa-Franca, p. b. à 6 l. sud de Mérida, r. de Xérez. Estram.

Villa-Franca, vill. sur la Giloca, à 20 l. et 1 q. sud de Saragosse, r. de Valence. Arag.

Villa-Franca, vill. sur l'Ebre, à 4 l. et q. est de Saragosse, r. de Lérida. Arag.

Villa-Franca, gr. b. sur le Tage à 6 l. nord de Lisbonne, r. de Leyria. Popul. 4,600 hab. Estram. portug.

Villa-Franca de Panades, vill. à 8 l. et 3 q. ouest de Barcelonne, r. de Tarragone. Il fabrique des toiles et de l'eau-de-vie. Catal.

Villa-Franca de Vierso, gr. b. sur la Barbia, à 68 l. et 1 q. nord-ouest de Madrid, r. d'Astorga à Lugo. Léon, district de Ponferrada.

Villafrechos, p. b. à 40 l. et 3 q. nord-ouest de Madrid, r. d'Orense. Prov. de Valladolid.

Villafria, vill. à 1 l. et d. est de Burgos, r. de Miranda. Prov. de Burgos.

Villa-Garcia, p. b. à 14 l. sud de Mérida, r. de Séville. Estram.

Villagonzale, vill. à 1 d.-l. nord de Burgos, r. de Santander. Prov. de Burg.

Villajoyosa, b. fortifié sur la côte de la Méditerranée, à 4 l. et 1 q. nord d'Alicante, r. de Denia.

Villalcazar de Sirga, vill. à 6 l. et d. nord de Palencia, r. de Léon. Prov. de Palencia.

Villallar, p. b. sur l'Hornija, à 33 l. et 1 q. nord de Madrid, r. de Zamora. Prov. de Valladolid.

Villalmanzano, vill. à 7 l. et d.

nord d'Aranda, entre Lerma et Burgos. Prov. de Burgos.

VILLALOBON, p. b. à 1 d.-l. nord de Palencia, r. de Santander. Prov. de Palencia.

VILLALPANDO, gr. b. sur le Valderaduey, à 43 l. et 1 q. nord-ouest de Madrid, r. d'Orense. Léon.

VILLALVILLA, p. b. à 1 l. et 3 q. ouest de Séville, r. d'Ayamonte. Séville.

VILLAMANIN, vill. à 7 l. et d. nord de Léon, r. d'Oviédo. Prov. de Léon.

VILLAMEA, vill. à 2 l. est de Lamego, r. de Piñel. Portug., prov. de Beyra.

VILLAMEAN, vill. à 1 l. sud de Tuy, r. de Porto. Portug., prov. d'Entre-D.-et-M.

VILLA MESIA, p. b. à 43 l. et 1 q. ouest de Madrid, entre Truxillo et Mérida. Estram.

VILLAMOR, vill. sur le Furclos, à 7 l. ouest de Lugo, r. de Santiago. Galice.

VILLAMOR DEL AGUA, vill. à 51 l. l. et d. nord-ouest de Madrid, r. de Benavente à Léon. Prov. de Léon.

VILLAMURIEL, p. b. sur le Carrion, à 39 l. et 1 q. nord-ouest de Madrid, entre Valladolid et Palencia. Prov. de Palencia.

VILLA NOVA, vill. à 18 l. sud de Porto, r. de Leyria. Portug., prov. de Beyra.

VILLANOVA, vill. sur l'Alenquer, à 9 l. nord de Lisbonne, r. d'Abrantès. Estram. portug.

VILLANOVA DA BARCA, vill. à 7 l. nord de Leyria, r. de Porto. Portug., prov. de Beyra.

VILLANOVA DE ANZOS, p. b. sur la Soure, à 18 l. et d. nord de Leyria, r. de Porto. Portug., prov. de Beyra.

VILLANOVA DE CERVEIRA, p. b. fortifié, auprès du Minho, à 2 l. sud de Tuy, r. de Porto. Portug., prov. d'Entre-D.-et-M.

VILLANOVA DE FAMELIZAON, p. b. à 3 l. sud de Braga, r. de Porto. Portug., prov. d'Entre-D.-et-M.

VILLANOVA DEL CAMI, vill. sur la Noya, à 6 l. et d. est de Cervera, r. de Barcelonne. Catal.

VILLANOVA DE MILFONTES, p. b. auprès de l'embouchure de l'Odemira, à 13 l. nord de Lagos, r. de Lisbonne. Portug., prov. d'Alent.

VILLANOVA DE MONZARRAS, p. b. à 10 l. nord de Leyria, r. de Porto. Portug., prov. de Beyra.

VILLANOVA DE PORTIMAON, b. avec un port sûr et vaste, sur le Silves, à 2 l. est de Lagos. Deux forts lui servent de défense. Portug., prov. d'Algarve.

VILLANOVA-DE-PORTO, b. avec 2,000 habitans, sur la rive droite du Douro, vis-à-vis de Porto. Le couvent de St.-Augustin est son principal édifice. Portug, prov. d'Entre-D.-et M.

VILLANUBLA, p. b. à 1 l. et d. ouest de Valladolid, r. de Léon. Prov. de Valladolid.

VILLANUEVA, vill. à 8 l. nord de Léon, r. d'Oviédo. Prov. de Léon.

VILLANUEVA, vill. sur le Rituerto, à 36 l. nord de Madrid, entre Almazan et Agreda. Prov. de Soria.

VILLANUEVA DE GALLEGO, b. à 2 l. nord de Saragosse, r. de Jaca. Arag.

VILLANUEVA DE GOMEZ, gr. b. à 19 l. et 3 q. ouest de Madrid, r. de Ciudad-Rodrigo. Prov. d'Avila.

VILLANUEVA DEL ALCOR, p. b. à 7 l. ouest de Séville, r. d'Ayamonte. Sév.

VILLANUEVA DE LAS CARRETAS, vill. à 4 l. et 3 q. sud-ouest de Burgos, r. de Palencia. Prov. de Burgos.

VILLANUEVA DE LAS CRUCES, vill. à 16 l. et 1 q. ouest de Séville, r. de Béja. Sév.

VILLANUEVA DE LOS CABALLEROS, p. b. à 38 l. et d. nord-ouest de Madrid. r. d'Orense. Prov. de Valladolid.

VILLANUEVA DE LOS CASTILLEJOS, p. b. à 5 l. et d. nord d'Ayamonte, r. de Paymogo. Sév.

VILLAORNATE, p. b. à 51 l. et d. nord-ouest de Madrid, entre Benavente et Léon. Prov. de Léon.

VILLAOURIZ, vill. à 6 l. et 1 q. ouest de Lugo, r. de Santiago. Galice.

VILLAPOUCA DE AGUIAR, vill. à 4 l. et d. sud de Chaves, r. de Lamego. Portug., prov. de Tras-os-M.

VILLAQUEJIDA, vill. à 49 l. et 3 q. nord-ouest de Madrid, entre Benavente et Léon. Prov. de Valladolid.

VILLAR DE CANNAS, p. b. sur le Zancara, à 18 l. et 1 q. sud-est de Madrid, r. de Valence. Prov. de Cuença.

VILLAR DE FRADES, p. b. à 36 l. et 3 q. nord-ouest de Madrid, r. d'Orense. Prov. de Valladolid.

VILLAR DEL PEDROSO, vill. auprès du Pedroso, à 27 l. et 3 q. ouest de Madrid, r. de Guadalupe. Prov. de Tolède.

VILLAR DEL SAZ DE DON GUILLEN

p. b. à 19 l. et d. est de Madrid, r. de Valence. N.-Cast., prov. de Cuença.

Villareal, gr. b. sur le Mijares, à 8 l. et 1 q. nord de Valence, r. de Tarragone. Val.

Villareal, p. b. sur l'Urola, à 9 l. et d. nord de Vittoria, r. d'Irun. Prov. de Guipuscoa.

Villareal, jolie ville au confluent de la Ribeira et du Corgo, à 4 l. de Lamego, r. de Chaves. Pop. 4,000 hab. Portug., prov. de Tras-os-M.

Villa real de Buniel, p. b. à 1 l. ouest de Burgos, r. de Palencia. Prov. de Burgos.

Villareal de San-Antonio, b. fortifié, bâti uniformément et habité par des pêcheurs, à l'embouchure du Guadiana, à 1 d.-l. sud de Castromarin. Portug., prov. d'Algarve.

Villarejo de Salvanes, vill. à 6 l. et 3 q. est de Madrid, r. de Cuença. Prov. de Tolède.

Villar (el), h. à 40 l. sud-est de Madrid, entre Albacète et Almanza. Murc.

Villargordo del Marquesado *ou* de Cabriel, p. b. sur le Cabriel, à 35 l. et d. est de Madrid, r. de Valence. N.-Cast., prov. de Cuença.

Villaroanne, p. b. sur l'Esla, à 2 l. et 3 q. sud de Léon, r. de Benavente. District de Léon.

Villarquemada, vill. à 24 l. sud de Saragosse, r. de Teruel. Arag.

Villarrasa, vill. à 8 l. et 3 q. ouest de Séville, r. d'Ayamonte. Sév.

Villarreal, gr. b. à 8 l. et d. sud de Chaves, r. de Lamego. Portug., prov. de Tras-os-M.

Villarrubio, p. b. à 13 l. et 1 q. sud-est de Madrid, r. de Valence. Prov. de Tolède.

Villarta, p. b. sur la Giguela, à 23 l. sud de Madrid, r. d'Alcala-la-Réal. Ce lieu est situé à 2130 pieds au-dessus du niveau de la mer. La Giguela qui l'arrose, reçoit, avant d'arriver à Villarta, une autre rivière, le Zangara, qui a traversé le lit du Guadiana à l'endroit où ce fleuve, perdant ses eaux sous terre, est à sec pendant les chaleurs. Prov. de Tolède.

Villasayas, p. b. sur le Bordecores, à 25 l. et d. nord de Madrid, r. d'Almazan. Prov. de Soria.

Villaseca, p. b. à 2 l. sud de Tarragone, r. de Valence. Catal.

Villasimpliz, vill. sur la Bernesga, à 6 l. et 3 q. nord de Léon, r. d'Oviédo. Prov. de Léon.

Villatobas, p. b. à 11 l. et d. sud de Madrid, r. d'Aranjuez à Almanza. Prov. de Tolède.

Villatoro, p. b. à 6 l. et d. sud d'Avila, r. de Placencia. Prov. d'Avila.

Villava, p. b. à 1 l. nord de Pampelune, r. de Saint-Jean-Pied-de-Port. Nav.

Villaverde, p. b. à 27 l. et d. nord de Madrid, r. de Zamora. Prov. de Valladolid.

Villaverde de Oura, vill. à 2 l. sud de Chaves, r. de Lamego. Portug., prov. de Tras-os-M.

Villavicencio, p. b. à 41 l. et 3 q. nord-ouest de Madrid, r. de Léon. Léon.

Villaviçosa, b. fortifié avec un château royal, à 4 l. sud-ouest d'Elvas. Les environs sont très-fertiles. Popul. 3,450 hab. Portug., prov. d'Alent.

Villavieja, p. b. à 64 l. et 3 q. nord-ouest de Madrid, r. d'Orense. Galice.

Villayana, p. b à 3 l. et 1 q. sud d'Oviédo; r. de Léon. Astur.

Villena, v. de 6000 habitans, à 18 l. sud de Valence, et à 13 l. de Murcie, auprès d'un lac de 2 lieues de tour qui produit beaucoup de sel. Population, 2,500 habitans. On récolte autour de Villena des vins, grains, huiles et chanvres. Un château domine la ville qui a un grand faubourg. Les habitans fabriquent des toiles, savons et eaux-de-vie. La chaine de montagnes, qui commence auprès de Villena, se termine par le Pic de Mongo que les navigateurs aperçoivent de loin. Val.

Villodrigo, p. b. sur l'Arlanzon, à 13 l. nord-est de Palencia, r. de Burgos. Prov. de Burgos.

Viloria, vill. 3 à l. sud de Betanzos, r. de Lugo. Galice.

Vimieiro, p. b. à 12 l. et 3 q. ouest de Portalègre, r. de Lisbonne. Portug., prov. d'Alent.

Vimioso, b. fortifié, auprès du Macans, à 6 l. sud-est de Bragance, r. de Miranda. Portug., prov. de Tras-os-M.

Vina, vill. à 2 l. et d. ouest d'Orense, r. de Santiago. Galice.

Vinaija, vill. à 6 l. sud de Lérida, r. de Tarragone. Catal.

Vinaroz, p. b. fortifié sur le Cervol, auprès de l'embouchure de la Cenia, à 19 l. et d. sud de Tarragone, r. de Valence. On y construit des barques et on exporte des eaux-de-vie. Un beau pont passe sur la Cenia. Val.

VIENO, vill. à 15 l. est de Coïmbre, r. de Piñel. Portug., prov. de Beyra.

VIO, vallée des Pyrénées d'Aragon, à l'ouest de celle de Gistan.

VIQUE ou VICH, v. de 8,000 habitans, auprès du Ter, à 7 l. ouest de Girone, r. d'Olot à Mauresa. Elle a des fabriques d'indiennes; on trouve des pierres fines dans les mines de la contrée. Catal.

VISCARRET, vill. de la vallée d'Erro, à 6 l. nord de Pampelune, r. de Saint-Jean Pied-de-Port. On trouve aux environs la source de l'Arga, et les fabriques de munitions d'Eugui. Nav.

VISEU, v. de 9,200 hab. à 13 l. nord-est de Coïmbre, et à 48 l. de Lisbonne; siége d'un évêché. En septembre il s'y tient une grande foire pour la vente de la bijouterie, orféverie, draperie et des bestiaux. Aux environs il y a des mines d'étain. Portug., prov. de Beyra.

VISO DEL ALCOR, p. b. à 84 l. et 3 q. sud de Madrid, entre Carmona et Xeres. Sév.

VISO (EL), vill. de la Sierra-Morena.

VITTORIA, chef-lieu de la province d'Alava, sur la Zadarra, à 61 l. nord de Madrid, à 20 l. de Burgos, et à 22 l. de la Bidassoa. Cette ville, bien bâtie, a une place publique, une église collégiale, un hospice, quelques couvens, et une population de 6,000 habitans. Elle fait commerce de laines, fer brut et forgé, denrées coloniales, draperie, tannerie, toile, linge de table, etc. Avant 1820, le corps municipal de la ville et du district se composait d'un alcade, d'un vice-alcade, de deux régidors, dix députés de la ville, et deux des villages; un syndic, deux députés de la communauté, un alguasil-major, deux alguasils de la Hermandad et un greffier. Les villages du district étaient gouvernés chacun par deux fièles ou féaux. En 1813 le roi Joseph Bonaparte perdit auprès de Vittoria une bataille qui mit fin à son règne. Prov. Basques.

VIVERO, gr. b. avec un port très-vaste sur la côte septentrionale de Galice, à 101 l. et 3 q. nord de Madrid, et à 8 l. de Mondoñedo. Ses fabriques fournissent jusqu'à 225,000 aunes de toiles par an. Galice.

VOUSELLA, vill. à 8 l. sud de Lamégo, r. de Lisbonne. Portug., prov. de Beyra.

X.

XATIVA, *Voyez* S. Felipe.

XERES DE LA FRONTERA, v. de 8,000 habitans, à 100 l. et d. sud de Madrid, et à 8 l. et d. de Cadix. Elle a des fabriques d'indiennes. Ce lieu est à la fois célèbre par ses beaux vignobles dont les vins s'exportent au loin, et par la bataille qui fut livrée dans les plaines d'alentour, entre les Goths et les Maures, qui coûta la vie à Rodrigue, dernier roi des Goths, et ouvrit l'Espagne aux Arabes. Xeres existait dans l'antiquité sous le nom d'*Asido*: on y reconnaît les canaux que les Romains avaient pratiqués pour unir le Guadalète au Guadalquivir. Sév.

XEREZ DE LOS CABALLEROS, v. à 67 l. et d. sud de Madrid, et à 13 l. et 3 q. de Mérida; elle est entourée de grands pâturages. Estram.

XIXONA, *Voyez* Gijona.

Y.

YECLA, gr. b. à 49 l. sud-est de Madrid, entre Albacète et Alicante. Il exporte beaucoup d'huile d'olive. Murc.

YELAMOS DE ABAJO, p. b. à 14 l. et d. est de Madrid, entre Alcala et Trillo. Prov. de Guadalaxara.

YELAMOS DE ARRIBA, p. b. à 15 l. est de Madrid, r. de Trillo. Prov. de Guadalaxara.

YUNCOS, p. b. à 7 l. sud de Madrid, r. de Tolède. Prov. de Tolède.

Z.

Zafra, gr. b. au bas d'une montagne, sur le Guadaira, à 9 l. sud de Mérida, r. de Xerez. Il a des fabriques de ganterie. Estram.

Zahara, vill. auprès de la source du Guadalète, à l'ouest de Xerez. Les Maures y avaient bâti une forteresse. Dans le voisinage on voit, au bas d'un rocher escarpé, le village d'Algodonales, au milieu des bois, d'oliviers, orangers et autres arbres fruitiers. Séville.

Zalamea, b. aux environs d'Almaden, a des mines de plomb argentifère. Sév.

Zamajon, vill. à 35 l. nord de Madrid, r. de Pampelune. Province de Soria.

Zamaramala, h. à 1 d.-l. nord-ouest de Ségovie, r. de Valladolid. Prov. de Ségovie.

Zambujas, vill. à 7 l. nord de Tavira, r. de Lisbonne. Portug., prov. d'Algarve.

Zamora, v. sur une hauteur escarpée de la rive droite du Douro, à 41 l. et 3 q. nord-ouest de Madrid, dans un territoire fertile en grains et vins. On en tire aussi des pierres fines. Zamora était autrefois place forte. On y fabrique des lainages et des toiles. Un beau pont traverse le fleuve; la ville a une école de génie. Léon, prov. de Zamora.

Zaratan, p. b. à 1 d.-l. ouest de Valladolid, r. de Léon. Prov. de Valladolid.

Zarza la Major, p. b. à 12 l. et 1 q. ouest de Placencia, r. d'Alcantara. Estram.

Zavaldicas, vill. à 2 l. et 1 q. nord de Pampelune, et à 12 l. et 1 q. de St.-Jean-Pied-de-Port. Nav.

Zeneta, h. à 8 l. nord de Carthagène, r. d'Oribuela. Murc.

Zilbeti, vill. à 5 l. nord de Pampelune, r. de Saint-Jean-Pied-de-Port. Nav.

Zubiri, vill. à 4 l. et 1 q. nord de Pampelune, r. de Saint-Jean-Pied-de-Port. Nav.

Zuera, p. b. sur le Gallego, à 58 l. et 1 q. nord-est de Madrid, r. de Huesca et de Jaca. Arag.

Zumaya, b. avec un petit port sur l'Océan, à 6 l. ouest de Saint-Sébastien, et auprès de l'embouchure de l'Urola. Guipuscoa.

Zuriain, vill. à 2 l. et 3 q. nord de Pampelune, r. de St.-Jean-Pied-de-Port. Nav.

ADDITIONS AU VOCABULAIRE GÉOGRAPHIQUE.

Alhandra, b. de 1,600 habitans avec un port sur le Tage, à quelques lieues de Lisbonne. Il y a des briqueteries et tuileries et une source d'eau sulfureuse saline. Estram. portug.

Almada, b. de 4,170 habitans sur un petit golfe de l'Océan, vis-à-vis de Lisbonne, il est protégé par un fort assis sur un rocher, et il a un grand magasin de vins, et un hôpital pour les matelots anglais. Aux environs on exploite la mine précieuse d'Adissa qui en 1821 a fourni environ 36 marcs d'or. Estram. portug.

Bemfica, joli vill. à 2 l. nord de Lisbonne, r. de Cintra, au milieu de magnifiques maisons de plaisance; aux environs passe le grand aqueduc d'Agoas-Livres, et l'on y voit un couvent de capucins, et un autre de dominicains avec plusieurs tombeaux. Population, 3,900 habitans. Estram. portug.

Campogrande, vill. dans une plaine couverte de plantations, jardins et maisons de plaisance, à 3 l. de Lisbonne. Les dimanches les habitans de la capitale y affluent; en octobre, il s'y tient une grande foire de 8 jours. Population, 1,300 habitans. On trouve non loin de là les villages de *Campo-Pe-*

quenno et *Charneca*, également entourés de jardins et maisons de campagne. Estram. portug.

Cezimbra, b. avec un petit port, auprès du cap Espichel. Il a un ancien fort bâti sur une montagne, et une population de 4260 habitans. Estram. portugaise.

Coïmbre. Le palais de l'université surmonté d'une tour carrée, l'aqueduc, le séminaire épiscopal et les divers couvens dont les édifices et les jardins couvrent les collines, forment avec la vaste plaine arrosée par le Mondégo un très-beau coup-d'œil. Parmi les colléges qui ont appartenu jusqu'à présent à divers ordres religieux, on remarque ceux des Bénédictins, des Hieronimites, des Bernardins et des Crusios; la belle église du dernier est imitée de celle de la Sorbonne, à Paris. L'ancienne église des jésuites sur la place du marché est maintenant la cathédrale; elle touche au musée d'histoire naturelle et à l'hôpital. Dans la ville basse on remarque le grand monastère gothique de la Sainte-Croix, avec une église en forme de rotonde et de beaux jardins ornés de cascades. L'abbé de ce monastère était chancelier de l'université, et avait la juridiction épiscopale sur une partie de la ville basse. L'ancienne cathédrale et les églises de Saint-Jacques et St.-Martin, bâties l'une sur l'autre, ornent aussi cette partie de Coïmbre. Un pont, construit sur les restes d'un pont mauresque, traverse le Mondego au-delà duquel on trouve la campagne des Larmes avec la la fontaine des Amours, chantée par le Camoëns, et le couvent des Franciscains situé au bas d'un côteau sur lequel s'élève le magnifique couvent de Ste.-Claire avec une très-belle église. Des vergers remplis d'orangers, couvrent le territoire de la ville. La direction générale d'instruction publique résidait à Coïmbre, et l'imprimerie de l'université pourvoyait de livres classiques presque toutes les écoles du royaume. L'université est divisée en six facultés indépendamment du collége royal des arts. En 1820, le nombre des étudians s'est monté à 1600.

Ericeira, b. sur un petit golfe de l'Océan, à 6 l. nord de Lisbonne. Ses 2250 habitans se livrent pour la plupart à la pêche. Estram. portug.

Figueiro dos Vinhos, b. de 2,400 habitans sur l'Aiso, à 3 l. de Thomar. Estram. portug.

Gibraltar, petite mais jolie ville d'Espagne, dans l'Andalousie, sur la côte septentrionale du détroit de son nom, qui fait la communication de l'Océan et de la Méditerranée, à 25 l. sud-est de Madrid. Jusqu'à l'arrivée des Sarrasins en Espagne, qui eut lieu l'an 711 ou 712, le rocher de Gibraltar porta le nom de *Mons calpe*. A leur arrivée on y bâtit une forteresse, et il prit le nom *Gibraltar*, de celui de *Gibel Tarif*, leur général. Il fut alternativement au pouvoir des Espagnols et des Maures, et finalement cette place fut enlevée aux premiers par une flotte anglo-hollandaise, aux ordres de Sir Georges Tooke, l'an 1704. Les Espagnols l'assiégèrent en 1705 et 1708; ils la bombardèrent aussi en 1781, et la tinrent long-temps bloquée. Durant trois mois de siége il n'y eût que vingt-quatre heures d'intervalle entre le feu des assiégeans et celui des assiégés. Le traité d'Utrecht et de Séville en avaient confirmé la possession aux Anglais auxquels il appartient encore. Sa population est de 16,000 habitans, non compris la garnison qui est de 4,000 hommes.

Goes, b. de 2,600 habitans à 8 l. de Coïmbre; les montagnes d'alentour paraissent contenir de l'or. Portug., prov. de Beyra.

Gellagoa, b. de 2,600 habitans à 3 l. de Santarem. Il cultive beaucoup de vins. Estram. portug.

Grandola, b. de 2,100 habitans, sur le Damim, dans une plaine, à l'ouest de la montagne de Grandola, non loin de Sétubal. Estram. portug.

Loulé, b. de 8,200 habitans, dans une belle vallée des environs de Tavila. Portug., prov. d'Algarve.

Louzaa, b. des environs de Coïmbre. au pied de montagnes qui atteignent une élévation de 2,300 pieds. Population, 3,150 habitans. Les montagnes de Louzaa fournissent, beaucoup de neige et de glace à la capitale. Portug., prov. de Beyra.

Ourem, b. de 3,100 habitans, sur une hauteur. Il a une vieille citadelle. Estram. portug.

Paço d'Arcos, h. à 2 l. de Lisbonne, et habité par des pêcheurs et des bateliers. Il a une boulangerie militaire pour l'approvisionnement des forts, un dépôt d'agrès, des magasins de vins et de fruits. On voit aux environs le petit château royal de Caxias, et le moulin à poudre de Bracarena. Estram. port.

Porto. Cette ville a été jusqu'à présent le siége de la compagnie pour les vins du haut Douro, qui possédait des priviléges importans. Porto a une grande corderie, une manufacture de tabac et de savon, des fabriques de toiles, soieries, chapeaux, laine, coton, fayence, des tanneries et raffineries, un chantier de construction pour les bâtimens marchands; outre les vins et les produits de ses manufactures, elle exporte des oranges, du liége, du sumach, et de la crême de tartre. Porto est la résidence d'un gouverneur et d'un évêque. Elle possède une académie de marine et de commerce, un grand hôpital avec une école de chirurgie et d'anatomie, plusieurs séminaires, trois écoles militaires, et d'autres écoles. La partie de la ville située sur les collines de Sé et de la Vittoria, où la ville proprement dite, est entourée d'une muraille de trente pieds de haut. Les quartiers de Sainte-Ildéfonse et Uriragaya sont ouverts : celui de Villa-nova, au midi du Dour, communique avec le reste de la ville par un pont de bâteaux. Les églises et chapelles y étaient autrefois nombreuses : à présent il y a une quinzaine de couvens. La cathédrale, l'église *dos Clerigos*, qui a un clocher très-haut, Notre-Dame de Lope, les églises des Carmélites, des Récollets, de Grilos, de Saint-Dominique, sont assez belles. De grandes places, telles que celles de la Constitution, ci-devant place *Nova de Hortos*, *de Cordaria*, avec des promenades, de Saint-Ovide, maintenant place de la Régénération, servent à embellir cette ville toujours croissante. On distingue encore la factorerie anglaise, les magasins de vins de la compagnie du Haut Douro, l'évêché avec un bel escalier, l'hôtel de ville ou *Senado da Camara*, l'hôpital royal qui n'est pas achevé, le tribunal d'appel, les casernes, la *Casa-Pia*, plusieurs palais et hôtels particuliers. Les familles riches ont des maisons de campagne à *S. Joas de Foz* (Voyez ci-dessous), et à *Matozenho*. Ce dernier lieu a un mouillage à l'embouchure de la Leça, une saline et un sanctuaire qui attire une foule innombrable de pélerins. A *S. Pedro de Cava* il y a des mines de houille abondantes.

San-Joao de Foz, joli vill. à l'embouchure du Douro, à 2 l. de Porto. Un fort protége l'entrée du port. En été, les habitans de Porto y prennent des bains de mer. Population 3,300 habitans. Portug., prov. d'Entre-D.-et-M.

San-Mamede, vill. auprès de la Tua, dans le district de Villa-Réal. Il fait beaucoup de vins, et contient 1,200 habitans. Portug., prov. de Tras-os-M.

Torres-Novas, b. de 4,230 habitans, à 4 l. de Santarem. Il a une manufacture de coton. Estram. portug.

FIN DU VOCABULAIRE.

AVIS
SUR L'ITINÉRAIRE.

Le lecteur ne sera pas fâché, sans doute, de trouver à la suite du Vocabulaire géographique l'Itinéraire ci-contre qui, de la manière dont il est rédigé, donne en quelque sorte avec la carte une véritable topographie de l'Espagne et du Portugal. Traduit de l'espagnol, il a le double avantage d'offrir une nomenclature exacte et des distances précises et justes.

Cette nomenclature, au premier coup-d'œil, paraît être sèche et aride; mais on sentira qu'il était inutile d'y rien ajouter, puisque les villes, bourgs, villages etc. mentionnés dans l'Itinéraire, se trouvent dans le Vocabulaire, avec tous les détails qu'on a droit d'attendre. Il ne nous reste plus qu'à développer le plan qui a été suivi dans sa rédaction.

D'abord Madrid, comme capitale et centre de l'Espagne, fixe naturellement le point de départ général et l'étend, sur tous ses rayons, jusqu'aux points capitaux de ses diverses provinces; puis, de ces points capitaux jusqu'aux extrémités de ses frontières.

En conséquence, on l'a divisé en autant de chapitres qu'il y a de chefs-lieux ou villes principales en tête desquels, outre les indications du point du départ à celui de l'arrivée, se trouvent des n^os d'ordre qui correspondent à des notes qui y renvoient; de manière, par exemple, que le chapitre 42, indiquant la route de Madrid à Cadix, n'en donne réellement l'Itinéraire que depuis Baylen jusqu'à Cadix, et que, pour trouver celui de Madrid jusqu'à Baylen qui est à une distance de 46 lieues, il faut recourir au n° 33 auquel la note italique renvoie. Il en est ainsi de tous les chapitres qui indiquent d'une seule fois des distances éloignées.

On a de plus intercalé, dans le corps de plusieurs chapitres, des chiffres qui renvoient aux notes qui sont à la fin de l'Itinéraire, et qui indiquent les routes de traverse.

Il sera facile de juger l'utilité d'un pareil travail tant pour les personnes que les circonstances actuelles peuvent appeller en Espagne, que pour celles que la curiosité porte à suivre progressivement les mouvemens qui s'y opèrent.

ITINÉRAIRE
DE L'ESPAGNE
ET
DU PORTUGAL.

Nota. Les distances sont en lieues d'Espagne de 20 au degré. Une de ces lieues équivaut à une lieue et 1 q. de France, de 25 au degré. V. *signifie* Venta; S., San *ou* Saint; Sta., Santa; l., lieue; d., demi; t., tiers; q., quart; h., huitième.

N°. 1.

De Madrid *à la frontière de* France, *par* Burgos, Vittoria *et* Irun, 83 lieues.

Alcovendas, (1) 3 lieues. — Venta de Pesadilla, 1 lieue et demie. — San Augustin, 1 l. et d. — V. del Molar, 1 lieue et 1 quart. — Venturada, 1 l. et 1 q. — Cabanillas de la Sierra, 3 quarts. — La Cabrera, 1 d. — Lozoyuela, 2 l. — Clevandron, 1 d. — Buytrago, 1 l et 1 q. — Robregordo, 2 l. et d. — Somosierra, 1 d. — V. de Juanilla de la Cuesta, 1 l. et 3 q. — El Castillejo, 1 l. et 1 q. — Boceguillas, 1 l. et d. — Fresnillo de la Fuente, 1 l. — Caravias, 1 l. et 1 q. — Honrubia, 1 l. et d. — V. de la Pardilla, 1 l. — Milagros, 1 d. — Fuentespina, 1 l. — Aranda de Duero, 3 q. — Gumiel de Izan, 2 l. — Oquillas, 1 l. — Bahabon, 1 l. — V. del Frayle, 1 l. — V. de Rabé *et* del Foncioso, 1 l. — Lerma, 1 l. — Villalmanzano, 1 d. — V. de Madrigalejo, 1 l. et d. — Cogollos, 1 l. et d. — Sarracin, 1 l. et d. — Burgos, 1 l. — Gamonal, 3 q. — Villafria, 3 q. — Rubena, 1 d. — Quintanapalla, 3 q. — Monasterio de Rodilla, 1 l. et d. — Santa Olalla, 1 q. Quintanavides, 1 d. — Castil de Peones, 1 d. — Pradano, 1 d. — V. de Cameno, 1 l. et d. — Berzosa, 1 l. — Cubo, 1 l. et 1 q. — Sta. Maria de Ribaredonda *ou* del Cubo, 1 d. — Pancorvo, 1 l. et 1 q. — Ameyugo, 1 l. — Oron, 1 l. 3 q. — Miranda de Ebro, 1 d. — Bayas, 1 q. — V. de Ribavellosa, 3 q. — Armiñon, 1 d. — V. de Burgueta, 1 d. — La Puebla de Arganzon, 1 q. — V. de Ayatanes, 1 q. — Ariñiz, 1 l. et d. — Gomecha, 1 q. — V. de Armentia, 1 d. — Vittoria, 1 d. — Betoño, 1 q. — Durana, 3 q. — Mendivil, 1 d. — Ulibarri Gamboa, 3 q. — V.-Barri, 1 q. — Salinas de Guipuscoa, 1 l. — Escoriaza, 1 l. — Arechavaleta, 1 d. — Mondragon, 1 d. — S. Antonio de Vergara, 2 l. (*a*) — Anzuola, 1 d. — Villa Real, 1 l. et d. — Zumarraga, 1 l. et d. — Ormaiztegui, 1 l. — Beasain, 1 l. — Villafranca de Guipuscoa, 1 l. — Ichasondo *ou* Ichaso, 1 d. — Legorreta, 1 d. — Alegria, 1 l. — Tolosa, 1 d. — Irura, 1 d. — Villabona, 1 d. — Andoain, 3 q. — Eychauri, 1 q. —

(*a*) Vergara, *est sur la gauche à 1 huitième de lieue.*

Urnieta, 1 q. — Hernani, 3 q. (*a*) — Astigarraga, 1 d. — Riv. d'Oyarzun, 1 l. et d. — Oyarzun, 1 q. — Irun, 1 l. et 1 q. — Bidassoa, 1 d.

N°. 2.

De Madrid *à* Portugalete, *par* Ordunna *et* Bilbao, 71 lieues.

Madrid *à* Pancorvo (2), 52 l. et d. (*Voyez* N° 1.) — Encio, 1 l. — Moriana, 1 l. — Sta. Gadea, 1 d. — Puentedura, 1 l. — Berguenda, 3 q. — Espejo, 1 d. — V. Blanca, 1 q. — V. del Monte, 1 q. — Osma, 1 l. — Berberana, 1 d. — Murita, 1 q. — Goldecho, 1 l. et d. — Orduña, 1 l. — Saracho, 1 d. — Amurrio, 3 q. — Luyando, 3 q. — Llodio, 1 l. — Nervian, 1 q. — Areta, 1 q. — Arrancudiaga, 1 d. — Miravalles, 1 d. — Arrigorriaga, 3 q. — V. alta, 1 l. — Bilbao, 1 d. — Llejavarri, 1 d. — Baracaldo, 1 l. et 1 q. — Desierto, 1 q. — Portugalete, 1 d.

N°. 3.

De Vittoria *à* Saragosse, *par* Logrono *et* Tudela, 41 lieues.

Vittoria *à* Berrosteguieta, 1 l. — Doroño, 1 l. — Treviño, 1 l. V. — De Armentia, 1 d. — Pedruzo, 1 l. — Samiano, 1 d. — Mesanza, 1 l. — Pipaon, 1 l. — La Guardia, 3 l. et d. — Logroño, 3 l. — Varea, 1 d. — Agoncillo, 1 l. et d. — Monteagudo, 3 l. — Calahorra, 3 l. — Alfaro, 2 l. — Castejon, 3 q. — Tudela (3), 2 l. — Mallen, 4 l. et d. — Gallur, 1 l. — Boquiñen, 1 l. et d. — Luceni (*b*), 1 d. — Pedrola, 1 d. — Alagon, 1 l. et d. — Las Casetas, 1 l. et d. — S.-Lamberto, 2 l. — Saragosse, 1 d.

N°. 4.

De Madrid *à la frontière de* France, *par le défilé de* Maya *dans la* Navarre, *en passant par* Alcala de Henares *et* Pampelune, 73 lieues et demie.

Madrid *à* V. del Espiritu-Santo, 1 d. — Canillejas de Abajo, 1 l. — Torrejon de Ardoz, 2 l. et d. — Torote, 1 l. — Alcala de Henares, 1 l. — V. de Meco, 1 l. et 1 q. — V. de S. Juan, 1 l. et 1 q. — Guadalajara, 2 l. — Taracena, 1 d. — Val de Noches, 1 d. — Torija, 1 l. et 3 q. — Trijueque, 1 l. — Gajanejos, 2 l. — V. de Ledanca *ou* del Puñal, 1 l. — Almadrones, 1 l. et 1 q. — Algora, 1 l. et d. — Torremocha del Campo, 1 l. — Bujarrabal *ou* Bujarrapian, 2 l. et d. — Fuencaliente, 1 l. — V. del Tinte, 3 q. — Couvent de S.-Francisco, 1 q. (*c*) — Lodares, 1 d. — Corbesin, 1 q. — Radona, 2 l. — Adradas, 1 l. et d. — Almazan, 3 l. — Baniel, 1 d. — Viana, 1 q. — Almarail, 1 l. — Sauquillo de Boñices, 1 d. — Boñices, 1 d. — Tejado, 1 q. (*d*) — Villanueva, 3 q. — Zamajon, 1 d. — Paredesroyas, 1 q. — Almenar, 1 l. et 1 q. — Hinojosa del Campo, 1 l. et d. — Ruisseau du lac d'Añavieja, 2 l. et 1 q. — Agreda, 1 l. et 1 q. — Debanos, 3 q. — V. del Portazguillo, *ou* de S.-Vicente Ferrer. 2 l. et 1 q. — Cintruenigo, 1 l. et d. — Valtierra, 2 l. et d. (*e*) — Caparroso, 3 l. — V. de Morillete, 1 l. — Tafalla, 2 l. et d. — Garinoain, 1 l. — Barasoain, 1 q. — Mendivil, 1 d. — V. de Oloriz, 1 d. — V. del Piojo, 1 d. — V. de las Campanas,

---

(*a*) *De* Hernani *l'on va, en tirant au N., à* St.-Sébastien, 1 l. et 1 q.

(*b*) *Ces trois endroits,* Gallur, Bocquiñen *et* Luceni, *sont à gauche de la route.*

(*c*) Medina-Cœli, *sur une hauteur à gauche.*

(*d*) *Depuis* Tejado *on peut, en passant le gué du* Rituerto, *aller en droite ligne à* Zamajon, d.

(*e*) *La route de poste traverse* Valtierra, Aragon, 2 l. et d. — Marcilla, 1 d. — Tafalla, 3 l. et d.

1 l. — Noain, 1 l. — Pampelune, 3 q. — Arre, 1 l. — Ostiz, 1 l. et 1 q. — Osacain, 1 q. — Olague, 1 d. — Lanz, 3 q. — Almandoz, 1 l. et d. — Pont de Marine, 1 q. — Berrueta, 1 d. — Irurita, 3 q. — Elizondo, 3 q. — Elveteа, 1 q. — Arizcum, 5 h. — Bosate, 1 h. — Maya, 1 q. — Urdax, 1 l. — Frontière de France, 3 q.

N°. 5.

La route suivante de Madrid *à* Almazan *est préférable pour les voitures*, 29 lieues et 3 quarts.

Madrid *à* V. de Meco, 7 l. et 1 q. — Azuqueca, 1 l. — Alobera, 1 d. — Marchamalo, 1 l. et 1 q. — Fontanar, 1 l. — Heras de Ayuso, 2 l. — Sopetran, 1 d. — Hita, 1 d. — Padilla, 1 l. — Las Casas de S. Galindo (4), 1 d. — Jadraque, 1 d. — Jirueque, 3 q. — Rebollosa de Jadraque, 2 l. et d. — Riofrio, 3 q. — V. de Riofrio, 1 d. — Paredes de Siguenza, 2 l. — Barahona, 1 l. et d. — Villasayas, 1 l. et d. — Cobertelada, 1 l. et 1 q. — Almantiga, 1 l. et d. — Almazan, 1 l. et d.

N°. 6.

De Madrid *à* Soria, 35 lieues et 3 quarts.

Madrid *à* Almazan, 29 l. et 3 q. (*Voyez* N° 5.) — Quinta de Velacha, 1 l. et 1 q. — El Cubo de la Solana, 3 q. — Rabanera del Campo *ou* de Soria, 1 d. — Miranda, 3 h. — Tardajos, 3 h. — Sinova, 1 l. et 1 q. — Los Rabanos, 1 q. — Poyales, 1 d. — Soria, 1 d.

On peut aller aussi par Almazan, 29 l. et 3 q. — Luvia, 3 l. — Soria, 3 l.

N°. 7.

De Pampelune *à* Saint-Jean-Pied-de-Port, *département des Basses-Pyrénées*, 14 lieues et 3 quarts.

Pampelune *à* Villava, 1 l. — Zavaldica, 1 l. et 1 q. — Anchoriz, 1 q. — Zuriain, 1 q. — Larrasoana, 3 q. — Urdaniz, 1 d. — Zubiri, 1 d. — Zilbeti, 1 l. — Viscarret, 1 d. — Espinal, 3 q. — S.-Hilario, 1 d. — Burguete, 1 q. — Roncevaux, 1 l. — V. de Gorosgaraya, 2 l. et d. — Valcarlos, 1 l. et d. — Saint-Jean-Pied-de-Port *en* France, 2 l. et 1 q.

N°. 8.

De Madrid *à la frontière de* France, *par* Daroca, Saragosse *et* Jaca *en* Aragon, 79 lieues et 3 quarts.

Madrid *à* Torremocha del Campo, 21 l. (*Voyez* N° 4.) — Alcolea del Pinar, 2 l. — V. del Gorro, 1 d. — Aguilar de Anguita, 3 q. — V. del Luzon, 1 l. et d. — Maranchon, 1 l. — Balbacil, 1 l. et d. — Anchuela del Campo, 1 l. et 1 q. — Concha, 1 l. — Tartanedo, 1 l. — Tortuera, 2 l. (*a*) — Embid, 1 l. — Used, 3 l. — Daroca, 3 l. — Retascon, 1 d. — Maynar, 1 l. et d. — V. de Guelba, 1 d. — V. de S. Martin, 1 l. et d. — Cariñeña, 2 l. — Longares, 1 l. — Muel, 2 l. — V. de Mozota, 1 d. — V. de Batorrita, 1 l. — Maria, 1 l. — Sta.-Fe, 1 l. — Saragosse, 1 l. et 1 q. — S. Gregorio, 1 l. — Villanueva de Gallego, 1 l. — Zuera (5), 2 l. — Torre de la Camarera, 1 l. Gurrea, 2 l. — Ayerbe, 4 l. — Sasa, 1 l. — V. de la Garroñela, 2 l. — Anzanego, 1 l. — Bernues, 2 l.

(*a*) *On va au S. de* Tortuera *à* Molina de Aragon, 2 l. et d.

— Jaca, 2 l. et d. — Cenarve, 1 l. et 1 q. — Arroes, 1 d. — Canfranc, 1 l. et q. — Spalung, 1 d. — Candalou, 1 l. — Urdos *en* France, 1 l. et d.

N°. 9.

Route de poste jusqu'à Saragosse, *passant par* Calatayud, 50 lieues et demie.

Madrid *à* Lodares, 26 l. (*Voyez* N° 4.) — Nuestra Señora de los Martires, 1 d. — Huerta, 2 l. et 3 q. — Monreal de Ariza, 1 l. — Ariza, 1 l. — Cetina, 1 l. — Alama de los Baños, 1 l. et 1 q. — Bubierca, 3 q. — Ateca, 1 l. et 1 q. — Terrer, 1 l. — Calatayud, 1 l. — El Frasno, 2 l. et d. — V. de San Miguel, 1 d. — La Almunia de Doña Godina, 1 l. et d. — V. de la Romera, 2 l. et d. — La Muela, 2 l. — V. del Palomar ou de Garapinillos, 2 l. — Sta. Barbara, 1 l. — Saragosse, 1 l.

N°. 10.

De Madrid *à* Barcelone *en* Catalogne, *par* Saragosse et Lerida, 104 lieues et demie.

Madrid *à* Saragosse, 54 l. et 1 q. (*Voyez* N° 8.) — Alfajarin, 1 l. et 1 q. — Puebla de Alfindeu, 1 l. — Villafranca de Ebro, 2 l. — Osera, 1 l. — V. de Santa-Lucia, 3 l. — Bujaraloz, 3 l. — Peñalba, 1 l. et d. — Candasnos, 1 l. et d. — V. de Fraga, 2 l. — Fraga, 2 l. — Alcarras, 3 l. — Lerida, 2 l. — Bell-lloch, 2 l. — V. de Mollerusa, 2 l. — Golmes, 3 q. — Bellpuig *ou* Bell-puch, 1 l. — Vilagrasa, 1 l. et 1 q. — Tarrega, 1 l. — Curullada, 1 l. — Cervera, 1 l. — Hostalet, 3 q. — V. de la Paradella *ou de* Monmaneu, 1 l. et d. — V. del Violi, 3 q. — Porquerises, 1 d. — Sta. Maria del Cami, 1 d. — V. del Gancho, 1 d. — Jorba, 1 l. — V. de Rusella, 1 d. — Igualada, 1 d. (6) — Villanova del Cami, 3 q. — Pobla de Claramunt, 1 d. — Font de la Reyna, 1 l. — Vallbona, 1 d. — Piera, 3 q. — Masquefa, 1 l. et 1 q. — Vegas *ou* Veguda alta, 1 l. — Martorell, 3 q. — S. Andres de la Barca, 1 l. — V. de Molins de Rey, 1 q. — S. Felix de Llobregat, 3 q. — Hospitalet, 1 l. — Barcelone, 1 l.

N°. 11.

De Madrid *à la frontière de* France, *par* Urgel, 109 lieues et 1 quart.

Madrid *à* Lerida, 77 l. et d. (*Voyez* N° 8.) — Alcoletge, 1 l. — Bellvis, 1 l. et d. — Liñola, (*a*) 1 l. et q. — Boldu, 1 d. — Tarros, 1 d. — Espigol, 1 l. — Monmagastrell, 1 d. — Monfalco de Agramunt, 3 q. — Agramunt, 1 d. — Rocaverti, 1 l. et d. — Oliola, 1 l. — Masbru, 1 d. — Pons, 1 l. — Tiurana, 1 l. — Castellnou de Basella, 1 l. — Basella, 1 d. (*b*) — Oliana, 1 l. — Penellas, 1 l. et 3 q. — Coll de Nargo, 1 l. — Orgaña, 1 l. — Pla, 2 l. et 1 q. — Arfa, 3 q. — Seu d'Urgel, 1 l. et 1 q. — Estamariu, 3 q. — Torres, 1 q. — Tronjo, 2 l. — Sta. Eugenia, 3 q. — Bellver, 1 d. — Isobol, 1 l. — Talltorta, 1 l. — Puycerda, 1 l. — Llivia, 1 l. et d.

N°. 12.

De Barcelone *à la frontière de* France, *en passant par* Mataro, Girone *et le* Col de Pertuis, 26 lieues et 1 quart.

Barcelone *à* Clot, 1 d. — S. Marti de Provensals, 1 q. — S. Adria de Besos, 1 q. — Badalone, 1 d. — Mongat, 1 d. — Masnou, 1 d. — Casas de Premia, 1 d.

(*a*) *De ce bourg à* Balaguer, *ville au N. O., en passant la* Segre, 2 l.
(*b*) *De là à* Solsona, *ville, à l'E* 2 l. et d.

— Vilasar de mar, 1 d. — Matard, 1 l. — Arenys *ou* Areñs de mar, 1 l. et d. — Canet de mar, 3 q. — S. Pol de mar, 1 d. — Calella, 3 q. — Pineda, 1 d. — Malgrat, 1 l. — Tordera, 3 q. — Vidreras, 2 l. et d. — Caldas de Malavella, 1 d. — V. La Tioña, 1 l. — Casas de Estrada, 1 l. — Girone (7), 1 l. — Medina, 1 l. — Vila de Muls, 1 l. — Orriols, 3 q. — Bascara, 3 q. — Borrasa, 1 l. et 1 q. — Sta. Llogaya, 1 d. — Figuères, 1 d. (*a*) — Hostalnou, 1 l. — La Junquière, 2 l. et d. — Col de Pertuis, 3 q.

No. 13.

De Barcelone *à la frontière de* France, *par la* Marina, 36 lieues et 1 quart.

Barcelone *à* Malgrat, 9 l. et d. (*Voyez* No 12.) — Blanes, 3 q. — Lloret, 3 q. — Tosa, 1 l. — S. Feliu de Guixols, 3 l. — Palafurgell, 4 l. et 1 q. — Bagur, 1 l. — Pals, 1 d. — Torrella de Mongri, 1 l. et d. — La Escala, 1 l. — Castillo de Ampurias, 6 l. et d. — Roses, 1 l et d. — Cadaques, 1 l. et 1 q. — Selva de mar, 1 l. et 1 q. — Llansa, 1 l. — Frontière du départ. des Pyrénées orientales, 1 l. et d.

No. 14.

De Madrid *à* Tarragone, 91 lieues et demie.

Madrid *à* Lérida, 77 l. et d. (*Voyez* No 10.) — Juneda, 2 l. et d. — Borjas Blancas, 1 l. — Vinaija, 2 l. et d. — Bimbodi, 1 l. — Espluga de Francoli, 3 q. — Momblanch (8), 1 l. — Picamoxons, 1 l. et 3 q. — Puigdelfi, 2 l. — Codony, 1 q. — Tarragone, 1 l. et 1 q.

No. 15.

De Barcelone *à* Valence, *par* Tarragone, 56 lieues et 3 quarts.

Barcelone *à* l'Hospitalet, 1 l. — S. Felix de Llobregat, 1 l. — V. de Molins de Rey, 1 l. — Llobregat, 1 l. — V. del Tiguet, 1 l. et d. — V. de Lladoner, 1 d. — La Palma, 1 q. — V. Nova del Ortal, 1 l. et d. — V. de Casaroja, 1 l. et d. — Villafranca de Panades, 1 d. — Monjos, 3 q. — Llacuneta, 3 q. — Arbos, 1 q. — Gornal, 1 d. — Bellvey, 1 q. — Vendrell, 1 l. — Creixell, 1 l. et 1 q. — V. de la Figuereta, 1 l. et d. — Torredembarra, 1 d. — Altafulla, 1 d. — Tarragone, 2 l. — Francoli, 2 l. — Villasecca, 2 l. — Cambrils, 2 l. — V. de Rifa, 1 l. — Hospitalet, 1 l. et d. — V. del Col de Balaguer, 1 l. (*b*) — V. del Plater, 2 l. — Perello (9), 1 l. et d. — Amposta, 3 l. et d. — S.-Carlos, 1 l. et d. — Vinaroz, 3 l. et d. — Benicarlo, 1 l. (*c*) — Alcala de Gisbert, 2 l. et d. — Torreblanca, 1 l. — V. de Sanieta, 1 l. — Oropesa, 1 l. — Casas de Benicasi, 1 l. et 1 q. — Castellon de la Plana, 2 l. — Villarreal, 1 l. et 1 q. — Nules, 1 l. et d. — Chilches, 1 l. — Almenara, 3 q. — Murviedro, 1 l. et 1 q. — Ostalets de Puzol, 1 l. — Chartreuse d'Ara Christi, 1 d. — La Cruz del Puig, 1 d. — Masamagrell, 1 d. — Albalat, 3 q. — Casas de Barcena, 1 q. — Tabernas blancas, 1 q. — S. Miguel de los Reyes, 1 q. — Valence, 1 d.

No. 16.

De Saragosse *à* Valence, *par* Teruel *et* Segorbe, 50 lieues et 1 quart.

Saragosse (10) *à* Maynar, 11 l. et 3 q. (*Voyez* No 10) — Lechon, 1. l. et d. — Lechago, 2 l. et d. — Calamocha, 1. l. — Camin Real, 1. l. et d. — Torrijo, 1 q. — Monreal del Campo, 3 q. — Villafranca, 1 l. —

(*a*) *Le château de* San Fernando de Figueres *est sur une hauteur à droite.*
(*b*) *A droite est le château fort de* Balaguer.
(*c*) *A gauche on prend la route de* Peñiscola, *ville forte et mouillage.*

Torre la Carcel, 2 l. — Torremocha, 1 q. — Villarquemada, 1 l. et d. — Caudete, 2 l. — Concud, 1 l. — Teruel, 1 l. — La Puebla de Valverde, 2 l. et 3 q. — Sarrion, 2 l. et 1 q. — Albentosa, 1 l. et d. — La Jaquesa, 3 q. — Barracas, 1 l. — Jerica, 3 l. et 1 q. — Navajas, 1 l. — Segorbe, 3 q. — Jeldo, 1 d. — Torres-torres, 3 l. et d. — Murviedro, 1 l. et 1 q. — Valence, 3 l. et 3 q.

N°. 17.

De Madrid *à* Trillo, 19 lieues et demie.

Madrid *à* Torija, 13 l. et 1 q. (*Voyez* N° 4.) — Brihuega, 2 l. — Solanillos del Extremo, 2 l. — Henche, 1 d. — Gualda, 3 q. — Trillo, 1 l.

N°. 18.

On peut aller aussi par la route suivante : 19 lieues.

Madrid *à* Alcala de Henares, 6 l. (*Voyez* N° 4.) — S. Torcaz, 1 l. et d. — El Pozo, 1 l. — Arenzeque, 2 l. — Tajuña, 1 l. — Armuña, 1 l. — Romanones, 1 l. et d. — Yelamos de abajo, 1 l. et d. — Yelamos de arriba, 1 d. — Henche, 2 l. et d. — Picazo, 3 q. — Trillo, 3 q.

N°. 19.

De Madrid *à* Sacedon *de los* Banos, 17 lieues et 1 quart.

Madrid *à* Armuña, 11 l. et d. (*Voyez* N° 18.) — Tendilla, 1 l. — Alhondiga, 2 l. — Auñon, 1 l. — Sacedon, 1 l. et 3 q.

N°. 20.

De Madrid *à* Cuença, *par* Huete, 25 lieues et 3 quarts.

Madrid *à* Ballecas, 1 l. et 1 q. — Vacia-Madrid, 1 l. et d. (*a*) — Arganda, 1 l. et d. — Perales de Tajuña, 1 l. et d. — Villarejo de Salvanes, 1 l. — Fuentiduenas del Tajo, 2 l. — Belinchon de Alcala, 1 l. et d. — Tarancon, 1 l. — Huelbes, 2 l. — Paredes, 1 l. — Huete, 2 l. — Verdelpino, 1 l. et 1 q. — Caracenilla, 2 l. — Caracena, 1 d. — Val de colmenas de abajo, 3 q. — Vilar del Maestre, 1 l. — Navalon, 2 l. — Chillaron, 1 l. — Noales, 1 d. — Cuenca, 1 d.

N°. 21.

De Madrid *à* Cuença, *par* Guadalajara, 33 lieues.

Madrid *à* Guadalajara, 10 l. et d. (*Voyez* N°. 4.) — Quinta de los Padres geronimos de Lupiana, 1 l. — Horche, 2 l. — Armuña, 1 l. et 1 q. — Ranera, 3 q. — Pastrana, 2 l. — Almonacid de Zorita, 2 l. — Albalate de Zorita, 1 d. — Garci-Narro, 1 l. et d. — Huete, 2 l.

N°. 22.

De Cuença *à* Valence, 28 lieues et demie.

Cuença *à* La Melgosa, 1 l. — Morte, 1 d. — La Cañada del Hoyo, 2 l. et d. — Pajaron, 2 l. — Pajaroncillo, 1 d. — Boniches, 1 l. et d. — Fuente el espino, 1 l. — Landete, 1 l. et 1 q. — Talayuelas, 2 l. et 1 q. — Bena-

---

(*a*) *De* Vacia-Madrid *on peut aller à* Perales de Tajuña, *en laissant à droite* Arganda. *On abrège d'une lieue.*

gebe, 2 l. — Tuejar, 2 l. — Chelva, 1 l. — Calles, 1 l. — Domeño, 1 l. — Llosa del Obispo, 1 l. — Liria, 4 l. — V. del Pou, 1 l. et 1 q. — Beniferri, 1 l. et 3 q. — Valence, 1 l.

N°. 23.

De Madrid *à* Valence, *ancienne route*, 50 lieues et 1 quart.

Madrid *à* Tarancon (11), 11 l. et 1 q. (*Voyez* N°. 20.) — Rianzares, 11 l. et 1 q. — Villar rubio, 2 l. — Saelices (12), 1 l. et d. — El Hito, 2 l. — Villar de Cañas 1 l. et d. — La Almarcha, 3 l. et d. — Nuestra Señora de la Zarza, 3 l. — Olmedilla de Alarcon, 1 l. et 1 q. — La Motilla del Palancar, 2 l. et d. — Castillejo de Iniesta, 2 l. et d. — La Minglanilla, 2 l. — V. de Contreras, 2 l. — Villargordo del Marquesado *ou* de Cabriel, 1 l. — Caudete, 1 l. et 3 q. — Utiel, 1 l. — S. Antonio, 3 q. — Requena, 1 l. — Las V[s]. del Revollar, 1 l. — V. del Relator *et* de Siete Aguas, 2 l. — V. de Bunol, 2 l. — V. del Moral, 3. q. — Chiva, 1 l. — V. del Poyo, 1 d. — Cuarte, 1 l. et d. — Mislata, 1 d. — Valence, 1 d.

N°. 24.

Nouvelle route par Almansa, 63 lieues et 1 quart.

Madrid *à* Pinto, 3 l. (*a*) — Valdemoro, 1 l. — Aranjuez, 3 l. — Ocaña, 2 l. — Villatobas, 2 l. et d. — Corral de Almaguer, 3 l. — Quintanar de la Orden, 3 l. — Mota del Cuervo, 2 l. et d. — El Pedernoso, 1 l. et 3. q. — Pedroñeras, 1 l. et 1 q. — El Provencio, 2 l. — V. del Pinar, 1 l. et d. — Minaya, 1 l. et 3 q. — La Roda, 2 l. et 3 q. — La Gineta, 2 l. et 1 q. — Albacete, 2 l. et 3 q. (*b*) — V. del Pozo de la Peña, 2 l. et 1 q. — El Villar, 2 l. et 3 q. — El Bonete, 2 l. et d. — V. de la Vega, 2 l. et d. — Almansa, 1 l. et d. — V. del Puerto, 2 l. — V. de la Balsa, 2 l. — V. de Mogent, 1 l. — V. de Alcudieta, 1 d. — Rogla, 1 l. — V. del Rey, 1 l. — Alberique, 2 l. et 1 q. — Masalaves, 1 q. — Alcudia de Carlet, 1 q. — Alginet, 1 l. et 1 q. — La Torre de Espioca, 1 l. et 1 q. — Catarroja, 1 l. et d. — Masanasa, 1 q. — Valence, 3 q.

N°. 25.

De Valence *à* Gandia, Denia *et* Alicante, 30 lieues et 1 quart.

Valence *à* Masanasa, 3 q. — Catarroja, 1 q. — Silla, 3 q. — Almusafes, 1 l. — Algemesi, 1 l. 1 h. — Alcira, 1 l. et d. — Carcagente, 3 h. — Valldigna, 2 l. et d. — Alfauyr, 1 l. et 1 q. — Gandia, 2 l. et 1 q. — Oliva, 1 l. et d. — Molinell, 3 q. — Denia, 1 l. et d. — Javea, 1 l. — Teulada, 1 l. — Benisa, 1 l. — Calpe, 3 q. — Benidorm, 3 l. et d. — Villajoyosa, 3 l. — Sta. Faz, 3 l. et d. — Alicante, 3 q.

N°. 26.

De Valence *à* Carthagene, *par* Alicante *et* Orihuela, 42 lieues et 1 quart.

Valence *à* Carcagente, 6 l. (*Voyez* N° 25.) — Cugullada, 1 l. — La Pobla llarga, 1 d. — Bellus, 2 l. et d. — Belgida, 1 l. et d. — Atsaneta, 1 l. — Consentayna, 1 l. — Alcoy, 2 l. — Gijona, 3 l. — Busot, 1 l. et d. — La Sta. Faz, 2 l. — Alicante, 3 q. — Elche, 4 l. — Albatera, 3 l. — Orihuela, 2 l. — Zeneta, 2 l. et d. — Pacheco, 4 l. — Pozo estrecho, 2 l. — Carthagène, 2 l.

(*a*) *La nouvelle route laisse* Pinto *à* 1 d. l. *à droite*.

(*b*) *A* 2 *lieues d'*Albacete, *à gauche de la route, on trouve la ville et le château de* Chinchilla.

N°. 27.

De Valence *à* Murcie, *par* S. Felipe *et* Orihuela, 35 lieues et demie.

Valence *à* La Pobla llarga, 7 l. et d. — Manuel, 1 l. — S. Felipe de Jativa, 1 d.—Novele, 1 d.—Vallada, 2 l. et d.—Mogent, 1 l.—Fuente de la Higuera (*a*), 2 l. — Villena, 3 l.—Elda, 3 l. et d. (*b*) —Monfort, 2 l. et d.—Elche, 2 l. et d. — Albatera, 3 l. — Orihuela, 2 l. — Santomera, 1 l. et d. — Monteagudo, 1 l. — Murcie, 1 l. et d.

N°. 28.

De Madrid *à* Alicante, 60 lieues et demie.

Madrid *à* Albacete, 36 l. (*Voyez* N° 24.) — V. del Pozo de la Peña, 2 l. — Petrola, 3 l. — V. de la Higuera, 3 l. — V. Nueva, 2 l. — Yecla, 3 l. — V. de las Quebradas, 2 l. et 1 q — Monovar, 3 l. — Monfort, 2 l. — Via de la Pavia, 2 l. — Alicante, 2 l.

N°. 29.

De Madrid *à* Carthagene, *par* Murcie, 65 lieues et demie.

Madrid *à* Albacete, 36 l. (*Voyez* N° 24.) — Pozo de la Cañada, 3 l. et d. — V. Nueva, 1 l. et d. — Albatana, 3 l. et d. — Jumilla, 3 l. — Carache *et* Pinosa, 1 l. — V. Roman, 1 d. — V. de la Rambla, 3 l. et 1 q. — Molina, 2 l. — Murcie, 2 l. et d. — Aljucen, 1 l. — Casas de Saavedra, 1 l. — V. del Puerto, 1 l. — Gimenado, 2 l. et 1 q. — El Albujon, 1 l. — Carthagène, 2 l. et d.

N°. 30.

Autre route de poste, *d'*Albacete *à* Murcie, 58 lieues et 1 quart.

Albacete *à* Pozo de la Peña, 2 l. et 3 q. — V. Nueva, 2 l. et d. — Tobarra, 3 l. (*c*)— Hellin, 1 l. — Vs. de Vinatea ou de Matea, 2 l. — Puerto de la mala muger, 2 l. — Ziezar, 2 l. et d. — V. de la Losilla, 2 l. — Lorqui, 2 l. — Murcie, 3 l.

N°. 31.

De Murcie *à* Grenade, *par* Lorca, Baza *et* Guadix, 50 lieues.

Murcie *à* Alcantarilla, 1 l. — Lebrilla, 3 l. — V. de Alhama, 1 l. et d. — Totana, 2 l. et d. — Lorca, 4 l. (*d*) — Puerto de Lumbreras, 3 l. — La V. Nueva, 2 — l. Velez-rubio, 3 l.—Chirivel, 3 l.—V. de las Vertientes, 1 l. et 1 q. — Cullar de Baza, 2 l. et 3 q. — Baza, 3 l. et d. — V. del Baul, 2 l. et d. — V. de Gor, 1 l. — Guadix, 3 l. — V. de Darro, 4 l. — Isnalloz, 4 l. et d. — V. de Dayfontes, 2 l. — Grenade, 2 l. et d.

(*a*) *De* Fuente de la Higuera, *en tirant au N.*, *on rencontre à* 1 d. *lieue la route royale de* Madrid *à* Valence; *et de la à* Almansa, 4 l.

(*b*) *D'*Elda *on peut aller à* Elche *sans passer par* Montfort, *et on abrège de* 3 q. *de lieue.*

(*c*) *On peut aller de* Tobarra *à la* venta *de* Vinatea *sans passer par* Hellin, *et on abrège de* 1 d. *lieue.*

(*d*) *De* Lorca, *on peut aller, en abrégeant, à la* V. Nueva, *sans passer par* Lumbreras.

N°. 32.

La poste suit cette autre route de Murcie *à* Grenade, 45 lieues et 3 quart.

Murcie *à* Baza, 30 l. et d. (*Voyez le* n° 31.) — Gor, 3 l. et d. — Guadix, 3 l. — Purullena, 1 l. — Graena, 1 d. — Diezma, 1 l. et d. — Beas de Grenada, 3 l. et d. — Huetor Santillan, 1 d. — Biznar, 1 d. — Grenade, 1 l. et 1 q.

N°. 33.

De Madrid *à* Grenade Alcala *par* la Real, 68 lieues.

Madrid *à* Ocaña, 9 l. (*Voyez* n°. 24) — La Guardia, 1 l. et 3 q. Tremblecque, 2 l. — La Cañada de la Higuera, 2 l. — Madridejos, 2 l. — del Puerto Lapiche, 2 l. et 3 q. — Villarta, 2 l. et 1 q. — Casa nueva del Rey *ou* de Quesada, 2 l. et d. — Manzanares, 2 l. et d. — Azuer, 2 l. et d. — Nuestra Señora de la Consolacion, 2 l. — Valdepeñas, 2 l. — Sta. Cruz de Mudelá, 2 l. (13) — La Concepcion de Amuradiel, 2 l. — V. de Cardenas y del Marques *dans le* Puerto del Rey, 2 l. — Las Correderas, 1 l. — Sta. Elena, 1 l. — V. Nueva, 1 d. — Hospitalillo *et* v. del Rey, 1 l. — La Carolina, 1 d. — Los Carboneros, 1 l. — Guarroman, 1 l. — Baylen, 2 l. — V. de San Juan, 2 l. — Mengibar, 1 l. (14) — Torre-Campo, 3 l. — Martos, 2 l. Alcaudete, 3 l. — Alcala la Real, 3 l. — Puerto Lope, 3 l. — Pinospuente, 2 l. — Grenade., 3 l.

N°. 34.

De Madrid *à* Almeria, *par* Guadix, 91 lieues.

Madrid *à* Pinos puente, 6 l. (*Voyez* n°. 33.) — Isnalloz, 3 l. et d. — V. de Darro, 4 l. et d. — Guadix, 4 l. (15) — Caniles, 4 l. — Gergal, 4 l. — V. del Nacimiento, 3 l. — Almeria, 3 l.

N°. 35.

De Grenade *à* Mojacar *et* Vera, 37 lieues et demie.

Grenade *à* Baza, 19 l. et d. (*Voyez* n° 31.) — Caniles, 1 l. — Seron, 4 l. — Purchena, 2 l. — Olula del Rio, 1 l. et d. — Mojacar, 7 l. — Vera, 2 l. et d.

N°. 36.

De Grenade *à* Almunecar, 12 lieues.

Grenade *à* Padul, 3 l. — Pinos del Valle, 3 l. (16) — Almuñecar, 6 l.

N°. 37.

De Grenade *à* Malaga, 18 lieues.

Grenade *à* Gavia la grande, 1 l. — La Mala, 2 l. et d. — V. de Huelma, 1 l. et 1 q. — Alhama, 2 l. et 3 q. — V. de la Viñuela, 3 l. et d. — Velez Malaga, 2 l. — Malaga, 5 l.

N°. 38.

De Madrid *à* Malaga, 77 lieues et 3 quarts.

Madrid *à* Baylen, 46 l. (*Voyez* n° 33.) — V. de Herrumblar, 1 l. — Casa del Rey, 1 l. et d. — Andujar, 2 l. et d. — Porcuna, 3 l. — Valenzuela, 1 l. et d

— Baena, 3 l. — Cabra, 3 l. — Lucena, 1 l. — Benamegi, 3 l. — V. de Cisneros, 1 l. et 3 q. — Antequera, 1 l. et d. — Almogia, 5 l. — Malaga, 4 l.

No. 39.

De Madrid *à* Ciudad-Real, *et de là à* Santa Cruz de Mudela, 33 lieues et demie.

Madrid *à* Tremblcque, 12 l. (*Voyez* no. 33.) — Consuegra, 4 l. — Fuente del Fresno, 4 l. — Fernan Caballero, 3 l. — Peralbillo, 1 l. et 1 q. — Ciudad-Real, 1 l. et 3 q. — Miguelturra, 1 l. — Almagro, 2 l. — Sta. Cruz de Mudela, 4 l. et d.

No. 40.

De Madrid *à* Tolède, 12 lieues.

Madrid *à* V. del Prado Longo, 1 d. — Getafe, 1 l. et d. — Vs. de Torcjon, 2 l. — Illescas, 2 l. — Yuncos, 1 l. — Cabañas, 2 l. — Olias, 1 l. — Tolède, 2 l.

No. 41.

De Tolède *à* Aranjuez, 7 lieues.

Tolède *à* Valdecaba, 2 l. — Villamejor, 1 l. et d. — Aranjuez, 3 l. et d.

No. 42.

De Madrid *à* Cadix *par* Andujar, Cordoue, Ecija, Carmona *et* Xerez de la Frontera, 109 lieues.

Madrid *à* Baylen, 46 l. (Voyez no. 33.) — V. de Herrumblar, 1 l. — Casa del Rey *ou* de Pinoquemado, 1 l. et d. — Andujar, 2 l. et d. *(a)* — Carpio, 8 l. — Casa blanca, 2 l. et d. — Vs. de Alcolea, 1 d. — Cordoue, 2 l. — Mango negro, 3 l. — V. del Arrecife, 1 l. et d. — La Carlota, 1 l. et d. — Ecija, 4 l. (17) — La Luisiana, 3 l. — V. de la Moncloa, 1 l. — V. Nueva 1 l. — V. de la Portuguesa, 1 l. et d. — Carmona, 2 l. et d. *(b)* — Viso del Alcor, 1 l. et 3 q. — Mayrena del Alcor, 1 d. — Alcala de Guadayra *ou* de los Panaderos, 1 l. et 3 q. — Dos Hermanas, 1 d. — Utrera, 2 l. et d. — V. de las Torres de Orcaz, 3 l. et d. — Xerez de la Frontera, 3 l. et d. — Puerto de Sta. Maria, 2 l. et d. *(c)* — Rio S.-Pedro, 1 l. et 1 q. — Puerto Réal, 3 q. — V. del Arrecife, 1 l. — Rio Sti. Petri, 1 d. — Ventorrillo de Torregorda, 1 l. — La Cortadura, 1 l. — Cadix, 1 q.

No. 43.

De Madrid *à* Séville, 87 lieues et 1 quart.

Madrid *à* Carmona, 83 l. (*Voyez* no 42) — V. de las Carelas, 3 q. — V. de Pedro Domingo, 1 l. — Séville, 1 l.

No. 44.

De Séville *à* Cadix, *par terre*, 24 lieues.

Séville *à* Alcala de Guadayra, 2 l. — Cadix, 22 l. (*Voyez* no. 42.)

(*a*) *A* Bujalance, *ville au S. S. O.*

(*b*) *De* Carmona *on peut aller à* Utrera *en droiture, ce qui abrège d'une lieue et demie.*

(*c*) *Du* Puerto de Santa Maria *à* Cadix, *par mer*, 2 l.

N°. 45.

De Séville *à* Cadix, 24 lieues.

Séville *à* S.-Juan de Alfarache, 1 d. — Gelbes, 1 d. — Coria, 2 l. — Puebla, 1 d. — Bonanza, 14 l. et d. — S.-Lucar de Barrameda, 1 q. — Puerto de Sta. Maria, 3 l. et 3 q. — Cadix, 2 l.

N°. 46.

De Madrid *à* Gibraltar, *par* Ecija *et* Ronda, 100 lieues et 3 quarts.

Madrid *à* Ecija, 74 l. (*Voyez* n° 42.) — Osuna, 4 l. et d. — Saucejo, 2 l. et d. — Majadahonda, 1 d. — V. de Grenadal, 1 l. et 3 q. — Alcala del Valle, 3 q. — Setenil de las Bodegas, 3 q. — Arriate, 1 l. et 3 q. — Ronda, 1 l. et 1 q. — Atajate, 2 l. — Gausin, 2 l. — Montenegran, 1 l. — San Roque, 4 l. — Gibraltar, 1 l. et d.

N°. 47.

De Malaga *à* Gibraltar, 18 lieues et demie.

Malaga *à* Alhaurin el grande, 4 l. — Coin, 1 l. — Monda, 1. l. — Ogen, 1 l. et d. — Marbella, 1 l. — Estepona, 3 l. et d. — Puebla de Manilba, 1 l. et d. — V. de Guadiaro, 1 l. et d. — S.-Roque, 2 l. — Gibraltar, 1 l. et d.

N°. 48.

De Séville *à* Malaga, 30 lieues.

Séville *à* Alcala de Guadayra, 2 l. — Gandul, 1 l. — Arahal, 3 l. — Puebla de Cazella, 4 l. — Osuna, 3 l. — V. de Rio Blanco, 1 l. et d. — V. de las Yeguas, 3 l. — V. de las Salinas, 1 l. — V. de las Perayas, 1 l. et d. — Suadateba, 1 l. — V. del Rio, 1 l. — Alora, 1 l. — V. de Cartama, 2 l. — Cartama, 2 l. — Malaga, 4 l.

N°. 49.

De Cadix *à* Malaga, 34 lieues.

Cadix *à* Puerto de Sta. Maria, 2 l. — Xerez de la Frontera, 2 l. et d. — Arcos de la Frontera, 3 l. — Bornos, 2 l. — El Bosque, 3 l. — Grazalma, 3 l. et d. — Ronda, 3 l. et d. — El Burgo, 3 l. — Casarabonela, 3 l. — Malaga, 6 l. et d.

N°. 50.

De Cadix *à* Gibraltar, *par* Xerez de la Frontera, 24 lieues et demie.

Cadix *à* Xerez de la Frontera, 8 l. et d. (*a*) (*Voyez* n° 42.) — Xerez, 1 l. — Medina Sidonia, 3 l. et d. — Casavieja, 3 l. — La Java, 2 l. — Los Barrios, 2 l. — Gibraltar, 1 l. et d.

N°. 51.

De Cadix *à* Gibraltar, 18 lieues et 3 quarts.

Cadix *à* Ile de Léon *ou ville de* S.-Fernando, 3 l. — Chiclana, 1 l. et d. — Vejer de la Frontera, 4 l. et d. — Bolonia, 5 l. — Tarifa, 1 l. et d. — Algeciras, 1 l. et 3 q. — Gibraltar, 1 l. et d.

(*a*) *On peut aller de* Madrid *à* Xerez de la Frontera, n°. 35, *et de là à* Gibraltar *par cette route.*

N°. 52.

De Séville *à* Lagos *en* Portugal, *par* S.-Lucar la Mayor, Ayamonte *et* Tavira, 40 lieues et demie.

Séville *à* Castillejo de la Cuesta, 1 l. et 1 q. — Villalvilla, 1 d. — S. Lucar la Mayor, 1 l. — Menzanilla, 3 l. et d. — Villanueva del Alcor, 3 q. — La Palma, 1 l. — Villarrasa, 3 q. — Niebla, 3 q. — Veas, 1 l. et d. — Trigueros, 3 q. — S.-Juan de Puerto, 1 l. et d. (*a*) — Gibraleon, 1 l. et 3 q. — Cartaya, 2 l. — Lepe, 3 q. — Ayamonte, 3 l. — Castromarin, 3 l. — Cacella, 2 l. et 1 q. — Tavira, 1 l. et 3 q. — Moncaparacho, 1 d. — S. Barbara de Neje, 2 l. et d. — Pichaon, 1 l. — Faro, 1 l. — V. de San Joaon, 3 q. — S.-Lorenzo de Almancil, 1 q. — S.-Antonio de Guarteira, 2 l. — Estalagem de Nora, 1 l. — Pera, 2 l. — Porches, 1 l. — Villanova de Portimaon, 2 l. — Alvor, 1 l. — Lagos, 1 l.

N°. 53.

De Madrid *à* Lisbonne, *par* Truxillo, Merida, Badajoz, Yelves *et* Estremoz, 96 lieues et 3 quarts.

Madrid *à* V^s. de Alcorcon, 1 d. — Alcorcon, 1 l. et d. — Mostoles, 3 q. (*b*) (18) — Nava el carnero *ou* Navalcarnero, 2 l. — Valmojado, 2 l. — Sta. Cruz de Retamar, 3 l. — Maqueda, 2 l. — Sta. Olalla, 1 l. — El Brabo, 2 l. — Sotocochinos, 2 l. — Talavera de la Reyna, 2 l. — V. de Peralvenegas, 4 l. Torralba, 2 l. — La Calzada de Oropesa, 2 l. — Navalmoral, 3 l. et 3 q. — Espadañal, 1 l. — Almaraz, 1 l. — V. Nueva, 1 l. — Casas del Puerto, 1 l. — Jaraicejo, 2 l. — El Carrascal *ou* casas del Puerto de Miravete, 2 l. — Truxillo, 2 l. — Casas del Puerto de Sta. Cruz, 2 l. et 3 q. — Villa Mesia, 1 l. — Perales, 1 d. — Miajadas, 1 l. et d. — V. de la Guia, 3 l. — S.-Pedro, 2 l. et d. — Trugillanos, 1 l. et 1 q. — Merida, 3 q. (19) — Casas de Maza, 1 l. et 3 q. — Arroyo de San Servan, 1 q. — Nuestra Señora de Parales, 1 l. — Lobon, 1 l. — Nuestra Señora de la Rivera, 1 l. et d. — Talavera la Real, 3 q. — Badajoz, 2 l. et 3. q. — *Frontière du* Portugal, 1 l. — Elvas *ou* Yelves, 2 l. — V. del Herrador, 2. l. — V. del Negro, 2 l. — V. de la Raposa, 1. l. — V. Dorada, 1 l. — Estremoz, 1 l. (20) — V. del Duque, 3 l. — V. Mendo Marques, 2 l. et 1 q. — Odivor, 1 d. — Arrayolos, 1 q. — Montemor *ou* Novo, 3 l. — Silveiras vendas, 2 l. — Vendas novas, 2 l. — Pregones, 3 l. — Rilvas, 2 l. — Aldea Gallega, 3 l. — Lisbonne, 3 l.

N°. 54.

De Talavera de la Reyna *à* Tolède, 11 lieues.

Talavera de la Reyna *à* V. de Alberche, 1 l. — Cebolla, 3 l. — La Mata, 2 l. — S.-Pedro de la Mata, 1 q. — Burujon, 1 d. — V. del Hoyo, 2 l. et 1 q. — V. del Gallo, 1 d. — Tolède, 1 d.

N°. 55.

De Madrid *à* Guadalupe, 37 lieues et 3 quarts.

Madrid *à* Talavera de la Reyna, 18 l. et 3 q. (*Voyez* n° 53.) — Calera, 3 l. — Bercial, 2 l. — Alcolea del Tajo, 1 l. et 1 q. — Puente del Arzobispo, 3 q. —

(*a*) *A* Moguer. — *A* Huelva, 2 l. et 1 q.

(*b*) *Appartient à la province de* Tolède.

Tage, 3 q. — Pedroso, 1 l. — Villar del Pedroso (*a*), 1 l. — Pedroso, 1 d. — Torrelamora *ou* Torlamora, 1 d. — Moedas, 1 l. — Puerto de S.-Vicente, 2 l. Alia, 2 l. et d. — La Puebla de Guadalupe, 3 l.

N°. 56.

De Madrid *à* Séville, *par* Mérida, 83 lieues et demie.

Madrid *à* Mérida, 53 l. et 3 q. (*Voyez* n° 44.) — Torremegia, 2 l. — Almendralejo, 2 l. — Fuerte del Maestre, 3 l. — Los Santos de Maymona, 2 l. — Cadzadilla, 2 l. et 1 q. — Fuente de Cantos, 3 q. — Monasterio, 3 l. — Cala, 1 l. — Santa Olalla, 1 l. et 3 q. (*b*) — El Real de Jara, 1 l. — Almaden de la Plata, 1 l. et d. (21) — El Ronquillo, 2 l. — V. de Guillena, 3 l. — Santiponce, 2 l. et d. — Séville, 1 l.

N°. 57.

De Mérida *à* Séville, *par* Llerena, 33 lieues.

Merida *à* Torremegia, 2 l. — Almendralejo, 2 l. — Villafranca, 2 l. — Usagre, 6 l. — Villa Garcia, 2 l. — Llerena, 1 l. — Guadalcanal, 4 l. — Cazalla, 3 l. — Cantillana, 6 l. et d. — Brenes, 1 l. — V. del Bodegon, 1 l. — Séville, 2 l. et 1 d.

N°. 58.

De Madrid *à* Xerez de los Caballeros, 67 lieues et demie.

Madrid *à* Mérida, 53 l. et 3 q. (*Voyez* n° 53.) — Torremegia, 2 l. — Almendralejo, 2 l. — Villafranca, 2 l. — Zafra, 3 l. — Valverde de Burguillos, 1 l. et d. — Burguillos, 1 l. — Xerez de los Caballeros, 2 l. et 1 q.

N°. 59.

De Badajoz *à* Séville, 34 lieues.

Badajoz *à* La Albuhera, 5 l. — Sta Marta, 3 l. (*c*) — Zafra, 5 l. — Larja, 2 l. — Fuente de Cantos, 2 l. et d. — Séville, 18 l. et d. (*Voyez* n°. 44.)

N°. 60.

De Badajoz *à* Séville, *par* Xerez de los Caballeros, 34 lieues.

Badajoz *à* Barcarrota, 7 l. — Xerez de los Caballeros, 4 l. et 1 q. — Fregenal, (22) 3 l. 3 q. — Bodonal, 1 l. et 1 q. — Segura de Leon, 1 l. — Arroyo Molinos, 2 l. — Cala, 2 l. — Séville, 12 l. et 3 q. (*Voyez* N°. 56.)

N°. 61.

De Séville *à* Lisbonne, 66 lieues et demie.

Séville *à* La Palma, 8 l. — Valverde del Camino, 4 l. et 1 q. — Calañas, (*d*) 2 l. — El Cerro, 2 l. — Cabezas Rubias, 2 l. — Sta Barbara, 1 l. et 3 q. — Paymogo, (23) 2 l. — Sorial, 7 l. — Moura, 7 l. — Aldeas de Fonsso,

---

(*a*) *On peut aller aussi par la maison dite* Hospital del Obispo, *à* 4 *l. de* Pedroso, *et* 3 *de* Guadalupe; *mais c'est une mauvaise route, où l'on ne rencontre aucune habitation.*

(*b*) *Sans passer par* El Real de Jara, *on peut aller à* Almaden de la Plata, *on gagne* 1 *demi-lieue.*

(*c*) *La poste va de* Santa Marta *à* Fuente del Maestre, 3 *l. et de là elle suit la route du* n°. 56.

(*d*) *A* Serpa, *au N. O.*, 7 l. et d.

2 l. — Viana, 7 l. et d. — S. Braz, 2 l. — Santiago de Escorial, 1 l. et d. — Montemor ou Novo, 2 l. et d. — Lisbonne, 15 l. (*Voyez* n° 53.)

N°. 62.

De Séville *à* Lisbonne, 66 lieues et demie.

Séville *à* La Palma, 8 l. (*Voyez* n° 53.) — Tinto, 1 l. et 1 q. — Valverde del Camino, 3 l — Calañas, 2 l. — Villanueva de las Cruces, 2 l. et 1 q. — Alonso, 1 l. et d. — Villanueva de los Castillejos, 2 l. — El Almendro, 1 q. — El Granado, 2 l. — San Lucar de Guadiana, 1 l. — Alcoutim, 1 l. — Mertola, 4 l. et d. — Valcobo, 1 l. — Beja, (24) 5 l. et d. — Alfundaon, 3 l. — O Torraon 4, l. Rio Mouriño, 3 l. — Porto Carvallo, 2 l. — Marateca, 2 l. — Aguas de Moura, 2 l. — Pallota, 3 l. — Moyta, 2 l. — Allos vedros, 5 h. — Lisbonne, 2 l. et 3 h.

N°. 63.

D'Ayamonte *à* Lisbonne, 55 lieues et demie.

Ayamonte *à* Villablanca, 1 l. et 3 q. — S. Silvestre de Guzman, 1 l. et 3 q. Villanueva de los Castillejos, 2 l. — El Almendro, 1 q. — Puebla de Guzman, 2 l. — Paymogo, 4 l. et 1 q.

D'ici on suit la même route que dans le n°. 61. *On peut aller aussi par la ronte* n° 62 *de* Villaneuva de les Castillejos *par* S. Lucar de Guadiana.

N°. 64.

De Castromarin *à* Lisbonne, 41 lieues.

Castromarin *à* Asinhal, 2 l. — S. Pedro de Alcaria, 2 l. — Alcoutim, 2 l. — Lisbonne, 35 l. (*Voyez* n° 62.)

N°. 65.

De Tavira *à* Lisbonne, 41 lieues et demie.

Tavira *à* Zambulas, 7 l. — Os Gioens, 2 l. — Vascaon, 2 l. — Dos Vargens, 1 l. — Dos Caros, 1 l. — S. Sebastian, 2 l. — S. Joaon, 1 l. — S. Marcos, 2 l. — Entradas, 2 l. — Aljustrel, 2 l. et d. — Figueira dos Cavalleiros, 4 l. — Agua do Paco, 1 l. et d. — Porto del Rey, 1 l. et d. — Porto de Lama, 2 l. — Valde Reis, 1 d. — Albergues, 1 d. — Palma, 1 l. — Maratcca, 2 l. — Aguas de Moura, 2 l. — Lisbonne, 8 l.

N°. 66.

De Faro *à* Lisbonne, 38 lieues.

Faro *à* San Blas, 2 l. (25) — Ameigial, 5 l. — Vargens, 1 d. — Sembrana, 3 l. — Castroverde, 3 l. et d. — Aljustrel, 3 l. — Lisbonne, 21 l. (*Voyez* n° 41.)

N°. 67.

De Lagos *à* Lisbonne, 40 lieues et demie.

Lagos *à* Bensafrim, 1 l. (26) — Aljezur, 4 l. — Odeseijas, 2 l. — Oserdaon, 3 l. — Villanova de Milfontes, 3 l. — S. Juan de Sines, 2 l. (*a*)—

(*a*) *De* Sines *on peut aller à* Santo-Andre *en droiture, en passant par eau la lagune de* Pera; *on gagne* 2 *l.*

S. Giraldo, 1 l. — Sines, 1 l. — Santiago de Cacem, 4 l. et d. — S. André, 2 l. — Melides, 2 l. — Santiago, 3 l. — Comporta, 3 l. — Treya, 2 l. et 1 q. — Setubal, 3 q. — Palmella, 1 d. — Ollos da agua, 1 l. — Moyta, 1 l. — Lisbonne, 3 l.

N°. 68.

De Madrid *à* Lisbonne, *par* Caceres, Albuquerque *et* Campo Mayor, 95 lieues et 1 quart.

Madrid *à* Truxillo, 40 l. et d. — V. de la Mantilla, 3 l. et d. — Caceres, 4 l. et d. — El arroyo del Puerco, 3 l. (27) — La Aliseda, 1 l. et d. — Brarachina, 3 l. — Albuquerque, 2 l. — Ouquella, 2 l. — Campo Mayor, 1 l. — Elvas, 3 l. et 1 q. — Lisbonne, 31 l. (*Voyez* n° 53.)

N°. 69.

De Madrid *à* Lisbonne, *par* Plasencia *et* Portalégre, 107 lieues et 3 quarts.

Madrid *à* Almaraz, 32 l. et d. — (*Voyez* n° 53.) — El Toril, 3 l. — Vazagona, 2 l. — Malpartida de Plasencia, 3 l. (28) — Plasencia, (*a*) 1 l. — Galisteo, 3 l. et d. — Riolobos, 1 l. — Coria, 2 l. et d. — Moraleja, 2 l. — V. del Caballo, 3 l. — Zarza la Mayor, 1 l. et d. — Piedras Alvas, 2 l. — Alcantara, 1 l. — Membrio, 6 l. — Valencia de Alcantara, 3 l. — Portalègre, 6 l. (*b*) — Frontera, 7 l. — Figueira, 3 q. — Soucel, 1 l. — Vimieiro, 4 l. — Arrayolos, 4 l. — Lisbonne, 18 l. (*Voyez* n° 53.)

N°. 70.

Autre route de Portalègre *à* Lisbonne, *par* Abrantes, 55 lieues.

Portalègre *à* Lagoa, 2 l. (*c*) — Gafete, 2 l. — Tolosa, 1 l. — Garbaon, 3 l. — Casabranca, 1 l. — Abrantes, 3 l. (29) — Puñete, 2 l. (*d*) — Tancos, 1 l. — Cardiga, 1 l. — Golegan, 1 l. — Possiño, 1 l. — Valdefigueira, 2 l. — Cruz da Entrada, 1 q. — Santarem, 3 q. — Cartajo, 2 l. — Azambuja, 2 l. — Villauova, 1 l. — Castañeira, 1 l. — Povos, 1 l. — Villafranca de Gira, 1 l. — Alhandra, 1 l. — Alberca, 1 l. — Podoa, 1 l. — Sacavens, 1 l. — Lisbonne, 2 l.

N°. 71.

De Plasencia *à* Lisbonne. *par* Abrantes, 61 lieues et 3 quarts.

Plasencia *à* Zarza la Mayor, 12 l. et 1 q. — Salvatierra do Extremo, (30) 3 l — Ladociro, 2 l. et d. — Idaña a Nova, 3 l. — Castello Branco, 4 l. — Los Amarelos, 2 l. — Perdigaon, 3 l. — V. Nuevas, 3 l. — Mazaon, 2 l. — Penascoso, 1 l. — Abrantes, 3 l. — Lisbonne, 23 l. (*Voyez* n° 70.)

N°. 72.

De Madrid *à* Avila, *par l'*Escurial, 16 lieues.

Madrid *à* V. de Aravaca y del Cerero, 1 l. — Abulagas, 1 l. — Las Rozas, 1 l. — Galapagar, 2 l. et d. (*e*) — Escorial de abajo, 1 l. et 1 q. — S.

(*a*) *Pour aller à* Coria, *il n'est pas besoin d'entrer dans* Plasencia, *ni de passer le* Jerte : *on gagne* 1 *d. l.*

(*b*) *Tirant à l'O de* Crato, 3 l.

(*c*) *D'ici on peut descendre sur le* Tage *jusqu'à* Lisbonne.

(*d*) *Est à droite de la route.*

Lorenzo *et* Escurial de Arriba, 1 q. — Las Ceredas, 2 l. — Las Navas de Marques, 2 l. — Nava el Peral de Pinares, 1 l. — Tornadizos de Avila, 2 l. et d. — Avila. 1 l. et d.

N°. 73.

De Madrid *à* Avila, 19 lieues et demie.

Madrid *à* Galapagar, 5 l. et d. (*Voyez* n° 72.) — Guadarrama, 2 l. et d. — V. de S. Rafael, 2 l et d. — El Espinar, 1 l et d. — Uraca Miguel, 4 l. et d. — Bernuy Salinero, 2 l. — Avila, 1 l.

N°. 74.

*D'*Avila *à* Plasencia, 24 lieues.

Avila *à* S. Mateo, 1 d. — Muño Galindo, 2 l. et d. — Sta. Maria del Arroyo, 1 l — Amabida, 2 l. — Pobeda, 2 l. — Villatoro, 1 d. — Bonilla de la Sierra, 2 l. — S. Miguel de Corneja, 1 d. — Piedrahita, 1 d. — Santiago del Collado, 1 l. — La Aldehuela, 1 l. — Sta. Maria del Caballeros, 3 q. — S. Lorenzo, 1 d. — Barco de Avila, 1 d. — Las Casas de Doña Catalina, 1 l. et 3 q. — Santiago de Aravelle, 1 d. — Casas del Puerto de Tornavacas, 1 q. — Jerte, 2 l. Cabezuela, 1 l. — Navaconcejo, 1 l. et 1 q — Valdastillas, 3 q. — La Asperilla, 1 l. et 1 q. — Plasencia, 2 l.

N°. 75.

De Madrid *à* Coïmbre, *par* Ciudad-Rodrigo, 80 lieues et 3 quarts.

Madrid *à* S. Rafael, 10 l. et d. (*Voyez* n° 73.) — V. del S. Cristo del Coloquio, 1 l. et d. — Las Navas de S. Antonio *ou* de Zarzuela, 1 d. — Villacastin, 1 l. et 1 q. — Labajos, 2 l. — V. de Almarza, 1 l. — Belayos, 1 d. — Blasco Sancho, 1 d. — Villanueva de Gomez, 1 l. — S. Pascual, 1 d. — Jaraices, 2 l. et d. — Fontiveros, 1 l. — Muño Sancho, 1 l. — Cantaracillo, 2 l. — Peñaranda de Bracamonte, 3 q. — La Nava de Setroval, 1 l. — Coca, 3 q. — Garci-Hernandez, 1 l. — Alba de Tormes, 1 l. — Valdemierque, 1 l. — Martin-Amor, 1 d. (31) — Terrados, 1 l. et 1 q. — Centerrubio, 1 l. — Miguel Muños, 1 d. — Calzadilla de Mendigos, 1 d. — Castroverde, 1 l. et 3 q. — Naharros de Mata la Yegua, 1 l. et 1 q. — La Moraleja de Huebra, 1 d. — Tamames, 1 l. et d. — Puebla de Yeltes, 1 l. et 1 q. — Selvatierra de Francia *ou* Mores verdes, 1 l. et 3 q. — El Tenebron, 1 l. — Pedro Toro, 2 l. et d. — Ciudad-Rodrigo, 1 l. (32) — Marialva, 1 l. et 3 q. — Gallegos, 1 d. — La Alameda, 1 d. — Barquilla, 1 d. — Castillejo de dos Casas, 1 d. — El Real Fuerte de la Concepcion, 1 d. — Valde la Mula, 1 d. — Almeyda, 1 l. et d. — Valverdiño, 1 l. — El Pereiro, 1 l. — Piñel, 1 l. — Souro Pires, 1 l. — Barazal, 3 l. — Celorico, 1 l. — Cortizo, 1 l. — Carrapichana, 1 d. — Villacortes, 1 l. — Sampayo, 1 d. — Viño, 1 l. — Piñanzos, 1 l. — Maceira, 1 l. — Torrecello, 1 d. — Chamusca, 1 l. — Galices, 1 l. — Porco, 1 l. — Valle, 1 l. — Moyta, 1 l. — Cortiza *ou* Cortizada, 1 l. — Pont de la Murcella, 1 l. — S. Andre, 1 l. — Algacia, 1 l. — Carballos, 1 l. — Torres, 1 l. — S. Jorge, 1 l. — Coimbre, 1 d.

N°. 76.

De Ciudad-Rodrigo *à* Lisbonne, 64 lieues.

Ciudad-Rodrigo *au* Pont de la Murcella, 27 l. 3 q. (*Voyez* n° 75.) — S. Miguel des Poyares, 1 l. — Foz de Aronce, 1 l. et d. — Corbo, 2 l. — Espiñal, 2 l. — V. do Pastor, 1 d. — V. de Moiños; 1 l. — V. de Maria, 1 l. — Cabazos, 1 l. — Parciros, 1 l. — Ceras, 1 l. — Thomar, 2 l. — Guerreira, 1 d. — Valdetancos, 3 q. — Ponte de Pedra, 1 l. — Golegan, 1l. — Lisbonne, 18 l. (*Voyez* n° 70.)

(*a*) *Idem, est à droite de la route, et appartient à la province de* Tolède.

N°. 77.

De Ciudad-Rodrigo *à* Lisbonne, *en passant par* La Guarda, 62 lieues et 3 quarts.

Ciudad-Rodrigo *à* Almeyda, 6 l. et 1 q. — Aldea Nova, 1 l. — Freyjo, 1 l. — Pincio, 1 l. — Urgeira, 1 l. — Joaon Bragal, 1 l. — La Guarda (33), 1 l. — Vs. da Vella, 2 l. — Belmonte, 1 l. et d. — Caria, 1 l. — Pera-Boa, 1 l. — Campiña, 1 l. — Cuartaon, 2 l. — Atalaya (34), 1 l. — Soalleira, 1 l. — Tinallas, 2 l. — Juncal, 1 l. — Sarcedas, 2 l. — Montegordo, 1 l. — Sobreira formosa, 2 l. — Cortizada, 1 l. — Os Cardigos (35), 2 l. — Pallota, 1 l. — S. Domingo, 2 l. — Abrantes, 3 l. — Lisbonne, 23 l. (*Voyez* n° 70.)

N°. 78.

De La Guarda *à* Viseu, 12 lieues.

La Guarda *à* Celorico, 3 l. — Figueiro, 1 l. et d. — Fornos, 1 l. et 1 q. — Chans, 2 l. — Quintela, 1 l. et 1 q. — Azurara, 1 l. — Tajude, 1 d. — Viseu, 1 l. et d.

N°. 79.

De Viseu *à* Coïmbre, 13 lieues.

Viseu *à* Lagona, 3 q. — Fail, 1 q. — Sabugosa, 1 l. — Fondella, 1 l. — S. Joañino, 1 l. — Casal de Maria, 1 l. — El Criz, 1 q. — El Baril, 3 q. — Freirigo, 1 l. — S. Antonio do Cantaro, 1 l. et 1 q. — Gallano, 1 l. et 1 q. — Botaon, 1 l. — Eiras, 1 l. et d. — Coïmbre, 1 l.

N°. 80.

De Madrid *à* Oporto, *par* Ciudad-Rodrigo, Almeyda *et* Lamego, 88 lieues et demie.

Madrid *à* Piñel *en* Portugal, 56 l. et 3 q. (*Voyez* n° 75.) — Valbom, 1 l. — Sta. Eufemia, 1 l. — Cotinos, 1 l. — Morceiriñas, 1 l. — Torriña, 1 l. — Sarceda (36), 1 l. — Villa do Ponte, 1 l. et d. — Villa da Rua, 1 l. et 1 q. — Moimenta da Beyra, 3 q. — La Lapa, 1 l. — Lamosa, 1 l. — Ariz, 1 d. — Alvite, 1 l. et 1 q. — Mondim, 1 l. — Villamea, 1 l. — Mos, 1 l. — Lamego (37), 1 l. — Peizo da Regoa, 1 l. — Mazamfrio, 1 l. et d. — Teijera (38), 3 q. — Carrasquiera, 1 l. — V. de Giesta, 1 l. — Canaveces, 1 l. — Os Cuatro Irmaos, 1 l. — El Castro, 1 d. — Arrifana de Sousa, 1 l. — Paredes, 1 l. — Baltar, 1 l. — Ponte Ferreira, 1 l. — Val-longo, 1 l. — V. Neva, 3 q. — Oporto, 1 l.

N°. 81.

*D'*Oporto *à* Lisbonne, *par* Coïmbre *et* Leyria, 53 lieues.

Oporto *à* Rechouza, 1 l. — Corvo, 3 q. — Os Carvallos, 1 q. — Grijo, 1 l. et 1 q. — Souto Redondo, 1 l. — S. Antonio, 3 q. — Oliveira de Azemeis, 1 l. et 1 q. — Piñeira *ou* Piñeiro de Bemposta, 3 q. — Alvergaria Nova, 1 l. — Alvergaria-Vella, 1 d. — Sardaon, 2 l. — Aguada, 1 l. — Avelans, 1 l. — Pedreira, 1 l. — Meallada, 1 l. — Carquejo, 1 l. — Fornos, 1 l. — Coïmbre (39), 1 l. et 1 q. — Condeija, 2 l. — Cartajo, 1 l. — Portocoalleiro, 1 l. — Rediña, 1 l. — V. da Cruz, 1 l. — Pombal, 1 l. — V. dos Marchados, 1 l. — Leyria, 1 l. et d. — S. Jorge, 2 l. — V. dos Carvalos, 1 l. — Moliano, 2 l. — Lorango, 1 l. — Gandieiros, 1 l. — V. da Costa ou de la Cuesta, 1 l. — V. da Palloca, 1 l. — V. da Agua, 1 l. — Tagarro, 1 l. — Ota (*a*), 1 l. et d.

(*a*) Alenquer *est à la droite de la route, à une lieue d'*Ota; *on peut passer par cet endroit pour aller à* Moino Novo, *mais on allonge d'une d.-lieue.*

— Moino-Novo, 2 l. — Castañeira, 1 d. — Povos, 3 q. — Villafranca de Gira, 1 l. — Lisbonne, 6 l.

N°. 82.

*D'*Oporto *à* Lisbonne, *par* Aveiro, Leyria *et* Torres-vedras, 54 lieues.

Oporto *à* Chamorro, 1 l. — Corvo, 1 d. — Paramos, 1 l. — Cortegaza (40), 1 l. — Pontenova, 1 l. — Vanca, 1 l. et 1 q. — Santiaens, 1 l. — Salteu, 1 l. — Angeja, 1 l. et 1 q. — Aveiro, 1 l. et d. — Esgueirra, 1 l. et d. — Salgueiro, 1 d. — Pallaza, 1 l. — Mira, 1 l. — Mamorosa, 1 d. — Camarneira (41), 1 l. — Castañede, 1 l. — Villa nova, 1 l. — Tentugal, 1 l. — Pereira (42), 1 l. — Baraon, 1 l. — Formocella (*a*), 1 l. — Villanova de Anzos, 1 l. et d. — Casas Vellas, 1 l. — Almagreira (*b*), 1 l. — Os Crespos, 2 l. — V. dos Marchados, 3 l. — Leyria, 1 l. et d. — Batalla, 2 l. — Cruz da legua, 1 l. — Aljubarrota, 1 l. — Alcobaza, 1 l. — Valbon, 1 l. — Charnais ou Acharnadis, 1 l. — Salir do Mato (*c*), 1 l. — Caldas (43), 1 l. — Obidos (*d*), 1 l. — Roliza ou Roriza, 1 l. — Nuestra Señora de la Misericordia, 1 l. — S. Giaon, 1 l. — Ramallal, 1 l. — Torres-vedras (44), 1 l. — Cadreceira, 1 l. — Enjara dos Cavalleiros, 1 l. — Povoa, 1 l. — Cabeza de Montachique, 1 l. — Loures, 1 l. et d. — Lumiar, 1 l. — Lisbonne, 1 d.

N°. 83.

De Madrid *à* Salamanque, 34 lieues.

Madrid *à* Peñaranda de Bracamonte, 26 l. et d. (*Voyez* n° 75.) — Arauzo, 3 q. — Ventosa de Rio Almar, 1 l. et d. — Huerta, 2 l. — Aldea Luenga *ou* Aldea Lengua, 1 l. et 1 q. — Cabrerizos, 1 l. — Salamanque, 1 l.

N°. 84.

De Salamanque *à* Mérida, 45 lieues.

Salamanque *à* Aldea Tejada; 3 q. — El Meson y Sancho Viejo, 1 q. — V[s]. de Siete Carreras, 2 l. et d. — Calzadillas de Mendigos, 1 l. — Frades, 1 l. et d. — Fuente el Roble, 3 q. — Valde la Casa, 2 l. et d. — Valverde, 3 q. — La Calzada (45), 1 l. et d. — Montemayor, 1 l. et d. — La Lagunilla, 1 l. — Abadia, 1 l. et d. — La Oliva, 1 l. et d. — Las V. de Caparra, 1 l. — Carcaboso, 2 l. — Aldehuela, 1 d. — Galisteo (*e*), 1 l. — Holguera, 2 l. — El Cañaveral, 3 l. — V. de Alconeta, 2 l. — El Casar de Caceres, 3 l. — Caceres, 2 l. — Aldea del Cano, 4 l. — Las Casas de Don Antonio, 1 l. et 3 q. — Las Herrerias, 2 l. — Aljucen, 2 l. — Carracalejo, 3 q. — Mérida, 1 l.

N°. 85.

De Salamanque *à* Ciudad-Rodrigo, 16 lieues.

Salamanque *à* Tejares, 1 d. — Calzadilla de Valmuza, 2 l. — Castrejon, 1 l. — Calzada de Don Diego, 1 l. — Bobeda de Castro, 2 l. et d. — *Petit château d'*Huebra, 2 l. — Boadilla, 1 l. — Martin del Rio, 1 l. et d. — Pedraza, 3 q. — Santi Espiritus, 3 q. — Cuidad-Rodrigo, 3 l.

(*a*) Montemor *ou* Vello, *est à* 1 *q. de l. à droite.*

(*b*) *On peut passer par* Lourizal, *sans passer par* Almagreira; *mais on allonge de* 1 *d. l.*

(*c*) *De* Salir do Mato, *on peut aller à* Obidos *sans passer par* Caldas, *et on abrége de* 3 *q. de l.*

(*d*) *D'*Obidos *à* Peniche, *par* Furadouro, 1 l. — Mugia da Balea, 1 l. — Peniche, 1 l.

(*e*) *A* Coria, *par* Galisteo. — Rialobos, 1 l. — Coria, 3 l. et d.

N°. 86.

De Madrid *à* Zamora, *par* Toro, 41 lieues et 3 quarts.

Madrid *à* V. de Almarza, 16 l. et 3 q. (*Voyez* n° 75.) — Sanchidrian (46), 1 l. — Adanero, 1 d. — Orvita, 1 l. — Espinosa de los Caballeros, 1 d. — Martin Muñoz de la Dehesa, 1 l. — Arevalo, 3 h. — La Olmedilla, 1 l. 1 q. — Ataquines, 2 l. — S. Vincente del Palacio, 1 l. — Rubi de Bracamonte (47), 3 q. — Medina del Campo, 1 l. et 1 q. — Rueda, 2 l. — Tordesillas, 2 l. — Villallar, 2 l. — Pedrosa del Rey, 1 l. — Morales, 1 l. — Toro, 1 l. — S. Andres, 1 l. — Fresno de Ribera, 1 l. et d. — S. Pelayo de la Ribera, 1 l. — Zamora, 2 l.

N° 87.

De Toro *à* Salamanque, 12 lieues.

Toro *à* Palomar, 2 l. — Villabuena, 1 d. — La Bobeda, 1 d. — Guarrate, 1 l. — Fuente el Sauco, 1 l. et d. — Aldea Nueva de Figueroa, 1 l. et d. — Arcediano, 1 l. et d. — S. Cristoval de la Cuesta, 2 l. — Salamanque, 1 l. et d.

N°. 88.

De Madrid *à* Vigo, *par* Benavente *et* Orense, 95 lieues.

Madrid *à* Tordesillas, 31 l. et 1 q. (*Voyez* N°. 86.) — Vega de Valdetronco, 2 l. — La Mota del Marques, 1 l. — V. de Almarza, 2 l. — Villar de Frades, 1 d. — Villanueva de los Caballeros, 1 l. et 3 q. — Villafrechos, 2 l. et 1 q. — Sta. Eufemia, 1 d. — Quintanilla del Monte, 1 l. — Villalpando, 1 l. — Cerecinos de los Barrios, 1 l. — S. Estevan del Molar, 1 l. — Castro Gonzalo, 1 d. — Benavente, 1 l. — Sta. Cristina, 1 d. — Colinas de Traspionte, 1 l. et 1 q. — Sistrama de Tera, 1 l. — Sta. Marta de Tera, 1 l. — Camarzana, 1 d. — Vega de Tera, 1 d. — Rio Negro del Puente, 1 l. — Fresno (48), 1 l. et d. — Monbuey, 1 d. — V. de Cernadilla, 1 l. — Asturianos, 1 l. — Remesal, 1 l. — Otero de Sanabria, 1 d. — Puebla de Sanabria, 1 l. — Requejo, 1 l. et d. — Padornelo, 1 l. — Lubian, 1 l. — Chanos, 1 q. — Canda, 1 l. — Villavieja, 1 d. — Pereiro, 1 d. — Cañizo, 1 l. — La Gudiña (49), 3 q. — S. Lorenzo, 1 l. et 1 q. — Novallo, 1 d. — Barreyra, 1 d. — Del Rio, 1 q. — S. Cristoval, 1 d. — Abedes, 1 l. et d. — Verin, 1 d. — Monterrey (50), 1 q. — Infesta, 1 l. — Guimarey, 1 d. — Villa de Rey, 1 l. — Rabal, 1 q. — Abavides, 3 q. — Ginzo de Limia, 1 l. — Parada, 1 l. et d. — Allariz, 1 d. — Sejalbo, 3 l. — Orense, 1 d. — Cañedo, 1 d. — Sta. Cruz de Arrabaldo, 1 d. — Layas, 1 d. — Rozamonde, 1 l. — S. Payo, 1 l. — Rivadavia, 1 d. — Melon, 1 l. — El Burgo, 1 d. — Cañiza (51), 1 d. — Puente Areas, 2 l. — Confurco, 1 l. — Porriño (52), 1 l. — Dornelas, 2 l. — Vigo, 1 l. et 1 q.

N°. 89.

De la Puebla de Sanabria *à* Lisbonne, *par* Bragance, Torre de Moncorvo *et* Viseu, 83 lieues et 1 quart.

Puebla de Sanabria *à* Lubian, 3 l. et d. — Armesendi *ou* Hermesende, 1 l. et d. — Bragance (53), 2 l. — Sortes, 1 l et d. — Fernande, 1 l. — Quintella de Lampaces, 1 l. — Valdeprados, 1 l. et d. — Castellaos, 1 d. — Grijo, 1 d. — Valbemfeito, 1 d. — Bornes, 1 l. — Trindade, 1 l. et d. — Sta. Comba, 3 q. — Junqueira, 2 l. et 1 q. — Portella, 1 l. — Casteda, 1 q. — Torre de Moncorvo, 3 q. — Pociño, 1 l. — S. Amaro, 3 q. — Feijo de Nemaon, 1 q. — Sedavelle, 1 l. — Cedavim, 1 l. — Rañados, 1 d. — Penedono, 1 d. — Chazendo, 1 d. — Fontearcada, 1 d. — Moimenta da Beyra, 1 l. — Granja de Paiva, 1 l. — Segoens, 1 l. — Lamas, 1 l. — Fontainas, 3 q. — Pedrosa, 1 l. — Cavernais, 1 l. et 1 q. — Viseu, 1 l.

N°. 90.

*D'*Orense *à* Lisbonne, *par* Lamego, 81 lieues et demie.

Orense *à* Verin, 10 l. et 1 q. (*Voyez* N°. 88.) — Feces de Abajo, 1 l. et d. — Chaves (*a*), 1 l. et d. — Pereira, 1 l. — Villaverde de Oura, 1 l. — Sobrozo, 1 l. — Villapouca de Aguiar, 1 l. et d. — Amecio, 1 l. et d. — Escariz, 1 l. et d. — Gravelos, 1 d. — Villareal, 1 d. — Corveira, 3 q. — Sta. Marta, 1 d. — Pezo da Regoa, 1 d. — Lamego, 1 l. — Cruz da Camareira, 1 l. — Bigorne, 1 l. — Collo de Pito, 1 l. — Castro Dayre, 1 l. — Alva, 3 q. — Cobertiña, 1 l et d. — S. Pedro de Sul, 3 q. — Vousella (54), 1 l. — Monte Tezo, 1 l. — Urgueira, 1 l. — Cabeza de Caon, 1 l. — Dos Ferreiros, 1 l. et d. — Arrancada, 1 l. — Sardaon, 1 l. — Lisbonne, 42 l. et d. (*Voyez* n° 81.)

N°. 91.

*D'*Orense *à* Oporto, 35 lieues et demie.

Orense *à* Chaves, 13 l. et d. (*Voyez* N°. 90.) — Casasnovas, 1 l. — Boticas, 3 q. — Carvallellos, 1 l. — Alturas, 1 l. — V. de la Sierra, 3 q. — V. Nova, 1 l. — Campos, 1 l. — Ruivaens, 1 l. — Salamonde, 1 l. — Asella, 1 l. — Penedo, 1 l. — Pardieiros, 1 l. — Piñeiro, 1 l. — Carballo deste, 1 l. — Braga (55), 1 l. — Taboza, 1 l. et 1 q. — Santiago da Cruz, 1 l. — Villanova de Famelizaon, 3 q. — Barca da Trofa, 1 l. et d. — Carriza, 2 l. — Castelejo 1 d. — Oporto, 3 q.

N°. 92.

*D'*Orense *à* Tuy *et* La Guardia, 17 lieues.

Orense *à* Cañisa, 6 l. (*Voyez* n° 88.) — Tranquiera, 1 l. — Corzanes (*b*), 2 l. — Tuy, 2 l. — Sobrada, 3 q. — Amorin, 1 d. — Torcadela, 1 d. — Goyan, 1 l. et 1 q. — La Guardia (*c*), 3 l.

N°. 93.

*D'*Orense *à* Pontevedra, 16 lieues et 1 quart.

Orense *à* Cudeyro, 1 d. — Parada, 1 l. et d. — Maside, 1 l. — Madarras, 1 d. — Santas, 3 l. — Morillas, 2 l et d. — Pontevedra, 4 l. — Porrino, 10 l. — Redondela, 3 l. et 1 q. — Pontevedra, 3 l.

N°. 94.

De Pontevedra *à* Oporto, *par* Tuy, 26 lieues et demie.

Pontevedra *à* Puente de S. Payo, 1 l. et 3 q. — Arcade, 1 q. — Redondela, 1 l. — Sajamonde, 1 d. — Mos, 2 l. — Porrino, 3 q. — Budino de Abajo, 1 d. — Riba de Louro, 1 l. et 1 q. — Tuy (56), 1 l. et d. — Valenza do Minho, 1 l. et d. — Villamean, 1 l. — Campos, 1 q. — Reboreda, 1 d. — Villanova de Cerveira, 1 q. — Gondarem, 1 d. — Lañelas, 1 d. — Camina, 1 l. et 1 q. — Viana, 3 l. — Redemoinos, 1 l. et 3 q. — Barca de Lago, 1 l. — Terranegra (57), 1 l. — Rates, 1 l. — Casal de Pedro, 1 l. — Magdalena, 1 l. et 1 q. — Os nove Irmaos, 1 d. — Lameira, 1 d. — Moreira, 1 d. — O Senor do Padron, 1 l. — Oporto, 1 l.

(*a*) *Pour continuer, on peut passer la* Tamega; *on peut aussi prendre un autre chemin qui suit le bord de la rivière de* Monterrey *à* Chaves, *sans passer par aucun endroit.*

(*b*) Salvatierra, *est à gauche*, 1 d.

(*c*) *Ces six derniers endroits sont sur la rive droite du* Minho, *qui est la limite de l'*Espagne *et du* Portugal *de ce côté.*

N°. 95.

De Pontevedra *à* Oporto *par* Bayona, La Guardia *et* Viana, 27 lieues et demie.

Pontevedra *à* Redondela, 3 l. (*Voy.* n°. précédent.) — Teis, 1 l. et 3 q. — Vigo, 1 d. — Bouzas, 1 d. — Navia, 1 q. — Corujo, 1 q. — Coya, 1 q. — Panjon, 3 q. — Ramallosa, 1 d. — Bayona, 1 l. — Baiña, 3 q. — Hoya, 2 l. — S. Julian, 1 l. — La Guardia, 1 l. et d. — Camiña, 1 l. et d. — Oporto, 13 l. et d.

N°. 96.

*D'*Orense *à* La Corogne, *par* Santiago, 25 lieues.

Orense *à* Cudeiro, 3 q. — Viña, 1 l. et 3 q. — Cea, 1 d. — Coyras, 3 q. — Las Pallotas, 1 d. — V. de Gouja, 3 q. — Gesta (da), 2 l. — Fojo, 2 l. et 1 q. — Chapa, 3 q. — Castro, 1 l. — Lestedo, 1 l. et 1 q. — Santiago de Compostela, 2 l. et 1 q. — Marantes, 1 l. et d. — Siguєyro, 1 d. (58) — Deyjebre, 1 l. et d. — Ordenes, 1 l. — El Carral, 2 l. et d. — La Corogne, 3 l. et d.

N°. 97.

De Santiago *à* Noya *et* Muros, 9 lieues et demie.

Santiago de Campostela *à* Urdilde, 4 l. — Noya, 3 l. — Roo, 1 d. — Esteyro, 1 l. et 1 q. — Taly, 1 q. — Muros, 1 d.

N°. 98.

De La Corogne *à* Oporto, 47 lieues.

La Corogne *à* Santiago, 10 l. et d. (*Voyez* n° 96.) — Larano, 1 l. — V. de Francos, 3 q. — Cruces, 1 l. — La Esclavitude, 1 q. — El Padron, 1 d. — V. de Mataleira, 3 q. — Carracedo, 1 l. — Veemil, 3 q. — Caldas, 1 d. — Arcos de Condesa, 1 d. — S. Amaro, 1 l. et d. — Pontevedra, 1 l. et d. — Oporto, 26 l. et d.

N°. 99.

De Madrid *à* La Corogne, *par* Astorga *et* Lugo, 106 lieues et 3 quarts.

Madrid. (*Voyez* n° 88.) *jusqu'à* Benavente, 46 l. et 3 q. — Villabrazaro, 1 l. — Herreros, 1 l. — Maire de Castro Ponce, 1 q. — *Maison de poste*, 1 d. — La Nora, 1 l. — Navianos de la Vega, 1 d. — La V. Nueva, 1 d. — S. Juan de Torres, 1 l. — La Bañeza, 1 l. — Palacios de Valduerma, 3 q. — V. de Toralino, 1 l. — V. del Monte de la Matanza, 3 q. — Celada de Astorga, 1 t. (*a*) — Astorga, 2 t. (59) — Bonillos, 1 l. — Combarros, 1 d. — Beldedo, 1 l. — Manzanal, 1 l. et d. — Torre, 1 l. et d. — Bembibre, 1 l. et d. — S. Roman de Bembibre, 1 q. — Congosto, 1 l. et d. — Cubillos, 1 d. — Cacabelos, 1 l. et 3 q. — Villafranca del Vierzo, 1 l. — Perege, 1 l. — Trabadelos, 1 l. — La Portela de Valcarce, 1 d. — Ambas-mestas, 1 q. — La Vega de Valcarce, 1 q. — Quintela, 1 q. — Ruitelan, 1 d. (60) — Las Herrerias de Valcarce, 1 d. — V. de Castro, 1 l. et 1 q. — Piedrafita, 1 q. — V. de Nocedo, 3 q. — Doncos, 1 l. — Nogales, 1 q. — Sierra Horta, 1 l. — Becerrea, 3 q. — Cerezal, 1 q. — Furco, 1 d. — V. de Benalla, 1 l. — Sobrado, 1 l. — V. de Gumian, 1 l. — Do Corgo, 1 d. — V. del Bado, 1 l. — Lugo, 1 l. et 1 q. — Otero de Rey, 1 l. et d. — Puente de Rabade., 1 d. — Baldomar, 1 d. — Pacios, 1 d. — V. de Vaamonde, 1 d.

(*a*) *Il n'est pas nécessaire d'entre dans* Celada *pour suivre la route.*

— Guiriz *ou* Guiteriz, 2 l. — V. Nueva, 1 d. — V. Castellana, 1 l. — Viloria, 1 d. — Monte Falgueiro, 1 d. — Oys, 3 q. — Coyros, 3 q. — Betanzos, 1 l. — Pontellas, 1 d. — Temple, 1 l. — Burgo, 1 q. — La Corogne, 1 l. et d. — Madrid *à* Orense, 81 l. et 3 q. — La Corogne, 25 l.

N°. 100.

De Madrid *à* Mondonedo *et* Vivero, 101 lieues et 3 quarts.

Madrid *à* Lugo (61), 84 l. et d. (*Voyez* n° 99.) — Duarria, 2 l. et 1 q. — Bendia, 1 l. et 1 q. — Quintela, 3 q. — Castro de Rey, 1 d. — Reygosa, 3 q. — Ubeda, 1 l. — Bean, 1 l. — Lindin, 1 l. — Mondoñedo, 1 d. — Lorenzana, 1 l. (62) — Bacoy, 2 l. et d. — Budian, 1 l. et 3. q. — Vivero, 3 l.

N°. 101.

De Lugo *à* Orense, 16 lieues.

Lugo *à* Mosteyro, 2 l. et d. — Puerto Marin, 1 l. et d. — Mesonfrio, 1 l. — Torre, 3 q. — Chantada, 2 l. et 1 q. — Seoane de Laje, 1 l. et d. — Das Moreyras, 1 d. — Lamas de Aguada, 1 l. et d. — Readegos, 1 l. et d. — Cudeyro, 1 l. — Orense, 1 l. — Lugo *à* Farandeyros, 1 l. et 3 q. — Santiago de Paramo, 1 l. et 1 q. — Casa da Sera, 1 l. — Chorente, 1 d. — Rubian de Arriba, 1 l. — Noceda, 1 d. — Rubian, 1 d. — Aguela, 1 l. et d. — Monforte de Lemos, 1 l. — Piñeyra, 1 d. — Portizo, 2 l. et 1 q. — S. Estevan de Ribas de Sil, 1 l. et 1 q. — Orense, 3 l.

N°. 102.

De Lugo *à* Santiago, 14 lieues.

Lugo *à* Bacurin, 2 l. et d. — Dos Condes, 1 l. 1 q. — Villaouriz, 2 l. et d. — Villamor, 3 q. — Mellid, 1 l. — Arzua, 2 l. et 1 q. — Ferreyros, 1 l. — Barres, 3 q. — El pino, 3 q. — Santiago, 1 l. et d.

N°. 103.

De Madrid *au* Ferrol, 100 lieues et 3 quarts.

Madrid *à* Betanzos, 95 l. (*Voyez* n° 99.) — Miño, 1 l. et d. — Perbes, 3 q. — Puente de Ume, 1 d. — Cabañas, 1 q. — Neda (S. Nicolas de), 1 l. et 1 q. — Jubia, 1 d. — Le Ferrol, 1 l.

N°. 104.

De La Corogne *au* Ferrol, 9 lieues.

La Corogne *à* Betanzos, 3 l. et 1 q. (*Voyez* n° 99.) — Le Ferrol, 5 l. et 3 q.

N° 105.

De Madrid *à* Gijon *et* Aviles, *par* Benavente, Léon *et* Oviedo, 83 lieues.

Madrid *à* Benavente, 46 l. et 3 q. (*Voyez* n° 88.) — S. Cristoval, 1 l. — Cimanes de la Vega, 1 l. et d. — Villaquejida, 1 d. (63) — Algadefe, 3 q. — Torral de los Guzmanes, 3 q. — Villamor del agua, 1 d. — S. Millan de Valencia o de los Caballeros, 1 d. (64) — Eslà, 1 d. — Valencia de Don Juan, 1 d. — Cubillas de los Oteros, 1 l. (65) — Palanquinos, 1 l. et d. — Villaroañe, 1 d. — Alija de la Ribera, 1 d. — Marialba, 1 q. — Castrillo de la Ribera, 1 d. — Sta. Olaja de la Ribera, 1 q. — Puente de Castro, 1 d. — Léon, 1 q. — S. Andres, 1 d. — Carvajal, 1 d. — Cavanillas, 1 l. et 1 q. — Cascante, 1 q. La Robla, 1 l. — Alcedo, 1 q. — Puente de Alba, 1 d. — Peredilla, 1 q. — Millar, 1 d. — La Pola de Gordon, 1 q. — Beberino, 1 q. (66) — La Vega,

1 q. — Sta. Lucia, 1 q. — Villasimpliz, 3 q. — Villamanin, 3 q. — Golpejar, 1 q. — Villanueva, 1 q. — Busdongo; 3 q. — Vega lamosa, 1 q. — Puerto de Pajores, 1 l. — Pajares, 1 l. — Puentes de los Fierros, 2 l. — Campomanes, 1 l. — La Vega del Ciego, 3 q. — La Pola de Lena, 1 q. — Villayana, 3 q. — Ujo, 1 q. — Mieres del Camino, 1 d. — Rebolleda, 1 q. (67) — Olloniego, 3 q. — Manzaneda, 3 q. — Manjoya, 1 d. — Oviedo, 1 q. — Lugones, 3 q. — Campana, 1 l. et 1 q. — Rodriguero, 1 q. — Porceyo, 1 l. et 1 q. — Roces, 1 d. — Gijon, 1 d. — Prendes, 1 l. et 1 q. — Logrezana, 1 q. — Tamon, 1 q. — Aviles, 3 q.

No. 106.

De Madrid *à* Léon, *par* Medina de Rio-Seco, 51 lieues et 3 quarts.

Madrid *à* Tordesillas, 31 l. et 1 q. (*Voyez* no 86.) — Torrelobaton, 2 l et d. — S. Pelayo, 1 d. — Castromonte, 1 l. et 1 q. — Valverde, 1 l. — Medina de Rio-Seco, 3 q. — Berrueces, 1 l. et 1 q. — Aguilar de Campos, 1 l. et d. — Ceinos de Campos, 1 l. — Villavicencio, 1 l. — Villacid de Campos, 1 q. — Vecilla de Valderaduey, 1 l. — Mayorga, 1 l. — Izagre, 1 d. — Albires, 1 q. — Valverde Enriquez, 3 q. — Matallana de Valmadrigal, 1 l. et 1 q. — Ss. Martas, 1 l. — Mansilla de las Mulas, 1 l. et d. — Marne, 3 q. — Arcabueja, 1 d. — Val de la Fuente, 1 d. — Léon, 1 d.

No. 107.

De Léon *à* Astorga, 7 lieues.

Léon *à* Trobajo del Camino, 1 q. — Nuestra Señora del Camino, 3 q. — Valverde del Camino, 1 d. — S. Miguel del Camino, 1 d. — Villadangos, 1 l. — S. Martin del Camino, 3 q. — Puente de Orbigo, 1 l. — El Hospital de Orbigo, 1 l. — Calzada, 1 l. — S. Justo de la Vega, 3 q. — Astorga, 1 d.

No. 108.

D'Oviedo *à* Cangas de Tineo, 15 lieues.

Oviedo *à* Escampredo, 2 l. — Premoño, 1 q. — Valduño, 1 q. — Peñaflor, 1 d. — Caudal, 1 l. — Grado, 1 l. — Fresno, 1 d. — Cornellana, 1 l. — Salas, 1 l. et d. — V. de la Espina, 1 l. — La Pereda, 1 d. — Pedregal, 1 d. — Sta. Eulalia, 1 d. — Tineo, 1 l. — Mirallo, 1 l. et d. — V. de Arganza, 1 d. — Corias, 2 l. — Cangas de Tineo, 1 d.

No. 109.

De Madrid *à* Valladolid, *par* Medina del Campo, 35 lieues et 1 quart.

Madrid *à* Medina del Campo, 27 l. et 1 q. (*Voyez* no 86.) — Rodillana, 1 l. — Ventosa de la Guesta, 1 l. — Valdestillas, 1 l. et d. — Valladolid, 4 l. — Madrid *à* Tordesillas, 31 l. et 1 q. (*Voyez* no 86.) — Simancas, 2 l. — Valladolid, 2 l.

No. 110.

De Madrid *à* Valladolid *par* Olmedo, *à* Palencia *et à* Santander.

Madrid *à* V. de Almarza, 16 l. et 3 q. (*Voyez* no 75.) — S. Chidrian, 1 l. — Pejares, 1 d. — Martin Muñoz de Posaderas ou de las Posadas, 1 l. — Gutierre-Munoz, 1 q. — Montuenga, 1 d. — Rapariegos, 1 l. — San Cristoval de la Vega, 1 q. (68) — Montijo de la Vega, 3 q. — Almenara, 1 l. — Bocigas, 1 d. — Olmedo, 1 l. — Hornillos, 1 l. et d. — Valdestillas, 2 l. — Puente de Duero, 2 l. et 1 q. — Valladolid, 1 l. et 3 q. — Cabezon de Campo, 2 l. — V. de Palazuelos, 3 q. — V. de Trigueros, 1 l. et 3 q. — Dueñas, 1 l. et d. — Villamuriel, 1 l. et 1 q. — Palencia, 1 l. — Villalobon, 1 d. — Fuentes de Valdepero, 1 d. — Monzon, 1 l. — Amusco, 3 q. — Piña de Campos, 3 q. — Fromista, 3 q. — Santillana, 2 l. — Espinosa de Villa-Gonzalo, 3 q. — S. Cristoval, 1 l. et 1 d. — Herrera de Pisuerga, 1 l. et 1 q. — V. del Paramo, 1 l. — V. de Becceril, 1 l. et 1 q. — Valoria del Alcor, 1 l. — Aguilar de Campo, 1 d. (69) — Quintanilla de las Torres, 1 l. — Canduela, 1 d. — V. de Mataporquera, 1 l. — V. de Pazozal, 1 l. — Fombellida, 1 q. — Sobrepeña, 1 d. — Reynosa, 3 q. — Fuente de la Pililla, 1 q. — Cañeda, 1 q. — Lantueno, 3 q. (*a*)—V. del Rio, 1 d. — La Pesquera, 1 d. — Aguayo, 1 d. — Barcena de pie de Concha, 1 d.—Helgueras, 3 h.—Sta. Olalla, 1 h.—Molledo, 1 q.—La Serna, 1 q. — Las Fraguas, 1 d. — La Hoz, 1 d. — Somahoz, 1 d.—S. Mateo, 1 d.—Barros, 1 q. — Nuestra Señora de las Caldas, 1 q. — Cartes, 1 d. — Santiago, 1 q. — Campuzano, 1 q. — Torre la vega, 1 h. — Polanco, 5 h. — Rumoroso, 1 q. — Puente de Arce, 1 l. — S. Mateo, 1 d. — Santander, 1 l. et 3 q.

No. 111.

De Valladolid *à* Salamanque, *par* Toro, 20 lieues et 3 quarts.

Valladolid *à* Tordesillas, 4 l. — Toro, 5 l. — Salamanque, 12 l. — Valladolid *à* Medina del Campo, 7 l. et d. (70) — V. del Campo, 1 l. et d. — Carpio, 1 l. et d. — Fresno de los Ajos, 3 q. — Cantalapiedra, 1 l. — Mollorido, 2 l. — El Pedroso, 1 l. et d. — Pitiegua, 1 l. — Gomecello, 1 l. — Vs. de Velasco, 1 l. — Morisco, 1 d. — Salamanque, 1 l. et d.

No. 112.

De Valladolid *à* Léon, 20 lieues et 1 quart.

Valladolid *à* Zaratan, 1 d. — Villanubla, 1 l. — Peñaflor, 1 l. et 1 q. — Valverde, 2 l. — Medina de Rio-Seco, 1 l.—Léon, 14 l. et d. (*Voyez* no 106.)

No. 113.

De Valladolid *à* Burgos, 20 lieues et 3 quarts.

Valladolid *à* Cabezon de Campo, 2 l. — V. de Trigueros, 1 l. et 3 q. — Dueñas, 1 l. et d. — V. de S. Isidro, 1 d. — Calabazanos, 1 d. (71) — Magaz, 1 l. — Torquemada, 2 l. et d. — Quintana del Puente, 1 l. (72) — S. Francisco, 3 q. — Palenzuela, 1 d. — Villodrigo, 1 l. — V. del Pozo, 1 l. — Villanueva de las Carretas, 2 l. — Celada del Camino, 1 l. et 1 q. — V. de los Pontones, 1 q. — Estepar, 3 q. — Tardajos, 1 l. — Villa Real de Buniel, 1 d. — Quintanilleja, 1 d.—Hospital del Rey, 1 q. — Burgos, 1 q.

No. 114.

De Burgos *à* Léon *par* Palencia, 37 lieues et demie.

Burgos *à* Magaz (*Voyez* no 113.), 13 l. et d. (73) — Palencia, 1 l. — Fromista, 4 l. et d. — Villalcazar de Sirga, 2 l. — Carrion, 3 q. — Beneviverc, 1 l. — Calzadilla de la Cueza, 1 l. — Ledigos, 2 l. — Terradillos, 1 l. et d. — Moratinos, 3 q. — S. Nicolas del Camino, 1 d. — Nuestra Señora del Puerto, 1 d. — Sahagun, 1 d. — Bercianos del Camino Real, 1 l. et 1 q. — El Burgo Ranero, 1 l. et d. — Raliegos, 2 l. — Mansilla de las Mulas, 1 l. — Léon, 2 l. et 1 q.

No. 115.

De Burgos *à* Santander, 31 lieues.

Burgos *à* Villagonzale, 1 d. — Quintanadueñas, 1 q. — Arroyal, 1 d. — (74)

(*a*) *Si on veut passer le fleuve sur un pont, on ne passe pas par* Lantueno, *on trouve 2 ponts à d. l. N.*

Mansilla, 1 l. — La nuez de abajo, 1 q. — Ros, 1 d. — V. de Ruyales del Paramo, 1 l. — Urbel del Castillo, 1 l. et d. — La Rad, 1 l. et d. — Basconcillos, 1 l. et d. — Llanillo, 2 l. et d. — V. de la Herreruela, 1 l. — Aguilar de Campo, 2 l. — Santander, 17 l.

N°. 116.

De Madrid *à* Ségovie, 15 lieues et demie.

Madrid *à* S. Rafael, 10 l. et d. (*Voyez* n° 73.) — V. de Ortigosa, 2 l. et d. — Ségovie, 2 l. et d.

N°. 117.

Autre route de Madrid *à* Ségovie, 14 lieues et 3 quarts.

Madrid *à* Las Rosas, 2 l. et d. — Torrelodones, 1 l. — La Trinidad, 1 l. et d. — Salineras, 2 l. — Navalejos, 2 l. — Castrejones, 2 l. — S. Ildefonso, 2 l. — Ségovie, 1 l. et 3 q.

N°. 118.

De Ségovie *à* Valladolid, 18 lieues et demie.

Ségovie *à* Zamarramala, 1 d. — Escarvajosa, 2 l. et d. — Navalmanzano, 2 l. et d. — Sancho Nuño, 1 l. et d. — Cuellar, 2 l. et d. — Nuestra Señora del Henar, 1 l. — Viloria, 1 d. — Montemayor, 1 l. et d. — Tudela de Duero, 3 l. — La Cisterniga, 2 l. — Valladolid, 1 l.

N°. 119.

De Ségovie *à* Valladolid, 16 lieues et 1 quart.

Ségovie *à* Zamarramala, 1 d. — V. de Medel, 1 d. — Roda, 1 q. — Tabanera la luenga, 2 l. et d. — Carbonnero la Mayor, 1 d. — Mudrian, 2 l. — Naharros, 1 l. — Remondo, 1 l. — Cogeces, 2 l. (75) — El arrâbal de Portillo, 1 l. et d. — La Cisterniga, 3 l. et d. — Valladolid, 1 l.

FIN DE L'ITINÉRAIRE DE L'ESPAGNE ET DU PORTUGAL.

NOTES

DE L'ITINÉRAIRE.

No. 1.

(1) *D'Alcovendas la poste passe par* San Augustin *et* Cabanillas; *mais on préfère la route suivante :* Alcovendas *à* San Sébastian de los Reyes, 1 q. — El Molar, 2 l. et d. — Torrelaguna, 1 l. et 3 q. — Reduena, 1 l. — La Cabrera, 3 q.

No. 2.

(2) *La poste va par* Miranda de Ebro, 55 l. et 3 q. — Omecillo, 3 l. — Berguenda, 3 l.

No. 3.

(3) *De* Tudela *la poste passe par* Murchante, 3 q. — Cascante, 1 d. — Monteagudo, 1 d. — Novallas, 1 d. — Sta. Olaria, 1 q. — Tortoles, 1 q. — Tarazona, 1 q. — Borja, 3 l. et d. — Huecha, 2 l. — Mallen, 2 l.

No. 5.

(4) *Tournant au N. E., on va à* Siguenza *par* Mira el Rio, 1 d. — Bujalaro, 1 l. et d. — Molinos de Ancho, 1 q. — Henares, 1 q. — Baydes, 1 l. et 1 q. — Moratilla, 1 l. et d. — Siguenza, 1 d.

No. 8.

(5) *On va delà à* Huesca, *ville, en passant au N. E. par* Zuera. — Gallego, *riv. et pont*, 58 l. et 1 q. — V. de Violada, 2 l. — Almudebar, 2 l. — Cuarte, 2 l. — Huesca, 1 l.

No. 10.

(6) *On abrége par cette autre route d'*Igualada *à* Martorell. — Igualada *à* Castell Oli, 2 l. — Esparraguera *, 3 l. — Noya, *riv. et pont*, 2 l. — Martorell, 1 q.

* *D'*Esparreguera, *en passant au N., on va aux pic et monastère de* Monserrat, *par* Esparraguera, Colbato, 1 l. — *Pic et monastère de* Monserrat, 1 l.

No. 12.

(7) *La route de poste, qu'on ne préfère pas à celle-ci, passe par* Barcelonne. — S. Andres de Palomar, 1 l. — Moncada, 3 q. — Ripollet, 3 q. — Caldas, 1 l. — Los Hostals, 1 l. — Monmalo, 1 l. — Congost, 1 d. — Lo Raco, 1 d. — La Roca, 1 l. — Mogent, 1 d. — Llinas, 1 d. — Sta. Maria de Palau Tordera, 1 l. — Tordera, 1 d. — S. Celoni, 1 q. — Lo Girant, 1 d. — Lavalarria, 3 q. — Hostalsrich, 1 l. — Las Mallorquinas, 2 l. et 1 q. — La Tioña, 2 l. — Girone, 2 l.

No. 14.

(8) *Une autre route, celle de poste, passe par* Reus. — Momblanch, 86 l. et 1 q. — Alcober, 2 l. et 1 q. — Bomburguet, 3 q. — Selva, 1 d. — Reus, 3 q. — Constanti, 1 l. et 1 q. — Francoli, *riv. et pont.*, 1 l. — Tarragone, 1 l.

No. 15.

(9) *On peut aller aussi par* Tortose, *en faisant le tour par* Perello, 29 l. — V. de los Ajos, 4 l. — Tortose, 2 l. — Caramella, 3 q. — Uldecona, 3 l. — Cenia, 1 l. et d.

No. 16.

(10) *On va préférablement par* Daroca, *comme il suit* : Saragosse,

(*Voyez* n°. 8.) *jusqu'à* Daroca, 14 l. et 1 q. — Baguena, 2 l. — Burbagueda, 1 l. — Luco, 1 l. — Pancrudo, 1 d. — Calamocha, 3 q. *Depuis cet endroit comme dans le* numéro.

N°. 23.

(11) *On peut aller par* Belmonte *et* San-Clemente, *en suivant par* Tarancon, 11 l. et 1 q. — Rianzares, *riv. et gué*, 11 l. et 1 q. — *Ruisseau d'*Ucles, 2 l. — Torrubia del Campo, 1 d. — Jiguela, 1 l. et 1 q. — Hontanaya, 2 l. et 1 q. — La Osa de la Vega, 1 l. et 3 q. — Belmonte, 2 l. — Zancara, *riv. et gué*, 2 l. — Alqueria de los Frayles, 2 l. — Alberca, 1 d. — Rus, *petite riv.* 1 l. et d. — San-Clemente, 1 l. et d. — Minaya, 3 l. — *On peut aller d'ici à* Valence *ou à* Murcie, *par le* n°. 24.

(12) *La route de poste passe par* Saelices, 14 l. et 3 q. — Jiguela, 1 l. et 1 q. — Montalbo, 3 q. — Zoncara, *riv.*, 1 l. et d. — El Congosto de Ocaña, 1 l. et d. — Villar de Saz de Don Guillen, 1 l. et 1 q. — Cervera, 1 l. — — Olivares, 1 l. et d. — Juçar, *riv. et pont.*, 1 q. — Valverde, 1 l. — *Une petite riv.*, 1 l. — Hontecillas, 1 l. — Buenache de Alarcon, 1 l. — Olmedilla de Alarcon, 1 l. et d.

N°. 33.

(13) *On peut aller aussi par* Santa-Cruz de Mudela, *par la* V. del Judio, 1 l. — El Viso, 1 l. — V. de Cardenas, 2 l.

(14) *A* Jaen, *ville capitale*, 4 l. — *De* Jaen *à* Baeza *et* Ubeda *par* Jaen, *à* Guadalbullon, *riv. et pont*, 1 d. — Torrequebradilla, 2 l. et d. — Guadalquivir, 1 l. et d. — Baeza, 3 l. — Ubeda, 1 l.

N°. 34.

(15) *De* Guadix *à* Huescar, *par* Guadix. — Gor, 3 l. — Baza, 4 l. — Gudalentin, *rivière*, 1 l. — Huescar, 7 l.

N°. 36.

(16) *A* Motril, *par* Grenade. — Pinos del Valle, 6 l. — Rio Grande *et gué*, 2 l. — Velez de Benaudalla, 1 d. — Motril, 3 l.

N°. 42.

(17) *De* Madrid *à* Malaga, *par* Ecija 74 l. — Salado, 1 d. — V. del Pozo Ancho, 2 l. — Estepa, 2 l. — Salado, 2 l. — Roda, 2 l. — Gualhorce, 3 l. — Antequera, 1 l. — V. de Galvez, 4 l. — V. de Matagatos, 3 l. — Malaga, 2 l. — *Cette route, quoique plus longue, est préférable à celle du* n°. 38.

N°. 53.

(18) *L'ancienne route passe par* Mostoles. Guadarrama, 1 l. — Arroyo Molinos, 1 l. — El Alamo, 1 l. — Casarrubios, 1 l. — V^s. de Retamosa, 1 l. — V. del Gallo, 1 l. — Noves, 2 l. — V. de Domingo Perez, 1 l. et 1 q. — Sta. Olalla, 3 q.

(19) *Autre route de* Merida *à* Badajoz. Merida, 53 l. et 3 q. — Esparragalejo, 1 l. et d. — La Algarrobilla, 1 d. — Algaijuela *ou* Torre mayor, 1 l. — La Puebla de la Calzada, 1 l. — Alcataba, *rivière*, 2 l. et d. — Albarraguena, 2 l. et 1 q. — Santa Engracia, 1 q. — Badajoz, 1 q.

(20) *A* Evora *par* Estremoz. — Evoramonte, 2 l. — Evora, 4 l.

N°. 54.

On peut aller aussi par Cebolla. — Erustes, 1 l. — Carriches, 3 q. — Torijos, 1 l. et 3 q. — Guadarrama, 1 l. et d.

N°. 56.

(21) *Depuis* Almaden *on peut suivre la route par* Almaden de la Plata. — Castilblanco, 3 l. — Alcala del Rio, 3 l. — La Rinconada, 1 d. — Séville, 2 l.

N°. 60.

(22) *On peut aller aussi par* Fregenal. — Cañaveral de Léon, 3 l. et d. — Cala, 2 l. et d.

N°. 61.

(23) *De* Serpa *à* Evora, *par* Serpa. — Guadiana, 1 l. — Vidigueira, 4 l. — Venalvergue, 2 l. — Torre dos Coelleiros, 2 l. — Evora.

N°. 62.

(24) *La route de poste de* Béja *à* Lisbonne *passe par* Béja. — Alvito, 5 l. — Viana *et* Moiños, 1 l.
D'ici comme dans le numéro.

N°. 66.

(25) *On peut suivre cette autre route, passant par* Faro. — Loulé, 2 l. — Cortefigueira, 6 l. — Almodovar, 3 l. — Castroverde, 3 l.

De cet endroit, comme dans le numéro.

N°. 67.

(26) *De* Lagos *à* Sagres, *sur le Cap* St.-Vincent *à* Lagos. — Budens, 2 l. — Figueira, 1 l. — Raposeira, 1 l. — Villa do Bispo, 1 l. — Sagres, 2 l. — *Pour aller de* Sagres *à* Lisbonne. — Sagres. — *Château de* Garrapatera, 4 l. — Aljezur, 2 l. — *De cet endroit on suit la route de ce numéro.*

A Comporta, *il faut prendre une barque, et si on n'en trouve pas, on suivra cette autre route.* — Melides, 25 l. et d. — Grandola, 4 l. — D'Arcao, 3 l. et d. — Caldaon et Alcacer do Sal, 2 l. — Albergues, 1 l. — *D'ici on suit la route du* n°. 65 *jusqu'à* Lisbonne.

De Setubal *à* Lisbonne, *on peut suivre cette autre route.* — Setubal *à* Aceytaon, 1 l. et d. — Das Vacas, 1 d. — Coina, 1 l. — *Par eau jusqu'à* Lisbonne, 3 l.

N°. 68.

(27) *A* Alcantara, *par* Arroyo del Puerco. — Brosas, 4 l. — La Villa del Rey, 1 l. — Alcantara, 2 l.

N°. 69.

(28) *Sans passer par* Coria *ni* Placencia, *on peut aller de* Malpartida *à* Zarza la Mayor *par cette autre route.* — Riolobos, 4 l. et d. — Torrejoncillo, 2 l. et d. — Cañaveral, 3 l. — Alagon, 2 l. et d. — Zarza la Mayor, 1 l.

A Campo Mayor *et* Elvas *ou* Yelves, *par* Portalègre. — Arronches, 4 l. — Campo Mayor, 4 l. — Elvas, 3 l.

N°. 70.

(29) *A* Thomar, *par* Abrantès. — Damora et Amoreira, 1 l. et 1 q. — Martinchel, 1 l. et 1 q. — Zezere 1 q. — S. Pedro as Olanas, 1 l. — Thomar, 1 l.

N°. 71.

(30) *On peut suivre cette autre route.* — Salvatierra. — Idaña a Vella, 3 q. — Idaña a Nova, 1 l. et d.

N°. 75.

(31) *On peut suivre cette autre route.* — Martin-Amor. — Vs. de Siete Carreras, 2 l. — S. Pedro de Rozados, 1 d. — Bernoy, 1 d. — Castroverde, 2 l. et d.

(32) *On a coutume de préférer la route de poste suivante.* — Ciudad-Rodrigo — Agueda. — Bodon, 1 d. — El Carpio *et* Azava, 3 q. — Espeja, 1 l. — Las Fuentes de Oñoro, 1 l. et 1 q. — El Real Fuerte de la concepcion, 2 l.

N°. 77.

(33) *A* Celorico, *par* La Guarda. — Gabadoide, 1 l. — Mondego, 1 d. — Lagiosa, 1 d. — Celorico, 1 l. — *D'ici on peut aller à* Lisbonne *par le* n°. 75.

(34) *Si on veut passer par* Castello-Branco, *on suivra* : Atalaya, 21 l. et 3 q. — Lardosa, 1 l. — Alcaino, 1 l. — Vereza et Castello-Branco, 1 l. — *Et d'ici par le* n°. 71 *à* Lisbonne, 37 l.

(35) *Depuis* Os Cardigos, *on peut suivre cette route sans passer par* Abrantès. — Os Cardigos, 33 l. et 3 q. — Villa de Rey, 2 l. — Puñete, 4 l. — *Et d'ici par le* n°. 70 *à* Lisbonne, 21 l.

N°. 80.

(36) *On abrége en suivant cette route.* — Sarceda, 62 l. et 3 q. — Garajal, 1 d. — Aguiar da Beyra, 1 d — Villar da Rua, 1 d. — Moimenta da Beyra, 3 q. — Sarcedo, 1 l. — Granjanova, 1 l. — Ferreirim, 1 l. — Lamego, 1 l. et d.

(37) *On peut aller par* Lamego. — Santiaguino, 1 l. — Duero *et* Reje, 1 l. — Mazamfrio, 1 d.

(38) *A* Amarante, *par* Teijera. — Velliña, 1 l. — Tamega et Amarante, 1 l.

N°. 81.

(39) *On peut suivre cette autre route de* Coïmbre *à* Lisbonne; *elle est préférable en hiver.* — Coïmbre. — Duero. — V. do Cego, 1 l. — Alcadebeque, 1 l. — Fonteculberta, 1 l. et 1 q. — Rabazal, 1 l. — Junqueira, 3 q. — Anciaon, 1 l. — Gaita, 1 l. et 1 q. — Arneiro, 1 l. — Perucha, 1 l. — Rio de

Couros, 1 l. et 1 q. — Chaon de Mazans et Bezclega, 1 l. — San Lourenzo *, 3 q.

* A Themar, 1 l. — Payalvo, 1 d. — Lamarosa, 3 q. — Espraganal, 3 q. — Golegan, 1 l. et 1 q. — *De cet endroit par le n°. 70. à* Lisbonne, 18 l.

N°. 82.

(40) *De* Cortegaza *on peut aller à* Ovar, 1 l. — *Et en s'y embarquant sur* l'Aveiro, jusqu'à Aveiro, 5 l.

(41) *Sans passer par* Tentugal, *on peut aller à* Leyria, *par* Camarneira, 16 l. — Cadima, 2 l. et d. — Villanova de Monzarras, 3 l. et d. — *Fort de* Santa Catalina, 1 d. — Buarcos, 1 d. — Figueira, 1 l. — Mondego, 1 d. — Villanova da Barca, 1 d. — Ervedeira, 3 l. — Redondo, 3 l. — Leyria, 1 l.

(42) *D'ici à* Coïmbre, *par* Pereira. — Taveiro, 1 d. — Coïmbre, 1 l.

(43) *On peut aller aussi à* Lisbonne, *par* Caldas, 40 l. — Arnoya, 1 l. — Sancheira, 1 l. — Cereal, 2 l. — Ota, 2 l. — *Et d'ici par le n°. 81 jusqu'à* Lisbonne, 11 l. et 3 q.

(44) *De* Torres-Vedras *on peut aller par* Mafra *à* Lisbonne, *par* Torres-Vedras. — *Une petite riv.* — Azueira, 1 l. — Gradil, 1 l. — Mafra *, 1 l. — Abruneira, 1 l. — Piñeiro de Seiceira, 1 l. — Cabeza de Montachique, 1 l.

* *A* Cascaes *par* Chilleiros, 1 l. — Cintra, 2 l. — Fuestra Sennora de Penalonga, 3 q. — San Antonio, 1 l. et 1 q. — Cascaes, 1 l.

N°. 84.

(45) *D'ici à* Placencia, *par* La Calzada, 11 l. et d. — Cuerpo de Hombre, 1 l. et 1 q. — Baños, 3 q. — Aldea Nueva del Camino et Ombroz, 2 l. — El Villar, 3 l. — Nuestra Señora del Puerto, 2 l. et d. — Placencia, 1 d. —

N°. 86.

(46) *On peut aller aussi par* Sanchidrian, 17 l. et 3 q. — Pajares, 1 d. — Martin Muñoz de Posaderas *, 1 l. — Guttierre Muñoz, 1 q. — Montuenga, 1 d. — Rapariegos, 1 l. — Adaja, 3 q. — Arevalo, 1 q.

* *Dépend de la province de Ségovie.*

(47) *On peut suivre par* Rubi, 26 l. — Villayerde, 1 l. et d. — Naya del Rey, 3 q. — Pollos, 2 l. et d. — Duero, *Riv. et bac de* Cubillas, 1 q. — Toro, 2 l. et d.

N°. 88.

(48) *On peut continuer par* Fresno, 54 l. — Tera, 1 q. — Codesal, 1 q. — Manzanal de ariba, 1 d. — Siudin, 1 d. — Robledo, 1 l. et d. — Puebla de Sanabria, 1 l. et d.

(49) *On peut abréger en continuant par* La Gudiña, 66 l. et d. — Espino, 3 q. — Laje, 3 q. — Vegas de Juan Perez, 1 d. — Bolaño, 1 d. — Campo de Becerros, 1 l. — Portacamba, 1 d. — Laza, 1 l. et d. — Alvergaria, 1 l. et d. — Limia, 1 l. — Piñeyra *, 1 d. — Arnoya, *riv. et pont*, 1 l. — Osende, 1 d. — Sejalbo, 1 l. et 1 q. — Orense, 1 d.

* *On peut continuer par* Pineyra, 75 l. — Pocdo, 1 q. — Junquera de Ambia, Arnoya, *riv. et pont*, 1 q. — Sejalbo, 3 l. — Orense, 1 d.

(50) *De* Monterrey, *on peut continuer par* Monterrey. — Porquera, 3 l. — Limia, 1 q. — Sobariz, 1 l. et 1 q. — Guilliamil, 1 q. — Allariz, 1 d.

(51) *La poste passe par* Canisa. — Franqueira, 1 l. — Puente de Aras, 2 l.

(52) *A la* Redondela, *par* Porriño, 91 l. et 3 q. — Mos, 3 q. — Sajamonde, 2 l. — Redondela, 1 d.

N°. 89.

(53) *De* Bragance *à* Miranda de Duero *par* Bragance. — Sabor, 2 l. et 1 q. — Paso, 1 d. — Outeiro, 1 q. — Argonzello, 1 l. — Mazas, 1 l. et d. — Vimioso, 1 d. — Angueira, 1 l. — Casarellos, 1 d. — Villariezo, 1 l. — Genicio, 1 d. — Cerco, 1 q. — Miranda de Duero, 1 q.

N°. 90.

(54) *On peut continuer par* Vousella. — Santiaguiño, 1 l. — Pontefora, 1 l. — Bemfeitas, 3 q. — Dos Ferreiros, 1 l.

N°. 91.

(55) *A* Guimarens *et* Amarante *par* Braga. — Aino, 1 d. — Os Cuatro Irmaos, 1 d. — Estalagem do Rio, Sallo, 1 l. — Guimarens, 1 l. — V. de

la Sierra, 1 l. — Pombeiro, 1 d. — Carambos, 1 l. — Lija, 1 l. — Amarante, 1 d.

N°. 94.

(56) *De* Vigo *à* Tuy *par* Vigo. — Castrellos, 1 l. — Torneyros, 2 l. — Riva de Louro, 1 l. et d. — Tuy, 3 q.

(57) *On peut continuer par* Terra negra, 19 l. et 3 q. — Tinta stela, 1 d. — Villa do Conde, Ave, 1 l. et 1 q. — Mindeña, 1 d. — Villachaon, 1 l. — Larvaon, 1 d. — S. Clemente, 1 d. — Fonte vella, Leza, 1 l. — Oporto, 1 l. et d.

N°. 96.

(58) *On peut continuer aussi par* Sigueyro, 16 l. et d. — Roulo, 2 l. et 1 q. — Buscas, 1 l. et d. — Ardemil, 1 l. — Bruma, 1 d. — La Corogne, 3 l. et 1 q.

N°. 99.

(59) *Si on veut passer par* Ponferrada, *on suivra l'ancienne route.* Astorga *à* Valdeviejas, 1 q. — Murias de Rechivaldo, 1 q. — Sta. Catalina, 1 d. — El Ganso, 1 l. — Fuencebadon *, 2 l. — La Cruz de Ferro, 1 d. — Manjarin, 1 d. — El Acebo, 1 l. — Riego de Ambrox, 1 d. — Molina, *riv. et pont*, et Molina seca, 1 d. — Campo, 1 d. — Boeza, *riv. et pont*, Ponferrada, 1 d. — Sil, *riv. et pont*, Cascabelos, 2 l.

* *On peut aller aussi à* Fuencebadon, *sans passer par* Astorga, *en prenant la route suivante; au N. E. depuis la* V. del Monte de la Matanza, 1 q. — S. Miguel de Agostedo, 2 l. — Murias de Pedrodo, et Juta, *petite riv. et gué*, 1 d. — Rabal de Abajo *ou* el nuevo, 1 d. — Fuencebadon, 1 d.

(60) *On peut continuer par* Rutelan, 72 l. et 1 q. — Hospital, 1 d. — *Division des royaumes*, 3 q. — Cebrero, 1 q. — Liñares, 1 d. — Hospital, 1 d. — Poyo de Padornelo, 1 d. — Padornelo, 1 d. — Lamas*, 1 d. — Triacastela, 1 l. — Lousada, 1 d. — Sarria, *riv. et pont*, Sarria, 1 l. — Casa da Serra, 1 d. — Santiago de Paramo, 1 l. — Neyra, 1 d. — Farandeyros, 3 q. — Chanca, *riv. et pont.*, 1 l. — Lugo, 3 q.

* *On peut prendre aussi cette route*, Lomas, 76 l. et 1 q. — Meyjeran, 1 q — Furco, 1 l. — Gallegos, 1 l. — Neyra, *rivière et* Carracedo, 3 q. — Lagos, 1 l. et 1 q. — Marey, 1 q. — El Hospital, 1 d. — S. Friz, 1 l. — Chanca, *riv. et pont*, 1 q. — Lugo, 3 q.

N°. 100.

(61) *On peut aller aussi par* Lugo. — Meda, 3 l. — Ludrio, 1 l. — Silba, 1 q. — Luaces, 1 q. — Castro de Rey, 1 d.

(62) *A* Ribadeo, *par* Lorenzana, 94 l. et d. — Arante, 1 l. et d. — Ribadeo, 2 l. et d.

A Foz, *par* Lorenzana, 94 l. et d. — Barreyros, 1 l. — Foz, 1 l.

N°. 105.

(63) *On peut continuer par* Villaquejida. — Esla, 1 q. — Villafer, 1 q. — Castrillino, 1 d. — Villaornate, 1 d. — Castrofuerte, 1 d. — Valencia de Don Juan, 1 l.

(64) *La poste suit cette route :* San Millan de los Caballeros, 52 l. et 1 q. — Benamariel, 1 l. et d. — Ardon, 1 l. — Onzomilla, 2 l. — Bernesga, Léon, 1 l.

(65) *On peut continuer par* Cubillas de los Oteros, 53 l. et 3 q. — Gigosos, 1 q. — Javares de los Oteros, 3 q. — Riego del Monte, 3 q. — Mansilla de las Mulas, Esla, *riv. et pont*, 3 q. — *Voyez* n° 106 *à* Léon, 2 l. et 1 q.

(66) *La route de poste va par* Bebcrino. — Carbonera, 1 d. — Bulzas de Gordon, 1 d. — Bernesga, *riv. et pont*, Villasimpliz, 1 d.

(67) *On peut continuer par* Rebolleda, 73 l. et 3 q. — Tellego, 1 l. et 1 q. — Nalon, 1 d. — Ferreras, 1 q. — Oviedo, 1 d.

N°. 110.

(68) *On peut continuer par* S. Cristoval de la Vega. — Botalarno, 1 d. — Puras, 1 l. — Fuente de Coca, 1 d. — Fuente Olmedo, 1 d. — Aguasal, 1 d. — Olmedo, 1 q.

(69) *On peut continuer par* Aguilar de Campo. — Ruagon, *riv. et pont*, V. de Mercadillo, 1 l. et d. — Las Quintanillas, 1 q. — Camesa, 1 l. — V. del Bardal, 1 d. — Hijarilla, *riv. et pont*, 3 q. — Ebre, *riv. et pont*, Reynosa, 1 q.

N°. 111.

(70) *On peut continuer par* Medina del Campo, 7 l. et d. — Dueñas de Medina *, 1 l. — Nava del-Rey, 1 l. — Trabancos, 1 l. — Castrejon, 1 d. — Torrecilla de la Orden, 1 l. — Guareña, 1 l. et d. — Cañizal, 1 l. et d. — Parada de Rubiales, 1 l. — La Orbada, 3 q. — Pajares, 1 d. — Pedrosilloralo, 3 q. — Castellanos de Morisco, 1 l. et d. — Salamanque, 1 l. et d.

* *Ou sans passer par* Duenas de Medina, *par* Villaverde, *petit bourg à même distance.*

N°. 113.

(71) *La poste passe par* Calabazanos. — Baños, 1 d. — Magaz, 1 d.

(72) *On peut aller aussi par* Quintana de la Puente. — V. del Moral, 1 l. — V. de Revilla, 1 q. — Villodrigo, 1 d. — *On peut aller de* Madrid *à* Burgos, *par* Valladolid, *de la manière suivante :* Madrid, (*Voyez* n° 109 ou 110.) *à* Valladolid, 30 l. et 1 q. *ou* 32 l. — *Et par ce* n° *de* Valladolid *à* Burgos, 20 l. et 3 q.

N°. 114.

(73) *En ne passant pas par* Paleneia *on peut suivre cette route.* — Burgos. — Tarjados, 2 l. et 1 q. — Urbel, *riv. et gué*, Rabé de las Calzadas, 1 d. — Hormaza, *riv. et gué*, Hornillos del Camino, 1 l. et 3 q. — Hontanas, 3 q. — Garbanzuelo, *petite riv. et pont*, Castrogeriz, 1 l. et d. — Odra, *riv. et pont*, 1 q. — Palacios del Rio Pisuerga, 1 l. et 1 q. — Pisuerga, *riv. et pont*, 1 d. — Fromista, 2 l. et d.

N°. 115.

(74) *On peut suivre par* Arroyal. — Santibañez de Zarzaguda, 1 l. et d. — Hurmeces, Urbel, *riv. et pont*, 1 q. — Ruyales del Paramo, 1 d. — Urbel del Castillo, 1 l. et d. — *La route de poste de* Madrid *à* Santander *passe par* Madrid, (*Voyez* n° 1.) — Burgos, 41 l. — *Et par ce* n° *à* Santander, 31 l.

N°. 119.

(75) *On peut continuer par* Cogeces, 10 l. et 1 q. — Portillo, 1 l. et d. — La Parrila, 1 l. — Duero, *rivière et pont*, Tudela Duero, 1 l. — *Et comme dans le* n° *précédent à* Valladolid, 3 l.

FIN DES NOTES DE L'ITINÉRAIRE.

CARTE
Routière des Royaumes
D'ESPAGNE et de PORTUGAL
dressée par Hérisson
Revue et augmentée par Achin
A PARIS, chez GUILL.ME et MASSON, Rue Hautefeuille, N.º 14.
1823.
OCÉAN ATLANTIQUE
MER MÉDITERRANÉE
GOLFE DE LYON
G. DE GASCOGNE
ILES BALÉARES
I. MINORQUE
I. MAJORQUE
ASTURIES
GALICE
ARAGON
CATALOGNE
ESPAGNE
ESTRAMADURE
MURCIE
ANDALOUSIE
PORTUGAL
ENTRE DOURO ET MINHO
TRAS LOS MONTES
ALGER
ROYAUME D'ALGER
EMPIRE DE MAROC
AFRIQUE
FRANCE
Gibraltar
Détroit
C. Finisterre
C. S. Vincent
Echelles
CAPITALE DE PROVINCE
Ville et Bourg fortifiés.
Ville.
Gros Bourg.
Village.
Archevêché.
Evêché.
Route ordinaire.
Limites
EST
OUEST
SUD
Longitude du Méridien de Paris.

www.ingramcontent.com/pod-product-compliance
Lightning Source LLC
Chambersburg PA
CBHW051729090426
42738CB00010B/2163
9782012656598